LET'S GO 갈라디아서

깊게 읽고 쉽게 풀어쓴

LET'S GO

갈라디아서

강학종 지음

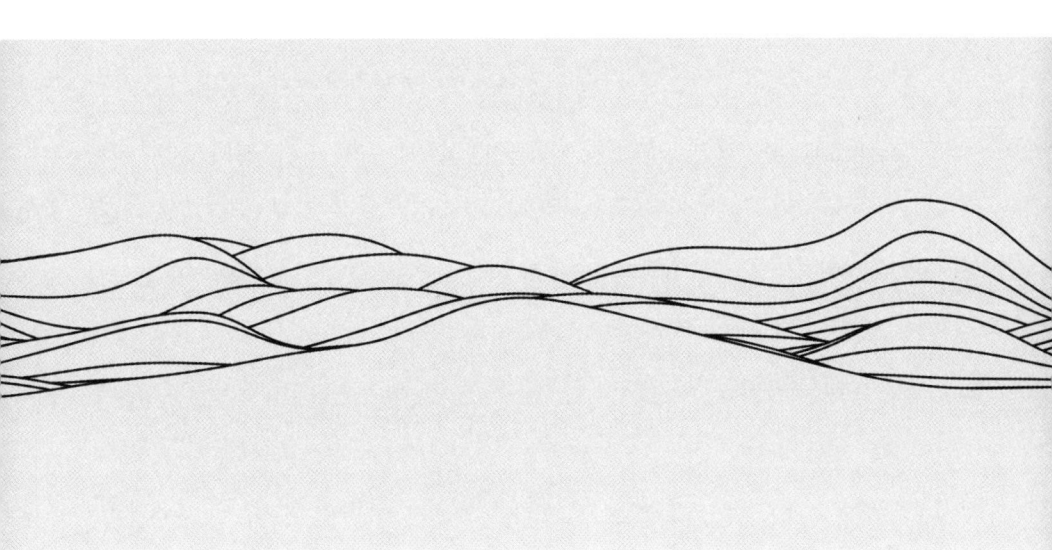

베드로서원

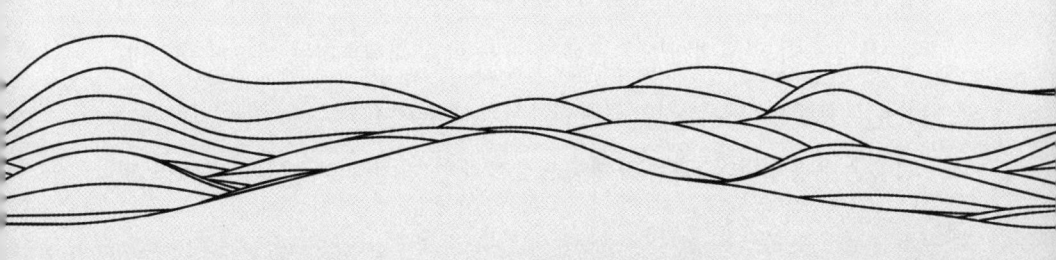

머 리 말

바울이 에베소교회에 보낸 편지가 에베소서입니다. 빌립보교회에 보낸 편지가 빌립보서이고, 고린도교회에 보낸 편지가 고린도전서와 고린도후서입니다. 마찬가지로 갈라디아교회에 보낸 편지가 갈라디아서입니다.

차이는 있습니다. 에베소, 빌립보, 고린도는 전부 도시 이름입니다. 그런데 갈라디아는 도시가 아니라 소아시아 일부 지역을 말합니다. 바울이 1차 전도 여행 때 방문했던 더베, 루스드라, 이고니온, 비시디아 안디옥이 전부 갈라디아에 있는 도시입니다.

바울이 갈라디아 지역에 복음을 전한 지 어느 정도의 시간이 지났는지 모릅니다. 갈라디아교회 소식이 들려옵니다. 갈라디아교회에 잘못된 복음이 유입되었다는 것입니다. 예수만 믿으면 되는 것이 아니라 율법도 지켜야 한다고 하면 뭐라고 해야 할까요? 그래서 편지를 씁니다.

그 편지를 쓰는 바울의 심정이 어떠했을까요? 그 편지를 받아 보는 사람들의 마음은 어떠했을까요? 사실 우리로서는 상상하기 어렵습니다. 우리는 복음과 율법 사이에서 갈등한 적이 없기 때문입니다.

당시는 달랐습니다. 예수만 믿어서는 안 되고 할례를 받고 율법을 지키면서 예수를 믿어야 한다는 주장이 설득력이 있었습니다. 우리한테 적용하면 예수를 믿는다고 하면서도 은근슬쩍 자기 의를 내세우려는 시도가 될 것입니다. 그것을 바로잡는 것이 갈라디아서의 내용입니다.

복음은 복음입니다. 복음은 복음으로 충분한 가치를 갖습니다. 모자란 것도 없고 더 채워야 할 것도 없습니다. 그런데 왜 한사코 뭔가를 더 붙이려고 할까요? 우리가 진정 추구하는 것이 무엇일까요? 우리가 정말로 복음으로 충분한 사람들이 맞을까요? 그에 대한 답이 갈라디아서에 있습니다. 성경은 언제나 이때를 위한 그때의 말씀입니다. 이 책을 통해서 우리가 알고 있는 복음을 다시 한 번 정리할 수 있었으면 좋겠습니다.

책을 읽는 모든 분들께 제가 갈라디아서를 통해서 얻은 은혜가 동일하게 전달되기를 간곡히 간곡히 간곡히 바라는 마음으로 두 손 모읍니다.

주후 2025년 10월
하늘교회 목사 강 학 종

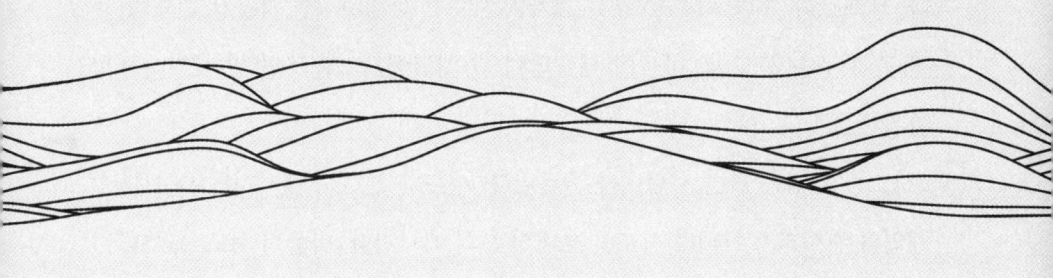

1장 갈라디아서의 시작

1:1-2〉 사람들에게서 난 것도 아니요 사람으로 말미암은 것도 아니요 오직 예수 그리스도와 그를 죽은 자 가운데서 살리신 하나님 아버지로 말미암아 사도 된 바울은 함께 있는 모든 형제와 더불어 갈라디아 여러 교회들에게

헬라 문화권에서는 편지를 쓸 때 보내는 사람을 먼저 쓴다. 갈라디아서 역시 바울의 자기소개로 시작한다. 그런데 시작이 괜히 거창하다. 갈라디아 교회를 세운 사람이 바울이다. 교인들이 바울을 모를 리 없다. 그런데도 자기가 받은 사도 직분이 사람이 아니라 하나님으로 말미암았다는 사실을 밝힌다.

학생 시절, 어머니한테서 "내가 널 낳고 키운 네 어머니다"라는 말을 종종 들었다. 속 썩이지 말고 말 좀 들으라는 뜻이다. 바울도 그런 식이다. 갈라디아교회에 바울이 전한 복음이 아닌 다른 복음이 유입되었다. 다른 복음을 전한 사람들이 누구인지 몰라도 바울의 권위를 흔들었을 것이 분명하다.

사실 바울한테는 그렇게 할 여지가 있었다. 사도는 아무나 되는 게 아니다. 예수님께 직접 배운 사람이어야 한다. 그런데 바울은 예수님을 만난 적이 없다. 베드로나 요한, 야고보 같은 제자는 사도가 확실하지만 바울은 다르다. "바울이 무슨 사도야? 바울이 예수님께 뭘 배웠어?"라고 하면 뭐라고 해야 할까?

사도는 보냄을 받은 사람이라는 뜻이다. 사도가 전하는 메시지는 그 사도 개인의 메시지가 아니라 사도를 보내신 분의 메시지다. 바울이 사도냐, 아니냐 하는 문제가 바울 개인의 위상에 연결되는 것이 아니라 바울이 전한 복음의 진위 여부에 연결된다. 바울이 사도가 아니면 지금까지 바울이 전한 메시지는 바울 개인의 메시지가 된다. 주님과 아무 상관이 없다. 바울이 자기가 사도라는 사실을 강조하는 데에는 이런 배경이 있다.

갈라디아서를 받아 보는 사람들한테만 해당되는 얘기가 아니다. 바울이 사도인 것을 인정하면 우리는 갈라디아서를 통해서 바울의 말을 듣는 것이 아니라 주님 말씀을 듣는 것이 된다. 예전에 꿈에서라도 주님 음성을 들어 봤으면 원이 없겠다는 사람이 있었는데, 꿈에서 주님 음성을 들을 것 없이 생시에서 성경을 읽으라고 권하고 싶다. 그리고 정말로 성경을 주님께서 우리한테 주시는 말씀으로 인정한다면 지금보다 훨씬 더 성경에 착념하게 될 것이다.

각설하고, 구약 시대의 선지자는 하나님이 부르셨다. 신약 시대 사도들은 예수님이 부르셨다. 그렇다고 해서 하나님께 쓰임받는 사람들이 전부 그런 경로를 거친 것은 아니다. 사람을 통해 부름을 받은 경우도 있을 수 있다. 엘리사도 엘리야를 통해서 소명을 받았다.

"사람들에게서 난 것도 아니요 사람으로 말미암은 것도 아니요…"가 그런 사례를 감안한 말이다. 결국 바울의 얘기는 "나는 예수님께 직접 부르심을 받았다. 내가 받은 부르심은 모든 면에서 다른 사도들이 받은 부르심과 동일하다. 나는 확실히 사도다."라는 뜻이다.

그 얘기를, 예수 그리스도와 그를 죽은 자 가운데서 살리신 하나님 아버지로 말미암아 사도가 되었다고 한다. 왜 하필 부활을 얘기할까? 예수 그리스도와 그를 세상에 보내신 하나님 아버지로 말미암아 사도가 되었다고 하면 달라지는 것이라도 있을까?

갈라디아서는 율법주의자들 때문에 기록된 책이다. 신자는 더 이상 모세의 언약 아래 있지 않은 사람들인데도 복음으로 부족하다는 주장이 있었다. 그래서 하나님께서 그리스도의 부활로 새 시대를 선포했음을 밝히는 것이다.

편지를 보내는 사람이 누구인지 밝혔으면 편지를 받는 사람을 말할 차례인데 이상한 점이 있다. 바울이 로마교회에 편지를 쓸 때는 하나님의 사랑하심을 받고 성도로 부르심을 받은 모든 자에게 편지를 쓴다고 했다. 에베소교회에는 에베소에 있는 성도들과 그리스도 예수 안에 있는 신실한 자들에게 편지한다고 했고, 빌립보교회에는 그리스도 예수 안에서 빌립보에 사는 모든 성도와 또한 감독들과 집사들에게 편지한다고 했다. 말썽 많은 고린도교회에도 그리스도 예수 안에서 거룩하여지고 성도라 부르심을 받은 자들에게 편지를 쓴다고 했다. 유독 갈라디아교회에만 아무런 수식어가 없다. 그냥 갈라디아 여러 교회에 편지를 쓴다는 것이다.

카이사르는 연설할 때 항상 '전우 여러분'으로 시작하곤 했다. 예외가 있었다. 카이사르가 북아프리카 전선으로 떠날 차비를 차릴 때의 일이다. 고참병들을 중심으로 파업 움직임이 있었다. 겉으로는 제대를 요구했지만 내심 급료 인상을 기대한 것이다. 카이사르가 그들을 모이게 한 다음에 말했다. "시민 여러분, 여러분의 급료와 다른 보수는 전투가 끝나면 모두 약속대로 지불하겠다. 여러분은 그동안 어디든지 안전한 곳에서 기다리면 된다."

병사들이 충격을 받았다. 카이사르가 자기들을 '전우 여러분'이 아니라 시민 여러분'이라고 부른 것이다. 자기들을 남으로 여긴다는 생각에 울음을 터뜨리는 병사도 있었다. 종군 거부나 급료 인상은 더 이상 문제가 되지 않았다. "병사로 돌아가게 해주십시오", "카이사르와 함께 싸우게 해주십시오"로 그들의 요구가 바뀌었다.

갈라디아교회 교인들은 이런 차이를 모를 수 있다. 그들은 자기들한테 온 편지밖에 못 본다. 비교할 다른 편지가 없다. 하지만 우리는 바울의 불편한 심기를 엿볼 수 있다. 이제 매서운 질책이 이어질 것이다. 그렇다고 해서 그들을 미워하는 것이 아니다. 심판이 있기를 바라는 것은 더욱 아니다.

그래서 3절을 말한다.

1:3〉 우리 하나님 아버지와 주 예수 그리스도로부터 은혜와 평강이 있기를 원하노라

욕구를 느끼는 것은 그 욕구를 충족할 대상이 있기 때문이다. 먹을 것이 있으니 식욕을 느끼고, 잠이 있으니 수면욕을 느낀다. 만일 우리한테 이 세상에 있는 어떤 것으로도 충족되지 않는 욕구가 있다면 우리의 참 만족이 이 세상이 아닌 다른 세상에 있다는 뜻이다. C. S. 루이스가 한 말이다. C. S. 루이스에 따르면 우리는 다른 세상을 위해 지어진 사람들이다. 아우구스티누스는 이런 내용을 "하나님은 우리를 하나님을 향하여 살도록 창조하셨습니다. 우리 마음이 하나님을 향하기 전에는 참 안식이 없습니다."라고 했고, 파스칼은 "인간에게는 하나님이 만드신 빈자리가 있습니다. 하나님으로 채워지지 않으면 온갖 잡다한 것으로 다 채워지게 됩니다."라고 했다.

솔로몬이 한 말도 있다. 솔로몬이 전도서에서 "헛되고 헛되며 헛되고 헛되니 모든 것이 헛되도다"라고 했다. 히브리인들에 따르면 인류 역사상 가장 지혜로운 사람이 솔로몬이라고 한다. 솔로몬이 다스릴 때의 이스라엘은 은을 귀한 것으로 여기지 않을 정도로 부강했다. 솔로몬은 자기가 원하는 것은 뭐든지 할 수 있었던 사람이다. 그런데도 삶에 만족이 없었다. 모든 것이 헛되었다.

은혜와 평강은 이 세상에 없다. 오직 하나님으로 말미암는다. 그런데 왜 하나님과 예수님으로부터 은혜와 평강이 있기를 원할까? "우리 하나님 아버지로부터 은혜와 평강이 있기를 원하노라"라고 하면 안 될까? 꼭 예수님이 같이 있어야 한다면 삼위일체를 강조하는 의미에서 "우리 하나님 아버지와 주 예수 그리스도로부터, 그리고 성령님으로부터 은혜와 평강이 있기를 원하노라"라고 하면 어떨까?

유대교에서도 하나님을 믿는다고 한다. 하지만 우리는 유대교를 인정하지 않는다. 유대교에서는 자기들이 진짜라고 하겠지만 별수 없다. 예수님이 "내가 곧 길이요 진리요 생명이니 나로 말미암지 않고는 아버지께로 올 자가 없느니라"라고 했다. 사람은 예수님을 통하지 않고서는 하나님을 알 수 없다. 그런데 유대교에서는 예수님을 빼놓고 하나님을 얘기한다. 그 하나님은 대체 어떤 분일까? 바울이 하나님과 예수 그리스도로부터의 은혜와 평강을 기원하는 이유가 여기에 있다.

야고보와 요한이 자기들을 예수님 좌우편에 앉게 해달라고 청탁한 적이 있다. 예수님을 정치적인 메시야로 오해해서 한 말이다. 아무리 오해에서 비롯되었다고 해도 그런 청탁을 아무한테나 할 수는 없다. 나병 환자가 예수님께 자기를 깨끗하게 해달라고 했다. 맹인 거지 바디매오는 눈을 뜨게 해달라고 했다. 만일 예수님이 "내가 왜 그래야 하는데?"라고 하면 뭐라고 해야 할까?

당시 유대인들 사이에는 메시야 대망 사상이 있었다. 메시야가 오면 맹인이 보고 걷지 못하던 자가 걷고 나병 환자가 낫는다고 했다. 그래서 그런 부탁을 한 것이다. 만일 예수님이 "내가 왜 그래야 하는데?"라고 하면, "당신은 메시야 아닙니까? 바로 그런 일을 위해서 오신 분 아닙니까? 오리발 내밀지 마십시오."라고 하면 된다.

은혜와 평강은 어떨까? 하나님과 예수님께 은혜와 평강을 구할 수 있는 근거가 있을까? 아니, 굳이 은혜와 평강을 구해야 하는 이유라도 있을까? "저는 은혜와 평강 대신 로또복권 1등 당첨되게 해주십시오"라고 하면 어떻게 될까?

다른 경우로 바꿔보자. 두 딸만 행복하게 해주면 다른 것은 아무것도 바라지 않는다고 평생 기도했다는 분의 하소연을 들은 적이 있다. 4대째 믿는 가정에서 자랐다고 한다. 자기 신앙이 얼마나 세속적이었는지 고백하면서 한 말이 아니다. 큰 욕심을 부린 것도 아닌데 하나님이 안 들어주신다고 푸념하면서 한 말이다. "저는 은혜와 평강은 필요 없습니다. 제 두 딸만 행복하게 해주시면 그것으로 족합니다."라고 한 것과 마찬가지다. 하나님께서 그런 기도를 들어주셔야 할까?

1:4-5) 그리스도께서 하나님 곧 우리 아버지의 뜻을 따라 이 악한 세대에서 우리를 건지시려고 우리 죄를 대속하기 위하여 자기 몸을 주셨으니 영광이

그에게 세세토록 있을지어다 아멘

예수님은 하나님의 뜻을 따라 우리를 죄에서 건지시려고 자기 몸을 주신 분이다. 우리를 죄에서 건지는 것이 하나님의 뜻이었고, 예수님이 그 뜻에 순종했다. 바울이 은혜와 평강을 기원한 이유가 여기에 있다.

은혜와 평강이 곧 구원이다. 하나님의 은혜는 우리에게 구원으로 나타나고, 구원받은 사람이라야 하나님과의 평강을 누릴 수 있다. 하나님이 그 일을 위해서 예수님을 보내셨고, 예수님은 죽기까지 순종해서 그 일을 이루셨다.

전에 살던 동네에 창마다 한 글자씩 '예' '수' '가' '해' '답' '이' '다'라고 써 놓은 교회가 있었다. 예수가 해답이라는 말은 지금도 가끔 듣는다. 그때마다 속으로 생각한다. "예수가 해답이면 문제는 뭘까?" 어쩌면 인생의 모든 문제에 예수가 해답이라는 말을 기대하는 사람도 있을 것 같다. 그러면 이사를 언제 하고, 어느 회사에 이력서를 내고, 점심에 무엇을 먹을지도 예수님이 해답일까?

그렇게 극단적으로 생각하는 사람은 없을 것이다. 그러면 두 딸만 행복하게 해주면 다른 것은 아무것도 바라는 것이 없다고 평생 그것만 기도했는데 그걸 안 들어주신다고 푸념한 사람은 어떨까? 그 사람은 예수가 해답이라고 믿어 의심하지 않은 사람이다. 모태 신앙으로 태어나서 나이 칠십이 넘도록 그렇게 기도했다.

신이 사람을 만들었을까, 사람이 신을 만들었을까? 무신론자들은 사람이 신을 만들었다고 한다. 신이 사람들의 상상력의 산물이라는 것이다. 그렇다면 그 신은 사람이 통제할 수 있다. 발언권이 신에게 있지 않고 사람에게 있다. 물론 우리는 그런 말에 동의하지 않는다. 당연히 신이 사람을 만들었다.

어떤 무신론자가 말했다. "신이 있다는 증거가 어디 있는가? 사람들한테는 신이 있기를 바라는 나약한 마음이 있다. 신이 있어야 유리하니 신이 있다고 하는 것이다. 자기 필요에 의해서 신을 창조한 것이다." 이런 말에 고개를 끄덕일 사람이 얼마든지 있을 것이다. 그러면 그대로 돌려줄 수 있다. "신이 없다는 증거가 어디 있는가? 신이 없다는 주장이야말로 신이 없기를 바라는 마음 때문 아닐까? 신이 없어야 유리한 사람은 대체 어떤 사람들일까? 신이 있으면 불리한 이유가 무엇일까?"

하나님이 사람을 만들었으면 신앙도 당연히 하나님이 기준이어야 한다. 하나님이 우리한테 무엇을 원하시는지, 우리를 향한 하나님의 관심이 중요하다. 그런데 거꾸로 생각한다. 마치 사람이 하나님을 만들기라도 한 것처럼 하나님께 자기 관심사를 늘어놓는 것을 신앙으로 여기는 사람이 있다. 자기가 중요하게 생각하는 문제를 하나님도 중요하게 생각해주기를 바라는 마음으로 온갖 종교 행위를 동원한다.

하나님이 자기 두 딸만 행복하게 해주면 원이 없겠다는 분께 사람의 제일 된 목적이 무엇이냐고 물으면 뭐라고 대답할까? 당연히 하나님의 영광이라고 대답할 것이다. 교회에서 들은풍월이 있을 텐데 설마 그 정도야 모를까? 그렇지만 암송된 교리에 불과하다. 정작 중요하게 여기는 문제가 따로 있다. 그래서 그 문제를 놓고 간절히 매달린 것이다.

그런 생각이 옳다면 바울이 "우리 하나님 아버지와 주 예수 그리스도로부터 은혜와 평강이 있기를 원하노라"라고 하면 안 된다. "우리 하나님 아버지와 주 예수 그리스도로 인하여 만사가 형통할지어다"라고 해야 한다. 본문도 바뀌어야 한다. "그리스도께서 하나님 곧 우리 아버지의 뜻을 따라 이 악한 세대에서 우리를 건지시려고 우리 죄를 대속하기 위하여 자기 몸을 주셨으니"라는 말은 의미가 없다. 그런 말에 누가 관심을 갖겠는가? "그리스도께서 자기 몸을 주실 만큼 우리를 사랑하시니 우리가 원하는 것은 뭐든지 다 들어주시지 않겠느냐"라고 하는 것이 훨씬 낫다.

성경에 그런 말이 있으면 참 우스꽝스러울 것이다. 성경은 성경다워야 한다. 신자한테 그런 생각이 있는 것 역시 우스꽝스러운 일이다. 성경이 성경다워야 한다면 신자 역시 신자다워야 한다. 성경에 세속적인 욕망을 부추기는 내용이 있는 것은 말이 안 된다고 하면서 자기한테 그런 욕망이 있는 것은 정상이라고 우기면 안 된다. "안 그런 사람이 어디 있느냐?"라는 식으로 변명하지 말자. 안 그런 사람이 없다는 것은 모든 사람이 죄인이라는 방증이다.

예수님은 하나님의 뜻에 따라 우리를 건지시려고 자기 몸을 주신 분이다. 하나님의 뜻이 우리의 구원에 있다. 다른 종교에서는 사람한테 있는 신적 가능성을 극대화하면 구원에 이를 수 있는 것처럼 말한다. 불교에서 말하는 해탈성불이 대표적이다. 우리는 그렇게 말하지 않는다. 예수님은 우리를 가르치려고 이 세상에 오시지 않았다. 우리를 건지시려고 오셨다. 우리 스스로는 우리를 구원할 수 없다. 물에 빠진 사람한테 수영을 가르치는 것은 의미가 없는 것과 같다. 누군가 물에 들어가서 건져내야 한다.

안셀무스라는 사람이 있다. 캔터베리 대주교였으며 스콜라 철학의 선구자로 꼽힌다. "나는 이해하기 위해 믿는다"라는 유명한 말을 남겼다. 이성이 믿음을 돕는 도구라는 것이다. 특히 신의 존재를 이성적으로 증명하려고 노력했다. "신은 우리가 생각할 수 있는 가장 위대한 존재다. 존재하지 않는 것보다 존재하는 것이 더 위대하므로 신은 반드시 존재해야 한다."라는 것이 그의 주장이었다.

그가 〈하나님이 왜 인간이 되셨는가?〉라는 논문을 썼다. 하나님이 우리를 구원하신 것은 알겠는데, 그 일을 위해서 하나님이 꼭 인간이 되어야 했느냐는 것이다. 안셀무스가 이렇게 말했다. "사람의 범죄는 하나님께 한 것이기 때문에 그 죄의 크기가 무한하다. 유한한 사람은 갚을 수가 없다. 그래서 무한한 존재이면서도 동시에 사람인 존재가 필요하게 되었다. 이것이 하나님이 사람이 되신 이유이다."

군대에서 일병이 병장 멱살을 잡으면 내무반이 발칵 뒤집힐 것이다. 일병이 중대장 멱살을 잡으면 어떻게 될까? 내무반이 뒤집히는 것으로 부족하다. 하물며 일병이 사단장 멱살을 잡는 것을 상상이나 할 수 있을까?

같은 잘못이라도 누구한테 범했는지에 따라 죄의 크기가 달라진다. 하물며 피조물에 불과한 사람이 창조주이신 하나님께 죄를 범했다. 사람이 죄를 지었으니 사람이 해결해야 한다. 염소나 송아지가 해결할 수 없다. 그런데 죄를 지은 대상이 하나님이다. 하나님이 아무 제물이나 받으실까?

예로 들기에는 민망하지만 유흥업소에서 관할 구청이나 경찰서에 돈봉투를 준다고 생각해 보자. 누구한테 주는지에 따라 액수가 달라질 것이다. 일선 공무원한테 주는 액수를 구청장한테 주면 도리어 역효과만 난다. 5공 정권 때는 일해재단을 만들면서 각 기업에 돈을 모금했는데 국제그룹에서 현찰이 아닌 어음을 줬다가 크게 밉보인 적도 있다.

죄를 지은 주체는 사람이지만 그 죄의 대상이 하나님이다. 하나님께서 받으실 만한 제물이 필요하다. 사람이면서 동시에 하나님이신 분을 통해서만 죄가 해결되는 이유가 여기에 있다.

"예수를 믿어서 구원 얻었으니까 그 문제는 되었고, 세상을 살아야 하는 우리 현실도 무시할 수 없는 것 아닙니까?"라는 얘기가 있을 것도 같다. 신앙이 그런 것일까? 일단 예수 믿어서 영혼 문제를 해결하고, 그다음에는 예수를 더 잘 믿어서 세상에서 덕을 보는 것이 신앙의 요체일까?

바울이 로마서에서 "우리가 믿음으로 의롭다 하심을 받았으니 우리 주 예수 그리스도로 말미암아 하나님과 화평을 누리자"라고 했다.

친구와 싸워서 한동안 사이가 서먹서먹했는데 누군가의 중재로 화해를 했다고 하자. 이런 경우에 화해했다는 사실로 끝나지 않는다. 화해했으면 그다음에는 같이 놀아야 한다. "화해했으니까 됐지? 난 그럼 다른 친구하고 놀러 간다."라고 하는 것은 말이 안 된다. 우리가 그렇다. 구원을 얻었으니까 이제 세상 욕심을 챙겨도 되는 것이 아니라 구원을 얻었으면 구원 얻은 사람으로 살아야 한다. 단지 구원만 얻고 마는 것이 아니라 하나님과의 평강을 누려야 한다.

그 일을 위해서 예수님이 친히 목숨을 버리셨다. 우리는 한 일이 없다. 우리를 구원해달라는 부탁을 한 적도 없다. 아니, 구원에 관심조차 없었다. 그래서 "영광이 그에게 세세토록 있을지어다 아멘"이라고 한다. 구원은 처음부터 끝까지 하나님께서 이루신 일이다. 이제라도 우리가 할 일이 있다면 "하나님 감사합니다"라고 하는 것뿐이다. 우리는 세세무궁토록 하나님을 찬양해야 한다. 그 하나님이 우리 주인이다.

1:6-7〉 그리스도의 은혜로 너희를 부르신 이를 이같이 속히 떠나 다른 복음을 따르는 것을 내가 이상하게 여기노라 다른 복음은 없나니 다만 어떤 사람들이 너희를 교란하여 그리스도의 복음을 변하게 하려 함이라

앞에서 바울이 안부 인사를 전했다. 이제 본론을 말할 차례인데 그 시작이 "그리스도의 은혜로 너희를 부르신 이를 이같이 속히 떠나 다른 복음을 따르는 것을 내가 이상하게 여기노라"이다. "이런저런 말이 들리던데 어떻게 된 영문이냐?" 같은 얘기가 있을 법한데 대뜸 질책부터 한다. 왜 그렇게 되었는지 궁금하게 여길 틈이 없다. 무조건 잘못했다는 것이다.

'떠나다'는 헬라어 '메타티데미(μετατίθημι)'를 번역한 말인데 원래 '충성을 옮기다'라는 뜻이다. 군대에서 반란을 일으키거나 탈영한 군사들, 또는 정치나 철학에서 노선을 바꾼 사람들에게 썼다. 우리나라 정치판에서 걸핏하면 철새 논쟁이 벌어지는데 그런 사람이 메타티데미한 사람이다. 갈라디아 교회 교인들이 그렇게 했다는 것이다. 종교적인 변절자이고 영적 탈영병인 셈이다.

그들이 내가 그들에게 명령한 길을 <u>속히 떠나</u> 자기를 위하여 송아지를 부어 만들고 그것을 예배하며 그것에게 제물을 드리며 말하기를 이스라엘아 이는 너희를 애굽 땅에서 인도하여 낸 너희 신이라 하였도다(출 32:8)

모세가 산에 올라간 사이에 이스라엘 백성이 금송아지 우상을 만들어 섬겼다. 이스라엘이 하나님이 명령한 길을 속히 떠난 것이다. 6절은 이때의 상황을 떠올리게 한다. 바울이 격노할 만하다. 그런 일이 어떻게 가능하단 말인가?

군 생활을 하던 시절에 늘 듣던 말이 "야! 이 또라이들아"였다. 6절을 직설적으로 옮기면 "대체 정신을 어디 팔아먹었기에 다른 복음을 따른단 말이냐? 이 또라이들아!"가 될 것이다.

왜 그랬을까? 그들을 모아 놓고 "그리스도께서 하나님의 뜻에 따라 자신을 버리심으로 우리를 구원했습니다. 어떻게 그리스도를 떠날 수 있단 말입니까?"라고 하면, 그들이 뭐라고 했을까? 떠난 적 없다고 하지 않았을까? 바울이 그들을 가리켜서 다른 복음을 따른다고 했다. 이 말을 그들을 기준으로 바꾸면 어떻게 될까? 그들은 복음에서 벗어난 적이 없다. 바울이 전한 복음이 아닌 다른 복음을 따른 것뿐이다.

내가 자라던 시절에는 반공 포스터가 사방에 보였다. 교실 뒤쪽에도 붙어 있었고 복도에도 붙어 있었다. 반공 포스터에는 양가죽을 뒤집어 쓴 늑대 그림이 빠지지 않고 등장했다. 북괴군을 그렇게 묘사한 것인데 한눈에 보기에도 가짜 티가 확 났다. 양 머리를 모자처럼 쓰고 등에만 하얀 양가죽이 있을 뿐인데 그걸 누가 모르겠는가?

예수님이 거짓 선지자들을 삼가라고 하면서, 양의 옷을 입고 있지만 속에는 노략질하는 이리라고 했다. 그 말씀을 볼 때마다 어린 시절의 반공 포스터가 떠오르곤 한다. 반공 포스터의 가짜 양은 자세히 볼 것도 없이 바로 식별되지만 예수님이 말씀하신 거짓 선지자는 그렇지 않다. 군복을 입고 있으면 군인이고 교복을 입고 있으면 학생인 것처럼 양의 옷을 입고 있으면 양이다. 노략질하는 이리인 것이 겉으로 드러나면 조심하라는 말을 할 필요가 없다. 제대로 식별이 안 되기 때문에 문제다.

부교역자 때의 일이다. 한 청년이 이단 집단에서 발간한 신문을 갖고 와서 말했다. "이게 왜 이단이에요? 왜 이단인지 찾아주세요." 그 시절에 내가 늘 강조하던 것 중의 하나가 "예수 믿은 연수만큼 성경 읽기"였다. 그런데 그 청년은 나이만큼 성경 읽기로 잘못 알아들었다. 나중에 결혼하고 미국에 살았는데 뜬금없이 국제전화로 드디어 나이만큼 성경 읽었다고 자랑할 만큼 신앙 열심이 있었다. 주일예배는 물론이고 수요예배나 금요철야예배도 빠지는 법이 없었다. 자기가 보면 왜 이단인지 알 수 있을 줄 알았는데 도통 모르겠다면서, 그것을 들고 찾아온 것이었다.

당연한 일이다. 이단인 것이 쉽게 드러나면 누가 거기에 속겠는가? 이단이 이단일 수 있는 이유는 어지간해서는 분별이 안 되기 때문이다.

갈라디아교회에 다른 복음이 유입될 수 있었던 이유가 그렇다. 설마 틀린 것을 알면서 따랐을까? 아마 바울이 전한 복음보다 더 좋은 복음인 줄 알았을 것이다. 어쩌면 그들을 미혹한 사람들이 "바울은 꼴찌로 회심한 사람인데 알면 얼마나 알겠느냐? 우리는 베드로나 야고보 같은 사도한테 직접 배운 사람들이다. 바울보다 우리가 더 오리지널이다."라고 했을 수 있다.

주변에서 '다르다'와 '틀리다'를 혼용하는 예를 왕왕 본다. '다르다'의 반대말은 '같다'이고 '틀리다'의 반대말은 '맞다'이다. 회의 중에 다른 의견을 내는 것은 얼마든지 괜찮다. 남들이 다 짜장면 주문할 때 혼자 다른 것을 주문할 수도 있다. 대부분의 경우, 틀린 것은 용납이 안 되어도 다른 것은 용납이 된다.

복음은 어떨까? 다른 복음도 복음일까? 다른 복음도 복음이면 바울이 이런 편지를 쓸 까닭이 없다.

다른 복음은 없다. 다만 어떤 사람들이 갈라디아교회 교인들을 교란하여 그리스도의 복음을 변하게 하려는 것이다. 다른 복음은 종류가 다른 복음이 아니라 아예 복음이 아니다.

세상에서 기독교를 욕하는 이유 중의 하나가 독선적이라는 것이다. 기독교에 가치가 있는 것처럼 다른 종교에도 가치가 있다고 하면 될 텐데, 기독교에만 구원이 있고 다른 종교에는 구원이 없다고 하니 그 말에 누가 동의하겠는가?

본문도 그럴 수 있다. 바울이 다른 복음은 없다고 했다. 이 말을 듣고 발끈할 사람이 없을까? "왜 당신만 맞고 우리는 틀렸다는 거요? 당신이 전하는 복음이 복음인 것처럼 우리가 전하는 복음도 복음이요!"라고 하면 뭐라고 해야할까?

6절에 답이 있다. "그리스도의 은혜로 너희를 부르신 이를 이같이 속히 떠나 다른 복음을 따르는 것을 내가 이상하게 여기노라"라고 했다. 그리스도인이 어떤 사람인가 하면, 그리스도의 은혜로 부르심을 받은 사람이다. 다른 복음이 없는 이유가 바로 이 때문이다. 복음의 기준이 그리스도의 은혜다. 은혜를 떠나면 복음이 아니다.

다른 종교에는 없고 오직 기독교에만 있는 특징을 꼽으라면 단연 은혜다. 성육신 교리가 아무리 특이한 것 같아도 신이 사람이 되었다는 얘기는 다른 종교에도 있다. 부활 얘기도 있고, 천국 지옥 얘기도 있다. 그러나 은혜를 얘기하는 종교는 없다. 심청이가 왜 인당수에 몸을 던졌겠는가? 은혜의 개념이 없기 때문이다. 신은 절대 공짜로 풍랑을 잔잔하게 해주지 않는다. 그에 상응하는 대가가 있어야 한다. 다른 종교는 다 그런 식이다. 불교에서 말하는 해탈성불도 다르지 않다. 해탈성불이 저절로 주어지지 않는다. 꾸준한 수행정진이 있어야 한다. 유독 우리만 하나님이 먼저 우리를 찾아오셨다고 한다.

"아무리 믿음으로 구원 얻는다고 해도 행실이 뒷받침되지 않으면 무슨 소용이 있느냐?"라는 말을 들은 적이 있다. 맞는 말일 수도 있고 틀린 말일 수도 있다. 신자는 신자답게 살아야 한다는 사실을 강조하는 차원에서는 얼마든지 할 수 있는 말이다. 하지만 아무리 믿음으로 구원 얻는다고 해도 믿음만으로는 모자라다는 뜻이면 곤란하다. "비록 예수님이 우리를 위해서 죽으셨다고 해도 예수님 혼자서는 우리를 구원하지 못한다. 우리가 착하게 살아서 예수님을 도와드려야 한다."가 말이 될까? "복음도 좋지만 거기에 할례까지 받으면 더 좋은 것 아니냐?"라는 말도 마찬가지다. 그리스도의 은혜에 뭔가를 더 추가한다면 그것으로 이미 복음이 아니다.

금에는 순금도 있고 21K도 있고 18K, 14K도 있지만 복음에는 그런 구분이 없다. 진공 상태에 공기를 조금 집어넣고는 98% 진공이라고 할 수 없는 것처럼 복음도 그렇다. 복음이든지, 복음이 아니든지 둘 중의 하나다. 복음에 뭔가를 추가했는데 그것이 여전히 복음일 수는 없다.

그런데 왜 미혹되었을까? 바울은 도저히 납득할 수가 없었다. 그래서 이상하게 여긴다고 했다. 은혜로 주어진 복음에 뭐가 부족해서 다른 것을 더 채운단 말인가?

내가 지금까지 제일 많이 들은 질문이 하나님이 왜 선악과를 만들었느냐는 질문이다. 아담, 하와가 왜 선악과를 먹었느냐는 질문은 한 번도 들어본 적이 없다. 그들이 있는 곳은 에덴동산이었다. 부족한 것이 아무것도 없었다. 선악과를 먹었다고 해서 도움 되는 것도 없고 안 먹었다고 해서 불편한 것도 없다. 무엇보다 하나님이 먹지 말라고 하셨다. 아무리 뱀이 먹으라고 했다고 해도 하나님이 먹지 말라고 하셨는데, 어떻게 하나님 말씀을 무시하고 뱀의 말을 듣는단 말인가? 어떤 여자가 남편 말을 무시하고 옆집 남자 말을 듣는다면 어떻게 해야 할까? 그런데도 아담, 하와가 왜 선악과를 먹었는지 묻는 사람은 없고 하나님이 왜 선악과를 만들었는지 묻는 사람만 있다. 아담, 하와와 한통속이라는 뜻이다. 선악과를 먹은 피가 우리 혈관에도 흐르고 있다. 어떤 것을 의아하게 여기는지가 그 사람의 정체성을 보여준다.

1:8) 그러나 우리나 혹은 하늘로부터 온 천사라도 우리가 너희에게 전한 복음 외에 다른 복음을 전하면 저주를 받을지어다

바울이 일차적으로 느낀 감정은 의아함이다. 그리고 또 하나는 잘못된 가르침을 유포한 사람들에 대한 적개심이다. 하늘로부터 온 천사라도 다른 복음을 전하면 저주를 받는다고 했다. "누구든지 나와 다른 말을 하면 저주를 받을지어다"가 아니다. 복음이 기준이다. 자기가 전한 복음 외에 다른 복음을 전하면 자기를 포함한 그 누구라도 저주를 받는다는 것이다. 자기는 말할 것도 없고 하늘로부터 온 천사라고 해도 예외가 아니다.

우리나라 최초의 사성장군인 백선엽은 간도특설대 장교로 복무하면서 독립군을 진압하기도 했고, 6·25 때는 다부동전투를 승리로 이끌기도 했다. 민족 반역자이면서 구국의 영웅인 셈이다. 그가 회고록을 쓰고는 제목을 〈내가 물러서면 나를 쏴라〉로 붙였다. 북한과 맞서 싸우는 상황에서 뒤로 물러서지 말아야 하는 책임에는 지휘관이라고 해서 예외일 수 없다. 바울이 다른 복음을 전하면 저주를 받을 대상에 자기를 포함하는 것은 당연하다. 그러면 하늘로부터 온 천사를 포함한 것은 무슨 영문일까? 저주를 받을 가능성이 가장 없는 존재로 천사를 상정했을 수 있다. 게다가 행 7:53에 따르면 천사가 율법을 전해줬다고 한다. 그런 천사라고 해도 다른 복음을 전하면 저주를 받아야 한다는 것이다.

"저주를 받는다"는 '아나테마($\alpha\nu\alpha\theta\epsilon\mu\alpha$)'를 번역한 말로, 주로 하나님이 어떤 사람이나 사물을 철저히 파괴하라고 할 때 쓰였다. 여리고성이 무너진 다음에 여호수아가 누구든지 여리고성을 건축하는 자는 여호와 앞에서 저주를 받는다고 했는데, 그때 쓰인 말과 같다.

1:9) 우리가 전에 말하였거니와 내가 지금 다시 말하노니 만일 누구든지 너희가 받은 것 외에 다른 복음을 전하면 저주를 받을지어다

방금 바울이 상당히 과격한 표현을 썼다. 이런 경우에 너무 심했다 싶으면 살짝 표현을 다듬어서 다시 말할 수 있다. 회사에서 상사가 부하 직원을 나무랄 적에 "당장 사표 써!"라고 했다가 "정신 차리고 근무하란 얘기야!"라고 하는 것이 그런 사례다. 바울은 그런 게 없다. 본문에서도 8절과 같은 말을 한다. 8절이 격정에 사로잡혀서 한 말이 아니었다는 뜻이다. 오히려 강조하고 있다.

초대교회에서 가장 문제가 많았던 교회라면 단연 고린도교회를 꼽을 수 있다. 고린도교회에는 분파가 있었다. 교인들끼리 서로 화합하지 못하고 파당을 지어 아웅다웅하는 것은 생각만 해도 꼴불견이다. 우상을 숭배하는 문제도 있었고, 은사 문제도 있었다. 심지어 음행도 있었다. 누군가 아버지의 아내를 취한 것이다. 참으로 경악할 노릇이다. 그런 고린도교회에 편지를 쓰면서도 본문 같은 심한 표현은 없었다.

카일 아이들먼 목사가 쓴 〈내 마음은 전쟁터〉라는 책이 있다. 그 책에서 교인의 부탁으로 그 교인의 딸과 통화한 내용을 소개한다. 딸이 남자 친구와 동거할 계획을 꾸미고 있다는 것이다. 그 딸이 신경질적으로 말한다. "전 부모님이 이까짓 문제로 왜 이렇게 소란을 피우는지 정말 모르겠어요!" 책을 읽으면서 깜짝 놀랐다. 우리나라가 아닌 미국이기는 하지만 혼전 동거를 '이까짓 문제'라고 한다는 사실이 도저히 받아들여지지 않았다. 이어지는 얘기는 간단했다. 한 사람은 아무것도 아닌 문제에 왜 이렇게 호들갑이냐고 했고, 또 한 사람은 굉장히 큰 문제를 너무 사소하게 여긴다고 했다.

가치관에 따라서 남들한테 심각한 문제가 사소하게 보일 수도 있고, 남들한테 사소한 문제가 심각하게 보일 수도 있다. 하물며 더 중요하게 보이거나 덜 중요하게 보이는 문제는 얼마든지 있을 수 있다. 고린도교회와 갈라디아교회를 비교하면 어떻게 될까? 다른 문제는 차치하더라도 아버지의 아내를 취하는 것이 말이 될까? 차마 입에 담기에도 민망하다.

갈라디아교회는 어떤가? "복음은 물론 중요하다. 하지만 거기에 할례도 받고 절기도 지킨다면 더 좋지 않겠는가?"라고 했다. 고린도교회에 비하면 그리 심각하지 않아 보일 수 있다. 그렇지만 바울한테는 있을 수 없는 일이었다. 예수님의 대속 사역에 무엇이 모자라서 다른 것을 보탠단 말인가? 누군가 그런 시도를 한다면 하나님을 대적하는 사람이다. 당연히 저주를 받아야 한다. 바울의 관심은 요컨대 하나님께 있었다.

그래서 10절로 이어진다.

1:10〉 이제 내가 사람들에게 좋게 하랴 하나님께 좋게 하랴 사람들에게 기쁨을 구하랴 내가 지금까지 사람들의 기쁨을 구하였다면 그리스도의 종이 아니니라

이런 말을 하는 것을 보면 누군가 바울이 사람의 비위를 맞춘다고 비난한 것 같다.

오순절 성령 강림으로 기독교가 시작된다. 기독교의 성장 속도는 참으로 놀라웠다. 처음에는 120명이 전부였는데 베드로의 한 번 설교로 삼천 명이 세례를 받기도 하고, 오천 명이 회개를 하기도 했다. 처음에 기독교를 보는 세상의 눈은 그리 곱지 못했다. 박해 때문에 카타콤에 숨어서 예배를 드리던 시절도 있었다. 숱한 신자들이 원형경기장에 끌려가서 사자 밥이 되었다. 그런 시기를 보내면서도 꾸준히 성장하더니 주후 313년에는 콘스탄티누스 황제의 밀라노 칙령으로 정식 종교로 인정되었고, 주후 392년 테오도시우스 황제 때는 로마의 국교가 되었다.

일찍이 다윗이 골리앗을 가리켜서 "이 할례받지 않은 블레셋 사람이 누구이기에 살아 계시는 하나님의 군대를 모욕하겠느냐"라고 했고, 사울은 자기 수하에게 자기를 죽여 달라고 청하면서 "네 칼을 빼어 그것으로 나를 찌르라 할례받지 않은 자들이 와서 나를 찌르고 모욕할까 두려워하노라"라고 했다. 유대인들한테는 할례가 자존심의 근간이었다. 자기들과 이방인의 차이가 할례에 있었다.

그런데 바울이 다른 말을 했다. 하나님 앞에서 의롭게 되는 것은 믿음이지, 할례나 무할례가 상관이 없다는 것이다. 이런 바울을 놓고 누군가 "이방인의 비위를 맞추기 위한 수작이다"라고 했을 수 있다.

바울의 얘기는 다르다. 자기는 사람의 기쁨을 구하지 않는다고 했다. 다른 복음을 전파하는 자들한테 저주를 선포한 것도 하나님을 기쁘시게 하기 위한 것이 된다.

바울의 말이 그리 매끄럽지 않다. "이제 내가 사람들에게 좋게 하랴 하나님께 좋게 하랴 내가 지금까지 사람들의 기쁨을 구하였다면 그리스도의 종이 아니니라"라고 하는 것이 훨씬 자연스러운데 "이제 내가 사람들에게 좋게 하랴 하나님께 좋게 하랴 사람들에게 기쁨을 구하랴 내가 지금까지 사람들의 기쁨을 구하였다면 그리스도의 종이 아니니라"라고 했다. "사람들에게 기쁨을 구하랴"라는 말이 괜한 군더더기 같다.

그럴 수 있다. 매끄러운 문장을 쓰는 것은 바울의 관심사가 아니다. 사람들에게 기쁨을 구하며 살면 안 된다는 사실을 강조하는 것이 중요하다. 그런 일은 절대 있으면 안 된다.

"이제 내가 사람들에게 좋게 하랴 하나님께 좋게 하랴"라는 질문에 답하는 것은 어렵지 않다. 하나님의 기쁨을 위해서 살아야 한다는 사실을 모르는 사람이 어디 있겠는가? 정답을 아는 것과 정답대로 사는 것이 별개라는 사실이 문제다. 하나님의 기쁨을 위해서 살아야 하는 것이 옳지만 그 일이 그렇게 만만하지 않다. 그래서 "내가 지금까지 사람들의 기쁨을 구하였다면 그리스도의 종이 아니니라" 하고, 못을 박는다. "살다 보면 피치 못하게 사람들의 기쁨을 구할 수도 있지만 그것은 별 도리가 없는 일이다. 그래도 어쨌든 그리스도의 종인 것은 분명하다."가 아니다.

누에는 뽕잎을 먹고 산다. 뽕잎을 먹고 사는 것이 원칙이라서 어지간하면 다른 잎은 먹지 않는 것이 아니다. 차라리 굶어 죽을지언정 다른 잎은 거들떠보지 않는다. 다른 잎을 먹고 살 바에야 차라리 죽고 말겠다는 그 고집을 누가 감당하겠는가?

우리가 누에보다 못할 수는 없다. 우리는 하나님의 기쁨을 위해서 살아간다. 가급적이면 하나님의 기쁨을 위해서 살려고 신경 쓰는 사람이 아니다. 성의 표시를 하면 되는 사람은 더더욱 아니다. 하나님의 기쁨 말고 다른 것은 알지 못한다. 그렇게 사는 사람을 그리스도의 종이라고 한다. 우리가 그런 사람들이다.

1:11-12〉 형제들아 내가 너희에게 알게 하노니 내가 전한 복음은 사람의 뜻을 따라 된 것이 아니니라 이는 내가 사람에게서 받은 것도 아니요 배운 것도 아니요 오직 예수 그리스도의 계시로 말미암은 것이라

본문부터 2:21까지 바울이 회심하기 전의 행적과 지금까지의 행적을 말한다. 특히 자기가 전한 복음이 어떤 복음이고, 그 복음에 대한 자세가 어떠해야 하는지 설명한다. 갈라디아교회 교인들이 설마 이런 내용을 모를까? 그런데도 이런 말을 하는 것은 갈라디아교회 교인들을 나무라는 상황이기 때문이다. "너희들이 무시한 복음이 어떤 복음인지 아느냐? 그 복음을 우리가 어떤 자세로 지켜야 하는지 아느냐?"라는 뜻이다.

한때 여호와의 증인에서 "크리스마스가 예수님 생일이 아닌 것을 아십니까?"라는 말로 사람들을 미혹하곤 했다. 그런 말을 처음 들으면 당혹스러울 수 있다. 하지만 사실이 그렇다. 예수님이 언제 태어났는지 무슨 수로 알겠는가? 크리스마스는 예수님 생일이 아니라 예수님 생일을 기념하는 날이다. 하지만 여호와의 증인에서 그런 말을 하는 것은 예수님 생일에 대한 정확한 정보를 주려는 것이 아니다. 우리를 구원하기 위해서 이 땅에 오신 예수님의 사역을 폄하하려는 수작이다.

하나님의 교회에서는 유월절을 강조한다. "우리는 성경대로 유월절을 지킵니다. 당신들은 왜 안 지킵니까? 당신들이야말로 이단 아닙니까?"라고 하면 뭐라고 해야 할까? 옛날 이스라엘은 문설주와 인방에 양 피를 발라서 구원 얻었다. 유월절을 지키는 것은 그것을 기념하기 위한 것이다. 혹시 우리 중에 그런 식으로 구원 얻은 사람이 있을까? 우리는 그리스도의 대속 사역으로 구원 얻었다. 하나님의 교회에서 유월절을 강조하는 것은 말씀에 순종하려는 것이 아니라 그리스도의 대속 사역을 무시하려는 술책이다.

이단은 달리 이단이 아니다. 자기들 나름대로의 논리를 전개하려면 그리스도의 사역에 흠집을 내야 한다. 통일교를 세운 문선명은 "예수님은 실패했다. 그래서 내가 왔다."라고 했다.

갈라디아는 바울이 복음을 전한 지역이다. 그런데 다른 말을 하는 사람들이 들어왔다. 그들은 바울을 깎아내렸을 것이 뻔하다. "여러분은 왜 그렇게 바울한테 쩔쩔매십니까? 바울은 모든 사람 가운데 꼴찌로 회심한 사람입니다. 알면 얼마나 알겠습니까? 우리는 다릅니다. 우리는 사도들한테 직접 배웠습니다. 그리스도께서 이적을 행하시는 모습도 봤습니다. 바울은 그리스도를 본 적도 없고 사도들을 알지도 못합니다. 우리보다 한 수 아래일 수밖에 없습니다." 아마 이런 식으로 말했을 것이다.

본문을 말하는 데에는 이런 배경이 있다. 그다음에 무슨 말을 해야 할까? 자기가 전한 복음이 어떻게 해서 예수 그리스도의 계시로 말미암은 것인지 설명해야 한다. "내가 전한 복음이 진짜다. 닥치고 그렇게 알아라."라고 하는 것은 설득력이 없다.

1:13-16a) 내가 이전에 유대교에 있을 때에 행한 일을 너희가 들었거니와 하나님의 교회를 심히 박해하여 멸하고 내가 내 동족 중 여러 연갑자보다 유대교를 지나치게 믿어 내 조상의 전통에 대하여 더욱 열심이 있었으나 그러나 내 어머니의 태로부터 나를 택정하시고 그의 은혜로 나를 부르신 이가 그의 아들을 이방에 전하기 위하여 그를 내 속에 나타내시기를 기뻐하셨을 때에

이슬람교에서는 알라신을 믿는 것으로 아는 사람이 있는데 '알'은 영어로 하면 the에 해당하고 '라'는 God이다. 알라신이라고 하면 역전앞처럼 이상한 말이 된다.

잡다한 신을 섬기는 아라비아인들의 정신세계를 알라로 묶은 것이 이슬람교다. 무함마드가 알라의 계시를 받았다고 하는데, 그것이 이슬람교의 경전인 꾸란이다. 전부 6,666절로 되어 있다. 이슬람교에서는 무함마드가 문맹이었다고 한다. 그런데 시내산에 있는 캐더린수도원에는 주후 632년에 무함마드가 그 수도원의 수도사들에게 보낸 편지 사본이 보관되어 있다. 꾸란 96장 1-5절에 무함마드가 계시를 받을 때 천사가 나타나서 읽으라고 하자, 그가 읽었다는 기록도 있다. 그런데도 그런 말을 하는 것은 꾸란의 신성성을 부각시키기 위해서다. 무함마드가 정말로 문맹이었다면 그가 꾸란을 받아 적은 것이 기적일 수밖에 없다. 사람이 한 일이 아니라 신이 한 일이다.

바울의 회심은 어떤가? 바울이 다메섹 도상에서 예수님을 만났다. 서울에서 대전까지가 200km가 안 되는데 예루살렘에서 다메섹까지는 대략 240km다. 예수 믿는 사람들을 잡아 죽이기 위해서 그 먼 거리를 갔다.

여의도광장에 사람들을 모아 놓고, 누구든지 대전까지 갔다 오면 100만 원 준다고 하면 어떤 반응들을 보일까? 자동차를 운전해서 갔다 오는 것이라면 모르겠지만 걸어서 갔다 오라고 하면 응하는 사람이 거의 없을 것이다. 100만 원을 안 벌고 말지, 그 고생을 할 사람이 있을까? 그런데 바울은 돈이 생기는 일도 아닌데 기꺼이 그렇게 했다. 예수 믿는 사람을 박해하는 일에 그만큼 열심이었다.

출애굽한 이스라엘이 싯딤에서 미디안 여인들과 음행한 적이 있다. 이 일로 하나님께서 염병을 내리셨다. 비느하스가 음행 중인 이스라엘 남자 시므리와 미디안 여자 고스비를 죽이자, 비로소 염병이 그쳤다.

엘리야가 갈멜산에서 바알 선지자들과 대결을 벌인다. 바알 선지자들이 아무리 바알을 향해 부르짖어도 응답이 없었는데 하나님께서는 엘리야의 제단에 바로 응답하셨다. 하나님이 참 신이라는 사실이 천명된 것이다. 그때 엘리야가 바알 선지자들을 기손시내로 끌고 가서 죽였다.

이스라엘이 헬라의 지배를 받던 시절, 안티오코스 4세가 유대교를 심하게 핍박했다. 할례를 금하고 안식일을 지키지 못하게 하는 한편, 이교 제사를 강요했다. 맛다디아라는 사람이 있었다. 그가 사는 모데인 지방에도 이교 제사를 강요하기 위한 왕의 사자가 왔다. 어떤 유대인이 왕명을 못 이겨서 이교 제사를 드리려 하자, 맛다디아가 뛰어 올라가 그를 죽여 버렸다. 왕의 사신도 죽였다. 그때 맛다디아는 비느하스가 시므리를 찔러 죽인 사실을 떠올렸다. 마카비 혁명의 시작이다.

바울도 자신을 그렇게 생각했을 것이다. 예수 믿는 사람을 잡아 죽이는 것이 하나님을 향한 충성이었다. 비느하스나 엘리야, 맛다디아 같은 열심으로 예루살렘에서 다메섹까지 240km를 갔다. 당시 사람들 중에 사도가 되기에 가장 부적합한 사람을 뽑으면 단연 바울이 뽑혔을 것이다.

그런 바울이 복음을 전한다. 이런 말도 안 되는 일이 어떻게 가능할까? 하나님께서 하신 일이라고밖에 설명이 안 된다. 문맹인 무함마드가 꾸란을 기록했다는 것은 가짜 기적이지만 바울이 사도가 된 것은 진짜 기적이다.

요셉이 애굽의 총리가 되었다. 요셉 인생에 한 나라의 총리가 되는 데 도움 될 만한 요소가 있었을까? 애굽 총리가 되려면 일단 애굽의 명문 가문에서 태어나야 유리할 텐데 요셉은 이방인이었다. 어렸을 때부터 엘리트 교육이라도 받았느냐 하면, 그렇지도 않다. 교육은 고사하고 형들에 의해서 종으로 팔렸다. 목숨이나 부지하면 다행인 신세가 되었다. 그것으로 끝나지 않았다. 나중에는 누명을 쓰고 옥에 갇혔다. 누군가 요셉한테 "당신은 이 나라의 총리가 될 사람입니다"라고 했다면 보나마나 정신 나간 사람이다. 그런데 총리가 되었다. 나중에는 하나님께서 자기를 애굽으로 보내서 총리가 되게 하셨다고 자기 입으로 직접 고백했다. 바울도 같은 고백을 한다. 자기가 어머니 태에 있을 때 하나님이 자기를 택정하셨다는 것이다.

야곱이 에서에 비해서 나은 점이 있어 보이지 않는데 왜 하나님이 야곱을 택하셨느냐는 질문을 받은 적이 있다. 리브가가 쌍둥이를 임신했을 때 하나님이 말씀하셨다. "두 국민이 네 태중에 있구나 두 민족이 네 복중에서부터 나누이리라 이 족속이 저 족속보다 강하겠고 큰 자가 어린 자를 섬기리라" 야곱이 에서보다 나은 점이 있어서 택한 것이 아니다. 태어나기 전에 그렇게 정하셨다.

예레미야는 어떤가? 하나님이 예레미야에게 "내가 너를 모태에 짓기 전에 너를 알았고 네가 배에서 나오기 전에 너를 성별하였고 너를 여러 나라의 선지자로 세웠노라"라고 하셨다. 야곱이 태어나기도 전에 선택받은 것처럼 예레미야는 태어나기도 전에 선지자로 부름받았다. 그런 주권적인 선택이 바울한테 임했다. 하나님이 바울로 하여금 예수님을 이방에 전하게 하셨다.

13, 14절과 15, 16절은 극단적인 대조를 이룬다. 13, 14절에서는 바울 자신이 무엇을 했는지 말한다. "내가 이전에 유대교에 있을 때에 행한 일을 너희가 들었거니와…", "내가 하나님의 교회를 심히 박해하여 멸하고…", "내가 내 동족 중 여러 연갑자보다 유대교를 지나치게 믿어…", "내 조상의 전통에 대하여 더욱 열심이 있었으나…"처럼 초점이 전부 자기한테 있다.

15, 16절은 다르다. "내 어머니의 태로부터 나를 택정하신 하나님", "그의 은혜로 나를 부르신 하나님", "그의 아들을 이방에 전하기 위하여 그를 내 속에 나타내시기를 기뻐하신 하나님"을 말한다.

얼마 전에 읽은 책에 현대판 어리석은 부자 얘기가 있었다. 프랭크 시몬스가 그 주인공이었다. 그는 넉넉한 가정 출신이 아니었다. 어떤 일을 하면 돈을 많이 벌 수 있는지에 근거해서 장래 직업을 검토했고, 그렇게 해서 주식

중매인이 되었다. 하루 평균 14시간씩 일주일 내내 쉬지 않고 일했다. 가끔 가족들과 교회에 나가기는 했지만 고객들 눈도장 때문이었다. 그가 40세가 되었을 때 스스로를 자수성가한 백만장자라고 했다. 어느 주말, 아내를 데리고 플로리다에 갔다. 조만간 매입할 해변의 주택을 보여주기 위해서였다. 거기서 아내에게 깜짝 놀랄 소식을 전해주었다. "내년 이맘때 회사 주식을 공개할 거야. 진짜 인생이 시작되는 거지. 이제 우리가 원하던 모든 것을 다 가질 수 있어. 앞으로는 먹고 마시고 즐기면서 편한 인생을 살게 될 거야. 충분한 것 그 이상을 소유하게 될 거야." 하지만 아내는 놀라지도 않고 감동받지도 않았다. 오히려 혼잣말로 중얼거렸다. "당신한테는 충분하다는 게 절대 없을걸."

며칠 후 프랭크가 플로리다 해변의 그 집을 계약했다. 그리고 그날 밤, 벤츠를 몰고 집으로 가다가 그만 교통사고로 죽고 말았다. 갑작스러운 그의 죽음은 업계의 뉴스가 되었다. 〈월 스트리트 저널〉은 그의 이야기를 특집으로 보도하면서 '통찰력 있는', '선두 주자' 같은 단어로 그의 성공을 기렸다. 그의 인생은 아메리칸 드림 그 자체였다.

인생은 속도가 아니라 방향이라고 한다. 당연한 얘기 같은데 맹점이 있다. 속도는 스스로 알 수 있다. 누군가 자기를 추월하면 더 열심을 낼 수도 있다. 그런데 방향은 스스로 모른다.

프랭크의 인생에서도 속도는 전혀 문제가 되지 않았다. 방향이 문제였다. 바울이라고 다를까? 그가 열심히 예수 믿는 사람을 핍박할 때 그런 자기 인생이 잘못되었다는 생각은 추호도 없었다. 바울이 자기 의지로 한 일은 열심히 교회를 박해한 일뿐이다.

그런 바울의 인생에 하나님께서 개입하셨다. 어머니의 태로부터 바울을 택정하시고 하나님의 아들을 이방에 전하기 위하여 그를 바울 속에 나타내시기를 기뻐하셨다.

하나님이 다메섹 도상에서 바울에게 예수님을 계시하셨다. 그때 바울은 예수님이 누구인지 깨달았다. 살아 계신 그리스도를 직접 만난 것이다. 그것이 전부가 아니었다. 자기가 다른 사람들에게 예수님을 전하도록 부름받았다는 사실도 깨달았다. 하나님이 바울에게 그리스도를 계시하신 것은 바울을 통해 그리스도를 계시하시려는 것이었다.

요한복음에서 가장 중요한 말씀을 꼽으면 단연 3장 16절일 것이다. 하지만 가장 중요한 장을 꼽으면 17장이 아닌가 싶다. 17장은 전부 예수님의 기도로 되어 있다. 예수님이 이 세상을 떠나시기 직전에 제자들을 위해서 마지막으로 기도한 내용이다. 그런 기도 중에 "아버지께서 나를 세상에 보내신 것같이 나도 그들을 세상에 보내었고"라는 말을 한다.

하나님이 예수님을 세상에 보내신 것처럼 예수님은 제자들을 세상에 보내셨다. 하나님이 예수님을 세상에 보내신 것과 예수님이 제자들을 세상에 보내신 것이 같은 원리에서 이루어진 일이다. 예수님을 보면 하나님을 알 수 있는 것처럼 제자들을 보면 예수님을 알 수 있어야 한다.

하나님이 예수님을 바울 속에 나타내기를 기뻐하셨다는 것이 이런 뜻이다. 바울 혼자만 예수님을 알면 안 된다. 다른 사람도 바울을 통해서 예수님을 알 수 있어야 한다.

교회는 하나님 보고 다녀야지, 사람 보고 다니면 안 된다고 한다. 그런데 하나님이 보일까? 보이지도 않는 하나님을 무슨 수로 보고 다니라는 말인가? 물론 그런 뜻이 아닌 것은 안다. 그래도 왠지 거북하다. 어떤 사람이 교회에 다니기 시작했을 때 곧바로 예수님을 만나지 않는다. 자기보다 먼저 예수님을 만난 사람을 만난다. 그리스도를 만나지 않고 그리스도인을 만난다. 그런데 사람 보고 다니지 말라면 어떻게 하라는 소리인가? 태권도 도장에도 사범이 있고, 운전 학원에도 조교가 있다. 특히 군대에서 선임은 모든 면에서 후임보다 낫다. 총검술이나 각개전투는 물론이고 하다못해 내무반 청소도 선임이 잘한다. 교회에도 그처럼 보고 배울 사람이 있어야 한다.

바울이 고린도교회에 편지를 쓰면서 "내가 그리스도를 본받는 자가 된 것 같이 너희는 나를 본받는 자가 되라"라고 했다. 바울이니까 이런 말을 하지, 누가 이런 말을 하겠느냐고 하면 안 된다. 하나님이 아브라함을 복의 근원으로 불렀다고 해서 아브라함만 복의 근원인 것이 아니다. 바울이 한 말은 우리한테도 해당된다. "아무리 눈을 씻고 찾아봐도 제 주변에는 본받을 만한 사람이 없습니다"라고 하라는 얘기가 아니다. 주변에 본받을 만한 사람이 없는 것은 자기 책임이 아니다. 하지만 다른 사람한테 본받을 만한 사람이 되지 못한다면 그것은 자기 책임이다

우리가 예수님을 안다면 그다음에 할 일은 그 예수님을 보여주는 일이다. 다른 사람 붙잡고 "왜 당신은 예수님을 보여주지 않습니까? 당신을 통해서는 예수님이 안 보입니다." 하고 시비 걸 틈이 없다. 자기 할 일만 하면 된다. 바울이 바로 그 일로 부르심을 받았다.

1:16b-17〉 내가 곧 혈육과 의논하지 아니하고 또 나보다 먼저 사도 된 자들을 만나려고 예루살렘으로 가지 아니하고 아라비아로 갔다가 다시 다메섹으로 돌아갔노라

이런 말을 왜 할까? 자기가 전하는 복음의 정통성을 내세우기 위해서라도

예루살렘 사도들과의 연관성을 드러내야 하는 것 아닐까? 갈라디아교회를 혼란스럽게 하는 사람들이 바울은 정통 사도가 아니라고 하는 상황을 감안하면 더욱 그렇다.

바울은 자기가 전한 복음이 사람이 아니라 오직 예수 그리스도의 계시로 말미암았다는 사실을 말하고 있다. 자기가 예루살렘 사도들과 관계가 있으면 그 사실이 더 공고하게 되고, 관계가 없으면 그 사실이 흔들리는 것이 아니다. 사람들은 그렇게 생각할 수 있지만 그런 것에 괘념하지 않는다. 자기가 하나님께 부름받았다는 사실만 얘기하면 족하다.

갈라디아교회에 유입된 다른 복음이 바로 그렇다. 그들이 노골적으로 복음을 훼손한 것이 아니다. 할례를 받거나 절기를 지키면 그리스도의 복음이 더 공고하게 되는 것처럼 말했을 것이다. 바울이 그것을 다른 복음이라고 했다. 복음은 오직 복음이기 때문이다. 어떤 것도 추가할 것이 없다. 하나님의 은혜는 그것으로 완전하다. 그런 은혜를 입고 있는 사람을 그리스도인이라고 한다.

1:18-19〉 그 후 삼 년 만에 내가 게바를 방문하려고 예루살렘에 올라가서 그와 함께 십오 일을 머무는 동안 주의 형제 야고보 외에 다른 사도들을 보지 못하였노라

한때 술과 노름으로 지새던 사람이 회개해서 예수를 영접했다는 얘기는 간증의 단골 레퍼토리다. 그런 간증은 주로 과거의 잘못에 대한 회한으로 가득하게 마련이다. 자기가 어느 만큼 엉망이었는지 말할수록 새사람이 된 것이 더욱 감격스러운 법이다.

바울이 지난날을 얘기하는 것은 그런 차원이 아니다. "이랬던 내가 새사람이 되었다"가 아니라 "이랬던 내가 복음을 전한다. 하나님께서 하신 일이 아니면 무엇이겠느냐?"이다. 자기를 말하는 것이 아니라 자기를 통해 역사하신 하나님을 말한다.

다메섹에서 예수님을 만난 바울이 자기보다 먼저 사도 된 사람들을 만나려고 예루살렘으로 간 것이 아니라 아라비아에 갔다가 다시 다메섹에 갔다고 했다. 그리고 삼 년 만에 베드로를 만나려고 예루살렘에 가서 십오 일을 머물렀는데, 그때 야고보 외에 다른 사도는 보지 못했다고 한다.

아라비아에서 삼 년 동안 무엇을 했을까? 성경에 나와 있지 않으니 확언할 수는 없지만 다메섹에서 만난 예수님을 깊이 묵상했을 것이다. 흔히 성경을 얘기할 때 구약의 주제는 "메시야가 오신다"이고, 신약의 주제는 "메시야가 오셨다"라고 한다. 바울은 구약에 정통한 사람이다. 아마 구약성경 곳곳에 예언된 메시야가 예수님이라는 사실을 확인했을 것이다.

제자들이 예수님을 따라다닌 기간도 삼 년이었다. 아라비아가 바울한테는 일종의 신학교였던 셈이다. 교수도 없고 다른 학생도 없지만 그런 것은 문제가 안 되었다. 예수님을 알 수 있으면 그것으로 충분했다.

우리가 사도신경으로 신앙을 고백할 때마다 예수님이 장사된 지 사흘 만에 죽은 자 가운데서 다시 살아나셨다고 한다. 예수님은 금요일에 십자가에 달리셨다가 주일에 부활하셨다. 사흘 만에 부활하신 것이 아니라 사흘째 되는 날 부활하셨다. 사흘 만에 부활했다고 하는 것은 유대인들의 표현법에 따른 것이다. 삼 년 만에 예루살렘에 올라갔다는 얘기도 그렇다. 가령 바울이 다메섹에서 예수님을 만난 것이 주후 35년이면 예루살렘에 간 것은 주후 37년이 된다.

어쨌든 바울이 다메섹 체험이 있고 삼 년째 되는 해에 예루살렘에 갔다. 거기서 베드로를 만나 십오 일을 머물렀다. 또 야고보도 만났는데, 그 외 다른 사도는 만나지 못했다고 한다. 이런 말을 왜 할까? 갈라디아교회 교인들이 이런 사실을 왜 알아야 할까?

신학을 하기 전의 일이다. 당시 출석하던 교회의 담임목사가 박사 학위를 받아야 한다며 미국에 다녀온 적이 있다. 그때는 미국 가는 것이 무척 힘들 때였다. 주일 한 번 끼고 다녀왔으니 열흘 정도였을 것이다. 몇몇 교인이 수군거렸다. 열흘 만에 받는 박사 학위가 어디 있느냐는 것이다. 박사 학위를 받으려면 먼저 석사를 거쳐야 하기 때문에 아무리 뛰어난 사람이라도 7년은 걸린다. 사람에 따라서는 10년 넘게 걸릴 수도 있다. 그런데 열흘 남짓한 기간에 박사 학위를 받았으니 학위는 받았는지 몰라도 학위에 상응하는 내용은 없었던 것이 분명하다. 입에 담기 눈치 보이지만 돈 주고 박사 학위를 사 왔다고 하는 것이 정확한 표현일 것이다.

바울이 예루살렘에서 무엇을 했을까? 불과 십오 일 사이에 복음을 배웠을 리는 만무하다. 다메섹 체험 얘기도 했을 것이고, 베드로가 예수님을 따라다니던 시절 얘기도 들었을 것이다. 하지만 "내가 예루살렘에 가서 베드로도 만나고 야고보도 만났다. 그때 복음을 배웠다. 내가 전하는 복음은 정통 예루살렘 복음이다."라고 한다면 누군가 물을 수 있다. "당신은 그곳에서 고작 십오 일을 머물렀습니다. 그 짧은 기간에 무엇을 배웠단 말입니까?"

바울은 자기가 전하는 복음이 베드로나 야고보와 관계가 있다는 사실을 말하는 것이 아니다. 오히려 반대다. 베드로나 야고보를 만난 적은 있지만 그들한테 복음을 배우지 않았다는 사실을 말하고 있다.

1:20) 보라 내가 너희에게 쓰는 것은 하나님 앞에서 거짓말이 아니로다

이런 말은 하는 것을 보니 누군가 바울이 거짓말을 한다고 매도한 모양이다. "바울이 예수 그리스도의 계시를 직접 받았다고 하는데 말도 안 된다. 전에 예루살렘에 가서 베드로를 만난 것을 내가 안다. 설마 베드로만 만났을까? 아마 이 사도, 저 사도 다 만나서 눈동냥 귀동냥으로 배운 것이 뻔하다. 그러면서 잘난 척하려고 예수 그리스도의 계시를 직접 받았다고 하는 것이다."라고 했을 것이다. 그래서 자기 말이 사실임을 강변한다.

이상한 점이 있다. 바울이 예수 그리스도의 계시를 직접 받았으면 어떻고, 베드로나 야고보한테 배웠으면 어떤가? 어차피 같은 복음이다. 왜 한사코 다른 사람한테 배운 게 아니라고 할까?

바울이 갈라디아서를 시작하면서 자기가 사도라는 사실을 강조했다. 그 문제는 상당히 중요하다. 바울이 전하는 메시지가 과연 주님으로부터 나왔는지 여부가 걸린 문제이기 때문이다. 하지만 복음이라면 얘기가 다르다. 예수님께 직접 배웠다고 해서 베드로나 야고보를 통해서 배운 것보다 나은 복음이 아니다.

바울이 베드로나 야고보를 통해서 배웠으면 한 칸 건넌 복음이지만 우리는 몇 칸이나 건넜을까? 한 세대가 30년이니 최소한 60칸, 어쩌면 70칸 정도 건넌 복음이다. 그런 복음이라고 해서 한 칸도 안 건넌 복음보다 못한 복음이 아니다. 복음은 똑같다. 그런데 바울은 한사코 한 칸도 안 건넌 복음임을 강조한다. 한 칸이라도 건너면 뭔가 달라지는 모양이다.

절친한테 애인이 생겼다고 한다. 그 소식을 다른 친구한테 들었다. 그러면 정말 절친 맞을까? 혼자만 절친이라고 착각하는 것 아닐까? 누구를 통해서 들었든지 절친한테 애인이 생겼다는 사실은 달라지지 않는다. 친구들이 다 알고 자기가 제일 마지막에 안다고 해서 애인이 바뀌지도 않는다. 단, 자기와 그 절친 사이에 문제가 생긴다.

바울이 그렇다. 갈라디아교회에 잘못된 복음을 전하는 사람들이 바울의 사도성을 흔들고 있다. 사도성이 흔들리면 바울이 전한 복음도 같이 흔들리게 된다. "바울이 전하는 복음은 정확하지만 바울이 사도인지 아닌지는 모른다"라고 한 것이 아니다. 바울로서는 자기가 사도라는 사실을 강조할 수밖에 없다.

베드로나 야고보한테 배웠다고 해서 복음이 잘못되는 것이 아니다. 하지만 자기의 사도성이 흔들리게 된다. 그래서 "내가 베드로도 만나고 야고보도 만났지만 예루살렘에 머문 기간이 고작 십오 일인데, 그 짧은 기간에 무엇을 배운단 말이냐?"라고 하는 것이다.

1:21-24) 그 후에 내가 수리아와 길리기아 지방에 이르렀으나 그리스도 안에 있는 유대의 교회들이 나를 얼굴로는 알지 못하고 다만 우리를 박해하던 자가 전에 멸하려던 그 믿음을 지금 전한다 함을 듣고 나로 말미암아 하나님께 영광을 돌리니라

예루살렘을 경유한 바울이 수리아와 길리기아 지방으로 갔다. 그곳의 교인들은 전에 자기들을 박해하던 자가 지금은 오히려 복음을 전한다는 말을 듣고 그 일로 인해서 하나님께 영광을 돌렸다.

한때 천국, 지옥에 다녀왔다는 간증이 유행한 적이 있다. 천국, 지옥은 실제로 존재한다. 하나님은 필요에 따라 우리 중 누군가한테 그것을 보여줄 수도 있다. 그런데 듣다 보면 어딘가 이상했다. 자기가 특별한 사람이어서 그런 체험을 한 것 같은 느낌을 풍기기 때문이다.

은사로 바꿔서 생각해 보자. 방언을 하는 사람이 방언을 하지 못하는 사람보다 더 나은 사람일까? 체험도 마찬가지다. 특별한 체험이 있다고 해서 그런 체험이 없는 사람보다 나은 사람이 아니다. 자기한테 그런 은혜를 주신 하나님이 높아져야지, 은혜를 받은 자기가 높아지면 안 된다. "하나님이 아무한테나 은혜를 주시겠느냐?"라는 식이면 정말 곤란하다.

바울한테는 그런 것이 없다. 바울은 한때 교회를 박해했던 사람이다. 그런데 지금은 오히려 복음을 전파한다. 사람들은 그런 바울로 말미암아 하나님께 영광을 돌렸다. 바울을 대단한 사람으로 인정한 것이 아니라 바울을 통해서 역사하시는 하나님을 찬양했다.

바울에 대해서는 들은 얘기가 참 많다. 예수에 의해서 시작된 기독교가 바울에 의해서 세계적인 종교가 되었다고 한다. 바울이 없었으면 기독교가 팔레스타인을 벗어나지 못했을 것이라고도 한다. 성경을 기록하게 하려니 바울처럼 공부를 많이 한 사람이 필요했다는 말을 들은 적도 있다. 특히 다메섹 체험을 놓고는, 하나님께서 바울을 크게 쓰시려고 특별한 은혜를 주신 것 아니겠느냐고 하는 말도 들었다.

바울이 그런 말에 동의할까? 바울이 다메섹에서 예수님을 만난 것은 사실이다. 그렇다고 해서 하나님께서 특별히 신경 써서 바울을 스카우트한 것이 아니다. 그런 체험이 있는 것보다 오히려 없는 것이 자랑일 수 있다.

어떤 아이가 가출을 했다. 부모가 아이를 찾기 위해 백방으로 노력한다. 경찰에 신고도 하고 사방에 벽보도 붙이고 사람들이 많이 오가는 거리에 현수막도 걸었다. 사례금도 책정했다. 나중에는 직장마저 그만두고 아이를 찾는 일에 몰두했다. 하루 종일 아이를 찾는다는 전단지를 돌리는 것이 일과가 되었다. 갖은 고생 끝에 삼 년 만에 거지들과 어울려 움막에서 지내는 아이를 찾았다. 아이는 부모가 자기를 얼마나 사랑하는지 체험했다. 그러면 그런 체험이 없는 대다수 아이보다 나은 점이 과연 있을까?

초대교회 당시 말귀를 잘 알아듣는 사람은 베드로의 설교로 삼천 명이 세례를 받고, 오천 명이 회개할 때 다 예수님을 영접했다. 바울은 오죽 말귀를 못 알아들었으면 예수님이 직접 찾아가셨을까? 하나님이 바울을 크게 쓰시려고 특별 대접을 한 것이 아니다. 바울이 그만큼 먹통이었다. 기독교 신자를 잡아 죽이려고 240km를 가는 사람 귀에 무슨 얘기가 들리겠는가?

그 바울이 신약성경 스물일곱 권 중에 열세 권을 기록했다. 그렇게 된 이유가 있다. 바울은 한군데 정착해서 목회를 한 것이 아니다. 한곳에 교회를 세우면 또 다른 곳으로 옮겨서 교회를 세웠다. 그 모든 교회가 무난하게 성장한 것이 아니라 죄다 문제가 있었다. 바울은 그때마다 편지를 보내야 했다. 일종의 A/S를 한 셈인데, 그것이 우리가 보는 서신서다. 바울이 세운 교회마다 아무 문제가 없었으면 바울 서신은 기록되지 않았을 것이다.

이런 얘기가 억지일 수 있다. 사람들이 바울을 너무 높이는 것이 싫어서 짐짓 하는 얘기인 것을 인정한다. 하지만 바울이라고 해서 우리와 DNA가 다른 사람이 아니다. 우리한테 바울을 본받아야 할 책임은 있어도 바울을 추앙해야 할 책임은 없다. 우리가 해야 할 일이 있다면 바울을 우러르는 일이 아니라 바울처럼 되는 일이다.

바울이 다메섹 도상에서 예수님을 만났다. 그때 바울은 초대교회 신자들을 잡아 죽이기 위해서 예루살렘에서 다메섹까지 간 것이었다. 왜 그랬을까? 그런 일을 하면 밥이 나올까, 떡이 나올까?

밥이나 떡이 문제가 아니다. 비느하스가 시므리와 고스비를 죽이고, 엘리야가 바알 선지자를 죽인 것이 밥이나 떡을 위한 것이 아닌 것과 같다. 맛다디아가 안티오코스 4세에게 반기를 든 것도 마찬가지다. 바울은 동족 중 여러 연갑자보다 유대교를 지나치게 믿었던 사람이다. 조상의 전통에 대하여 더욱 열심이 있었다. 하나님을 섬기려면 그렇게 해야 하는 줄 알았다.

그런데 그게 아니었다. 다메섹 체험 이후 아라비아 광야에 갔다. 삼 년째 되도록 거기 머무르면서 자기한테 있었던 일을 회상했다. 그러고는 예루살렘에서 십오 일을 보내며 베드로와 야고보를 만난 다음 수리아와 길리기아 지방에 갔다. 사람들이 바울의 얼굴은 몰라도 행적은 들었다. 전에 자기들을 박해하던 사람이 지금은 복음을 전한다는 것이다.

바울의 행위에는 일관성이 있다. 한때 예수 믿는 사람들을 핍박하기는 했지만 어디까지나 하나님을 위한 충성이었다. 자신을 위한 일이 아니었다. 다메섹에서 주님을 만난 다음에 힘써 복음을 전한 것도 마찬가지다. 사람의 제일 된 목적은 하나님을 영광스럽게 하고 영원토록 그를 즐거워하는 것이다. 세례문답 때 그렇게 대답하면 되는 것이 아니라 실제로 그렇게 살아야 한다.

혹시 예수님이 이 세상에 오신 김에 가외로 우리를 구원하셨을까? 그렇지 않다. 이 세상에 오신 이유가 우리를 구원하시기 위해서였다. 그 일이 아니라면 이 세상에 오실 이유가 없었다. 그럼 우리도 이 세상 살면서 남는 시간에 신앙에 힘쓰면 안 된다. 신앙을 나타내는 것이 우리 삶의 목적이어야 한다. 신앙이 아니라면 세상을 살 이유가 없다.

바울이 그렇게 살았다. 그의 마음에 가득한 것이 오로지 하나님 나라였고 복음이었다. 성경이 우리한테 그 삶을 말한다. 우리 역시 그렇게 살아야 하는 사람들이기 때문이다. 우리는 살아도 주를 위해서 살고 죽어도 주를 위해서 죽는다. 우리 삶의 이유와 목적이 우리한테 있지 않다. 무릇 신자는 그렇게 사는 법이다.

2장 이방인의 사도

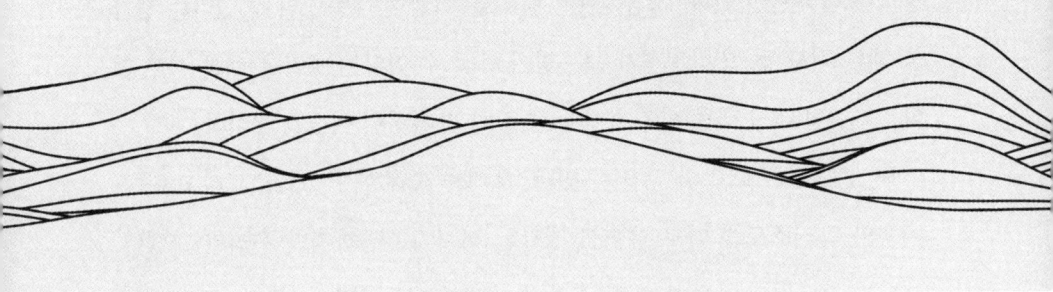

2:1-2〉 십사 년 후에 내가 바나바와 함께 디도를 데리고 다시 예루살렘에 올라갔나니 계시를 따라 올라가 내가 이방 가운데서 전파하는 복음을 그들에게 제시하되 유력한 자들에게 사사로이 한 것은 내가 달음질하는 것이나 달음질한 것이 헛되지 않게 하려 함이라

바울이 다메섹 체험 후 삼 년 만에 예루살렘에 가서 베드로를 만났다. 그리고 십사 년이 지났다. 바울이 자기가 받은 계시를 설명하기 위해서 바나바와 함께 디도를 데리고 다시 예루살렘에 갔다. 자기가 이방인에게 전한 복음을 설명한 것이다. 특히 교회의 지도자들에게는 따로 설명을 했다.

본래 기독교는 유대교의 토양에서 싹을 틔웠다. 예수님의 제자는 전부 유대인이었다. 오순절 마가 다락방에 모여 있던 백이십 문도도 다 유대인이었고, 베드로의 설교로 회개하고 세례받은 사람도 다 유대인이었다. 유대인들은 누구나 난 지 팔 일만에 할례를 받고 율법을 지킨다. 그런 그들이 예수님을 그리스도로 고백한 것이다.

우리나라 5대, 6대, 7대, 8대, 9대 대통령이 박정희다. 내가 자라던 시절, 대통령은 늘 박정희였다. 박정희가 아닌 다른 사람이 대통령일 수 있다는 생각을 해본 적도 없고, 박정희가 대통령이 아닐 수 있다는 생각을 해본 적도 없다. 그 무렵 내 또래는 '박정희 대통령'을 한 단어처럼 여겼을 것이다.

예수 그리스도도 그와 같을 수 있다. 우리는 으레 예수 그리스도라고 한다. 예수와 그리스도를 따로 떼어서 생각한 적이 없다. 하지만 우리만 그렇다. 예수는 하나님의 아들이 이 땅에 와서 자연인으로 살면서 쓰던 이름이고, 그리스도는 직분이다. 기름 부음을 받았다는 뜻의 헬라어인데 히브리어로는 메시야다.

박주영 선수가 우리나라 축구의 아이콘이던 시절, 우리나라가 우즈베키스탄과의 경기에서 종료 직전까지 0:1로 뒤져서 패색이 짙었는데 박주영 선수가 극적으로 골을 터뜨려서 무승부로 경기를 마친 적이 있다. 다음날 신문의 스포츠 면에 "한국 축구의 메시야 박주영"이라는 제목으로 기사가 실렸다. 기자가 메시야를 구세주라는 뜻으로 오해한 것이다.

이런 오해가 우리나라에만 있는 것이 아닌 모양이다. 지난 1998년에 개봉한 〈딥임팩트〉라는 영화가 있다. 정체불명의 혜성이 지구를 향해서 돌진하는 위기 상황을 설정한 재난 영화다. 그 혜성을 폭파하기 위해서 선발된 사람들을 태운 우주선 이름도 메시야였다. 메시야를 무슨 뜻으로 알고 그런 제목을 붙였을까? 예수님이 메시야인 것도 맞고, 우리를 위한 구세주인 것도 맞지만 메시야가 구세주라는 뜻은 아니다.

신구약 중간 시대를 거치면서 이스라엘에 메시야 대망 사상이 생긴다. 일찍이 하나님께서 다윗의 나라를 영원히 견고하게 하겠다고 말씀하신 바 있다. 장차 이 땅에 선포될 그리스도의 나라를 말씀하신 것인데 이스라엘은 다윗 왕조가 영원할 것이라는 뜻으로 알아들었다. 그런데 현실은 그렇지 않았다. 바벨론에서 바사, 바사에서 헬라, 헬라에서 로마로 상전이 바뀌도록 자기들은 계속 속국 신세를 면하지 못했다. 하나님의 말씀이 이루어지려면 다윗의 후손 가운데 누군가 나타나서 다윗 왕조를 일으켜야 한다. 그래서 메시야를 기다렸다. 이런 사실을 감안하면 예수 그리스도는 아무나 쓸 수 있는 호칭이 아니다. 예수님을 그리스도(메시아)로 고백하는 사람만 쓸 수 있다.

베드로가 바로 그런 고백을 했고, 예수님은 그 고백을 기초로 교회를 세우겠다고 하셨다. 즉 교회는 예수님을 그리스도로 고백한 사람들의 공동체다. 그 공동체가 처음에는 유대인들로 시작되었다. 유대인들끼리 모였으니 할례나 율법에 신경 쓸 이유가 없었다.

그런데 바울이 이방인에게 복음을 전했다. 바울이 복음을 어떻게 이해했을까? 성경에 기록된 것은 다메섹 체험뿐이지만 평생 그 체험만 전했을 리는 없다. 바울은 복음을 전하기 전에 아라비아 광야에서 삼 년을 보낸 사람이다. 그 기간 동안 자기의 체험을 신학적으로 정립했을 것이다. 구약성경에 가득한 것이 메시야에 대한 예언이고 바울은 그런 구약성경에 정통한 사람이다. 그것만이 아니다. 할례를 받았지만 할례가 곧 의롭게 되는 표가 아니라는 사실도 성경에서 묵상했을 것이고, 율법을 지키지만 율법을 통해서 의롭게 되는 것이 아니라는 사실도 성경에서 묵상했을 것이다.

그리고 십사 년 만에 다시 예루살렘에 가서 자기가 전한 복음을 설명했다. 특히 지도자 위치에 있는 사람들에게는 따로 설명했다고 한다. 왜 그랬을까?

바울과 바나바가 1차 전도 여행을 다녀온 다음의 일이다. 모세의 율법대로 할례를 받지 않으면 구원을 받지 못한다고 하는 유대인들 때문에 논쟁이 벌어진다. 기독교인이 되려면 먼저 유대인이 되어야 한다는 것이다. 그 문제 때문에 바울과 바나바를 포함한 몇 사람이 예루살렘으로 파송된다. 예루살렘에서 기독교 역사상 첫 번째 종교회의가 열린 것이다. 사도행전 15장에 기록된 내용이다.

우리는 아무렇지 않게 "구원은 믿음으로 말미암는 법인데 할례나 율법이 무슨 상관이란 말인가?"라고 할 수 있다. 예수를 믿는 문제에 할례나 율법을 결부시킨 적이 없다. 당시 상황은 다르다. 그들은 유대인으로 태어나서 유대인으로 살고 있다. 할례를 받지 않거나 율법을 지키지 않는 것을 상상해본 적도 없고, 이방인을 하나님과 연결 지어 생각해본 적도 없다. 그들 생각에 할례도 받지 않고 율법도 지키지 않으면서 예수를 믿는 것은 의미가 없을 수 있다.

만일 그렇게 되었으면 그 여파가 실로 엄청났을 것이다. 구원을 얻으려면 믿음도 중요하지만 할례나 율법 같은 행위도 중요하게 되기 때문이다. 이 일로 인해서 상당히 많은 변론이 있었다. 그때 내린 결론이 율법이나 할례에 구속받을 필요는 없고 우상과 음행, 목매어 죽인 것과 피를 멀리 하기로 했다.

그런데 바울은 자기가 예루살렘에 가서 복음을 설명한 이유를 "…내가 달음질하는 것이나 달음질한 것이 헛되지 않게 하려 함이라"라고 한다. 이제 와서 자기가 전한 복음이 맞는지 여부를 점검한 것일 수는 없다. 설마 지난 십사 년 동안 스스로 확신하지도 못하는 내용을 전했을까? 하지만 자기가 전한 복음이 예루살렘에서 전하는 복음과 동일하다는 사실을 확인할 필요는 있었다. 바울을 공격하는 사람들 때문이다. "바울이 뭘 아느냐? 바울은 예루살렘의 정통 사도들에 비하면 한참 격이 떨어지는 사람 아니냐?"라는 사람들이 있었다. 바울이야 그런 사람들을 무시하면 그만이지만 바울한테 복음을 듣는 사람들은 다르다. 그들을 위해서라도 예루살렘에 있는 사도들의 확인이 필요했다. 어떤 사람이 유기농으로 지은 농산물을 유통시키려면 공신력 있는 단체의 인증을 받아야 하는 것과 같다. 자기 혼자 먹는 것에는 그런 절차가 필요 없지만 시중에 유통시킬 때는 얘기가 다르다.

2:3-4a〉 그러나 나와 함께 있는 헬라인 디도까지도 억지로 할례를 받게 하지 아니하였으니 이는 가만히 들어온 거짓 형제들 때문이라

예루살렘에서 바울이 전하는 복음을 어떻게 평가했을까? 답은 뻔하다. 부정적인 말을 했으면 바울이 그들과 결별했을 것이다. 그러면 기독교가 시작부터 둘로 갈라지는 셈인데 그럴 수는 없다. 여기에 대해서 바울은 디도를 얘기한다. 헬라인 디도가 같이 있었는데 할례를 강요받지 않았다는 것이다. 이 사실이 곧 답인 셈이다.

바울이 2차 전도 여행 중에 유대인 어머니와 헬라인 아버지 사이에서 태어난 디모데를 제자로 삼는다. 유대인 혈통은 모계가 기준이니 디모데는 유대인이다. 그런데 할례를 받지 않은 상태였다. 바울이 디모데를 데리고 가면서 먼저 할례부터 받게 했다.

바울은 유대인을 만나면 유대인처럼 처신하고, 이방인을 만나면 이방인처럼 처신한 사람이다. 율법 아래 있는 사람을 만나면 자기도 율법 아래 있는 사람이 되었고, 율법 없는 사람을 만나면 자기도 율법 없는 사람이 되었다.

그렇게 해야 복음을 전하기에 유리하기 때문이다. 자기가 유대인인지 이방인인지, 율법 아래 있는 사람인지 율법 없는 사람인지가 문제가 아니다. 어떻게 해서든지 한 사람에게라도 더 복음을 전하는 일이 중요했다.

당시 바울은 회당 중심으로 복음을 전했다. 회당에 모인 사람들한테 복음을 전하려니 디모데한테 할례를 받게 하는 것이 편했다.

디도는 다르다. 디도가 할례를 받으면 복음이 훼손된다. "이방인이 예수를 믿으려면 할례부터 받아야 한다"라는 메시지가 성립하기 때문이다. 다행히 그런 일은 없었다. 바울이 전한 복음과 예루살렘 복음 사이에 아무 차이가 없다는 사실이 확인된 것이다.

이런 사실이 바울한테 중요한 것이 아니다. 바울을 통해서 복음을 들은 사람들과 앞으로 들을 사람들한테 중요하다. 바울로 하여금 이런 일을 하게 만든 사람들이 있다. 바울은 그들을 가만히 들어온 거짓 형제들이라고 한다.

요한계시록에 둘째 사망 얘기가 나온다. 불신자들이 영원한 형벌에 처해지는 것을 말한다. 계 21:8에 "그러나 두려워하는 자들과 믿지 아니하는 자들과 흉악한 자들과 살인자들과 음행하는 자들과 점술가들과 우상 숭배자들과 거짓말하는 모든 자들은 불과 유황으로 타는 못에 던져지리니 이것이 둘째 사망이라"라고 되어 있다. 누군가 이 구절을 보면서 거짓말이 그렇게 큰 죄인지 몰랐다고 하는 말을 들은 적이 있다.

성경이 거짓말을 엄하게 다루는 이유는 마귀가 거짓의 아비이기 때문이다 (요 8:44). 성경이 말하는 거짓말은 사실과 다른 말이 아니라 마귀한테 속한 말이다. 바울이 말하는 거짓 형제는 "형제는 형제인데 거짓말을 하는 형제"가 아니다. 다른 복음이 복음이 아닌 것처럼 거짓 형제는 형제가 아니다. 마귀의 하수인일 뿐이다.

구체적으로 그들이 누구인지는 모른다. 예루살렘에서 회의를 할 적에도 율법을 지켜야 한다는 주장이 있었지만 그들을 마귀의 수하라고 하지는 않는다. 오랫동안 율법을 지키던 습관 때문에 복음을 잘못 이해했을 뿐이다. 얼마든지 있을 수 있는 일이다. 어쩌면 예루살렘 회의의 의결 사항에 반감을 품고 교회 공동체를 박차고 나간 사람들일 수 있다. 기독교 최초의 이단인 셈이다.

2:4b) 그들이 가만히 들어온 것은 그리스도 예수 안에서 우리가 가진 자유를 엿보고 우리를 종으로 삼고자 함이로되

무슨 뜻인지 얼른 와 닿지 않는다. 우리가 가진 자유를 엿본다는 것은 무슨 말이고, 종으로 삼고자 한다는 것은 무슨 영문일까? 이단에게 미혹된다고 해서 그들의 노예가 되는 것은 아니지 않은가?

애굽의 노예로 지내던 이스라엘이 홍해를 건너 자유를 얻었다. 더 이상 애굽의 압제를 받지 않아도 된다. 우리가 그렇다. 우리는 죄에서부터 자유를 얻은 사람들이다. 이스라엘이 애굽의 지배에서 벗어난 것처럼 우리 역시 죄의 지배에서 벗어났다.

이스라엘이 홍해를 건넌 다음에도 죄는 범했다. 하지만 자기들이 선택한 것이었다. 애굽에 있을 적에는 선택의 여지가 없었다. 죄의 종이라는 말이 그런 뜻이다. 사람은 죄를 지어서 죄인이 되는 것이 아니라 죄인이기 때문에 죄를 짓는다.

우리는 다르다. 우리는 죄를 거부할 수 있다. 전에는 선택의 여지없이 죄를 지었다면 이제는 죄와 의 사이에서 선택을 할 수 있다. 마치 담배를 끊은 사람과 같다. 담배를 피우는 사람은 담배를 피울 수 있는 자유를 누리는 것이 아니다. 담배를 피우지 않을 자유가 없는 것이다. 끊는다고 말은 하는데 늘 말뿐이다. 반면 우리는 담배를 피울 자유도 있고 안 피울 자유도 있는데 안 피우는 쪽을 택한 사람들이다.

마귀가 죄를 선택하지 않는 사람을 달가워할 리 없다. 거짓 형제들을 통해서 미혹한다. 거기 미혹된다고 해서 거짓 형제들의 종으로 전락하는 것은 아니다. 다시 죄에 얽매이게 되는 것을 그렇게 표현한 것이다. 마치 담배를 끊었다가 다시 피우는 사람과 같은 처지다. 한동안 담배에 예속되어 있었다. 담배를 안 피울 자유가 없어서 피웠다. 그러다가 끊었다. 담배를 안 피울 자유가 생긴 것이다. 그런데 옆에서 자꾸 권하는 바람에 한 대 피워 물었다. 그러면 다시 담배에 예속되게 된다. 한동안 누리던 담배 안 피울 자유를 더 이상 누리지 못한다.

그런 일을 막기 위해서 바울이 예루살렘에 왔다.

2:5) 그들에게 우리가 한시도 복종하지 아니하였으니 이는 복음의 진리가 항상 너희 가운데 있게 하려 함이라

교회 다니는 사람은 술을 마시지 않는다고 하면 맥주도 안 되느냐고 반문하는 사람이 있다. 지금까지 그런 말을 몇 번이나 들었는지 모른다. 열 번은 아니라도 족히 다섯 번은 들은 것 같다.

언제부터인지 소주의 알코올 도수가 점점 낮아지는 추세다. 예전에는 25도였는데 요즘은 제품에 따라 18도, 17.5도, 16도도 있다고 한다. 아무리 그래도 맥주보다는 훨씬 높다. 종류에 따라 차이는 있지만 맥주는 보통 4도다.

그래서 맥주도 안 되느냐고 하는 것이다. 아무리 술을 마시지 말라고 하지만 알코올 도수가 4도밖에 안 되는 맥주는 술이라고 할 것도 없지 않느냐는 뜻이다.

거짓 형제들도 그런 식으로 말하지 않았을까? 그들이 구체적으로 무슨 말을 했는지 모른다. 어쩌면 사소하게 보이는 문제를 가지고 "다른 것은 다 필요 없고 이것 하나만 해라"라고 했을 수 있다.

술자리에 앉아서 바로 술을 마시지는 않는다. 처음에는 마시지 않으려고 했는데 딱 한 잔만 마시면 더 이상 귀찮게 하지 않겠다는 권유 때문에 마지못해서 마시는 경우가 대부분이다. 하지만 바울은 "그들에게 우리가 한시도 복종하지 아니하였으니…"라고 했다. 그들 얘기를 조금도 귀담아듣지 않았다는 것이다. 일체의 타협을 거부했다.

이유가 있다. "이는 복음의 진리가 항상 너희 가운데 있게 하려 함이라" 때문이다. 복음의 진리가 갈라디아교회를 비롯한 여러 이방인 교회에 계속 있게 하려니 그들하고 철저하게 선을 그어야 했다. 그냥 '복음'이라고 해도 되는데 굳이 '복음의 진리'라고 한 것은 거짓 형제들과 대조하기 위해서다. 그들한테 있는 것은 거짓이지만 우리한테 있는 것은 진리다.

에덴동산에서 뱀이 하와를 유혹할 때 선악과를 먹고 하나님과 상관없이 살라고 하지 않았다. 그것을 먹으면 하나님처럼 된다고 했다. 갈라디아교회에 들어온 거짓 형제들이라고 해서 다를까? 자기들 말을 들으면 하나님에게서 멀어진다고 했을 리가 없다. 하나님 말씀을 더 잘 지키는 것이라고 했을 것이다.

뱀이 여자에게 "하나님이 참으로 너희에게 동산 모든 나무의 열매를 먹지 말라 하시더냐?"라고 묻자, 여자가 "동산 나무의 열매를 우리가 먹을 수 있으나 동산 중앙에 있는 나무의 열매는 하나님의 말씀에 너희는 먹지도 말고 만지지도 말라 너희가 죽을까 하노라 하셨느니라"라고 대답했다.

하나님은 먹지 말라고 했지, 만지지 말라고 하신 적이 없다. 그래도 하나님 말씀을 더 철저히 지키는 것이니 문제 될 것이 없어 보인다. 그러면 "너희가 죽을까 하노라"는 어떻게 될까? 역시 하나님 말씀과 다르다. 하나님은 선악과를 먹으면 반드시 죽는다고 했다. 결국 하나님 말씀을 철저하게 지키는 것 같았지만 사실은 그게 아니다. 선악과를 먹은 것이 어쩌면 준비된 수순일 수 있다.

반면 바울은 타협의 여지를 남기지 않았다. 그들의 말을 철저히 배격했다. 복음에 다른 것이 섞이면 더 이상 복음이 아니다. 복음에 다른 것이 섞였는데 여전히 복음일 수는 없다. 복음이 더 강화될 수는 더더욱 없다. 아니, 복음이 강화된다는 발상부터 수상하다. 강화될 여지가 있으면 복음일 수 없기 때문이다.

기독교가 어떤 종교일까? 기독교는 철저하게 하나님을 높이는 종교다. 하나님께서 우리한테 은혜를 베푸시는 종교이고, 하나님이 먼저 우리를 찾아와서 만나주시는 종교다. 아무런 가능성이 없는 우리를 위해서 예수님이 십자가에 달리셨다. 그 사실이 우리의 존재 근거다. 우리 삶은 오직 십자가 앞에서만, 십자가 위에서만, 십자가 밑에서만 의미를 갖는다. 우리한테는 그 십자가가 전부다.

2:6) 유력하다는 이들 중에 (본래 어떤 이들이든지 내게 상관이 없으며 하나님은 사람을 외모로 취하지 아니하시나니) **저 유력한 이들은 내게 의무를 더하여 준 것이 없고**

바울이 사람에게 복음을 배우지 않은 것이 사실이라고 하자. 그것만으로 바울이 전한 복음이 예수 그리스도의 계시로 말미암았다고 확언할 수는 없다. 혼자 동굴에서 금식하다가 헛것을 보았으면 어떻게 할까? 바울이 전한 복음이 예수 그리스도의 계시로 말미암았다면 예루살렘 사도들이 전하는 복음과 차이가 없어야 한다. 그들한테 배우지는 않았어도 내용은 동일해야 한다.

그렇다고 해서 "제가 전한 복음의 내용이 이렇습니다. 확인 좀 해주십시오."라고 해야 하는 것이 아니다. 자기가 전한 복음이 예수 그리스도의 계시로 말미암은 것이라는 사실을 바울이 모르기야 하겠는가? 바울한테 복음을 들은 사람들 때문에 그렇다. 또 바울을 공격하는 사람들의 입을 다물게 하기 위해서도 그렇다.

앞에서 십사 년 만에 다시 예루살렘에 방문했다는 얘기를 했다. 그때 헬라인 디도를 데리고 갔는데 아무도 할례를 강요하지 않았다. 이방인이 예수를 믿으려면 먼저 할례부터 받아야 한다는 주장은 전혀 설득력이 없다는 뜻이다. 누구든지 예수를 믿으면 구원 얻는다. 예수를 믿기 위해서는 먼저 할례를 받고 율법을 지켜서 유대인이 되어야 하는 것이 아니다.

본문은 거기에서 이어지는 내용이다. 바울이 예루살렘교회 공동체에 자기가 전한 복음을 설명하면서 지도자 격인 사람들에게는 따로 설명했다고 했다. 그런데 "본래 어떤 이들이든지 내게 상관이 없으며 하나님은 사람을 외모로 취하지 아니하시나니"라는 말에 (   )가 있다. 성경을 읽다 보면 종종 이런 구절이 있다. 이런 구절로는 막 16:9-20, 요 7:53-8:11이 특히 유명하다. 사본에 따라서 있기도 하고 없기도 한 내용이라는 뜻이다.

우리가 보는 성경은 원본이 아니다. 바울이 갈라디아교회에 보낸 원래의 편지도 전해지지 않는다. 후대 사람들이 필사한 사본이 전해질 뿐인데, 필사를 하다 보면 차이가 생길 수 있다. 사본에 따라서 다른 사본에 없는 내용이 추가될 수도 있다. 그것을 (   )로 표시한 것이다. 우리는 그것 또한 성령님의 역사로 인정한다.

바울이 예루살렘에서 유력하다는 사람들을 만났다. 그들이 세상에서 어떤 평판을 받는 사람들일까? 그런 것은 알 바 아니다. 하나님은 외모로 사람을 취하는 분이 아니다.

하나님이 외모로 사람을 취하지 않는다는 사실을 모르는 사람이 있을까? 사람들의 행태는 참 고약하다. 그 사실을 안다고 하면서도 한사코 외모로 사람을 취하기 때문이다. 그 사실을 모르면 외모로 사람을 취할 수 있지만 알면서도 그렇게 하는 것이 무슨 영문일까?

교회에서는 누구나 신앙이 가장 중요하다고 한다. 그러면서도 "그래도 기왕이면 세상 조건도 갖춘 것이 좋지 않습니까?"라는 말을 보탠다. 쌍꺼풀 없는 사람이 하나님께 영광 돌리는 것보다 쌍꺼풀 있는 사람이 하나님께 영광 돌리는 것이 더 나은 줄 아는 모양이다.

지난 2002년의 월드컵 열기를 누구나 기억할 것이다. 그 당시를 기준으로 안정환 선수와 설기현 선수 중에 누가 더 축구를 잘했을까? 관점에 따라서 달리 말할 수 있다. "안정환 선수의 기술을 누가 따라오느냐? 안정환 선수가 낫다."라고 할 수도 있고, "현대 축구는 몸싸움이 기본이다. 설기현 선수는 유럽 선수들하고 몸싸움을 해도 밀리지 않는다."라고 할 수도 있다. 둘 중에 누구 말이 맞는지 모른다. 하지만 "생긴 걸 봐라. 안정환 선수가 훨씬 잘한다."라고 할 수는 없다.

돈이 무서운 것을 아는 사람이 어떤 사람일까? 일단 무분별한 낭비를 일

삼는 사람은 해당 사항이 없다. 백화점 세일 기간을 줄줄이 꿰고 있는 사람이나 홈쇼핑 채널을 즐겨 보는 사람도 마찬가지다. 하나님이 사람을 외모로 취하지 않는다는 사실을 아는 사람은 어떤 사람일까? "교회 일을 하려면 돈 있는 사람이 장로가 되어야지"라고 하는 사람은 일단 아니다. 그런 말을 듣고 고개를 끄덕이는 사람도 아니다. 하나님이 외모로 사람을 취하지 않는다는 사실을 아는 사람이라면 적어도 세상 사람들과 똑같은 얘기를 하지는 않을 것이다. 세상에서 인정받는 것이 하나님께 인정받은 징표가 아니기 때문이다.

바울이 예루살렘교회의 지도자들을 만났는데 그들은 바울이 전한 메시지에 아무것도 덧붙이지 않았다. 바울이 전한 복음과 예루살렘 복음이 동일하다는 사실이 입증된 것이다.

2:7-8〉 도리어 그들은 내가 무할례자에게 복음 전함을 맡은 것이 베드로가 할례자에게 맡음과 같은 것을 보았고 베드로에게 역사하사 그를 할례자의 사도로 삼으신 이가 또한 내게 역사하사 나를 이방인의 사도로 삼으셨느니라

고속도로 휴게소에는 여러 종류의 음식점이 있다. 하지만 중복되는 메뉴는 없다. 분식을 취급하는 음식점의 순두부찌개가 잘 팔린다고 해서 한식을 취급하는 음식점에서 슬그머니 순두부찌개를 메뉴에 추가하지는 않는다. 상도의에 어긋나기도 하고, 미리 약정이 되어 있기도 할 것이다.

바울과 베드로가 그런 식으로 담당을 나눈 것이 아니다. 베드로는 이방인인 고넬료에게 복음을 전한 적이 있다. 바울도 유대인 회당에서 복음을 전했다. 무엇보다 예수님의 마지막 당부가 모든 민족으로 제자를 삼는 것이다.

예루살렘과 온 유대와 사마리아와 땅끝까지 이르러 예수님의 증인이 되어야 한다. 그런데도 이런 말을 하는 것은 베드로를 비롯한 당시 사도들이 전부 예루살렘에 있었기 때문이다. 나중에 예루살렘이 멸망한 다음에야 사방으로 흩어진다. 본문은 누가 누구에게 복음 전하는 일을 맡았는지에 대한 얘기가 아니다. 순두부찌개를 어디에서 취급하고 오므라이스를 어디에서 취급할 것인지 분명히 정하자는 얘기가 아니라 어디에서 취급하든지 다 믿을 만하다는 뜻이다.

바울이 갈라디아서를 쓴 이유는 갈라디아교회에 가만히 들어온 거짓 형제들 때문이다. 그들이 어떤 말을 했을까? 그들은 할례와 율법을 강조했다. 복음을 말하는 바울을 공격하기 위해서라도 예루살렘 사도들의 권위를 이용했을 것이다. "우리는 예루살렘 사도들한테 직접 배웠다. 바울은 굴러온 돌에 불과한데 알면 얼마나 알겠느냐? 여러분이 바울의 말에 솔깃해 하는 것은 예루살렘 사도들이 전하는 오리지널 복음을 들어보지 못했기 때문이다."라는 식의 말을 했을 것이다.

그들이 이용한 예루살렘 사도들의 권위를 바울이 같이 이용한다. 예루살렘 사도들이 자기를 인정했다는 것이다. 애초에 거짓 형제들이 예루살렘 사도들의 권위를 인정하지 않았으면 예루살렘 사도들이 바울을 인정하거나 말거나 상관이 없지만 그것은 불가능하다. 복음에 흠집을 내려면 복음과 비슷한 말을 해야 하기 때문이다. 불교 경전을 펴 놓고 기독교 이단을 만들 수 없는 것과 같다. 거짓 형제들이 자기들 얘기에 권위를 부여하기 위해서 예루살렘 사도들을 인용했는데 그것이 스스로 함정을 판 격이 되었다. 예루살렘 사도들이 바울을 인정했으니 그들은 설 자리가 없게 되었다.

베드로는 베드로대로 복음을 만들고 바울은 바울대로 복음을 만들었으면 누가 더 잘 만들었는지 따질 수 있다. 그런데 그게 아니다. 베드로를 통해서 역사하시는 분과 바울을 통해서 역사하시는 분이 같은 분이다. 최종 권위가 베드로나 바울한테 있지 않고 베드로를 사도로 삼으신 분, 바울을 사도로 삼으신 분께 있다. 베드로나 바울 사이에는 아무런 우열 차이가 없다.

2:9〉 또 기둥같이 여기는 야고보와 게바와 요한도 내게 주신 은혜를 알므로 나와 바나바에게 친교의 악수를 하였으니 우리는 이방인에게로, 그들은 할례자에게로 가게 하려 함이라

가끔 동기 모임에 간다. 모처럼 만나면 다 반갑다. 눈만 마주치면 서로 악수를 나눈다. 모임이 끝나고 헤어질 때도 악수를 한다. 누군가한테 그날 있었던 일을 말한다면 뭐라고 할까? "동기 모임에 다녀왔다. 이런 얘기, 저런 얘기를 주고받았다."라고 할 것이다. 그날 먹은 점심 메뉴를 말할 수도 있다. 하지만 누구, 누구와 악수를 했는지는 말하지 않는다. 사춘기 시절에 좋아하는 이성과 악수를 했다면 모를까, 악수에 특별한 의미를 부여하는 경우는 없다.

그런데 본문은 악수했다는 말을 한다. 악수 자체에 메시지가 있다는 뜻이다. 우선 야고보, 베드로, 요한이 바울과 바나바에게 안수를 한 것이 아니라 악수를 했다는 사실에 주목할 수 있다. 서로의 위상이 동등하다는 뜻이다. 그것이 전부가 아니다. 악수를 한 이유가 있다. 바울과 바나바는 이방인에게로, 야고보와 베드로, 요한은 할례자에게 가게 하기 위해서 악수를 했다는 것이다. 그런 교감이 없었으면 악수를 하지 않았을 것이라는 뜻이 된다. 이 때의 악수는 "복음에 대해서 전적으로 당신에게 동의한다. 우리는 같은 복음을 전하는 사람들이다. 우리는 유대인에게, 당신은 이방인에게 복음을 전하는 것을 빼면 다른 것이 없다. 당신과 우리가 복음 안에서 한 형제인 것이 확인된 이상 어느 누구도 우리의 친교를 방해하지 못한다."라는 뜻이다.

누가 누구와 같은 편인지 알면 누가 누구와 같은 편이 아닌지가 자연스럽게 드러난다. 복음에 대한 한 야고보, 베드로, 요한과 바울, 바나바가 다 같은 편이다. 결국 거짓 형제들의 정체가 확인된 셈이다.

교회는 말이 많은 곳이라고 한다. 세상에서는 비슷한 사람끼리 모이는데 교회는 그렇지 않기 때문이다. 우선 혈연이나 지연, 학연 같은 공통분모가 없다. 소득 수준이나 자라온 배경, 학력, 관심사도 다르다. 단지 같은 교회에 다닌다는 이유만으로 모였으니 갈등이 있을 수밖에 없다는 것이다.

일리 있게 들리지만 그렇지 않다. 우리는 전부 한 성령을 받았다. 같은 신앙을 고백한다. 그리스도를 머리로 하는 교회의 각 지체들이다. 하나님을 아버지로 하는 형제들이다. 왜 공통분모가 없단 말인가?

바람직한 얘기는 아니지만 세상에서도 학연이나 지연이 작용한다. 직장 안에서 출신 학교나 출신 지역을 따지는 사례가 얼마든지 있다. 그런데 왜 우리는 동류의식이 없을까? 답은 뻔하다. 마땅히 싸워야 할 싸움을 싸우고 있지 않기 때문이다. 싸움을 안 하니 적이 누구인지, 같은 편이 누구인지 개념이 없다.

문화적으로 따지면 야고보, 베드로, 요한은 거짓 형제들과 가깝다. 훨씬 말이 잘 통할 수 있다. 그런데도 기꺼이 바울, 바나바와 교제의 악수를 했다. 바울, 바나바 역시 그것을 외면하지 않았다. 서로 합력해서 세울 나라가 있기 때문이다.

우리가 정말로 그리스도의 군사일까? 우리로 인해서 그리스도의 나라가 확장되고 있을까? 우리가 그 싸움을 싸우고 있으면 우리끼리는 같은 편이다. 만날 때마다 반가울 것이다.

2:10) 다만 우리에게 가난한 자들을 기억하도록 부탁하였으니 이것은 나도 본래부터 힘써 행하여 왔노라

바울이 예루살렘에 간 것은 복음 때문이다. 거짓 형제들이 자꾸 흔들어대기 때문이다. 자기가 전한 복음과 예루살렘 복음이 일치한다는 사실을 확인했다. 야고보, 베드로, 요한과 악수를 한 것은 거짓 형제들의 입을 다물게 하는 큰 사건이다. 장엄한 음악이라도 나와야 어울릴 분위기다. 그런데 난데없이 가난한 사람을 도우라는 말을 한다. 사족은 아니지만 용두사미일 수 있다. 가난한 사람을 돕는 것이 좋은 일인 줄 누가 모를까? 그렇다고 해서 그런 말을 군이 해야 할까?

가난은 나라님도 구제하지 못한다고 한다. 이 말을 누가 만들었을까? 가난한 사람들이 만들었으면 가난을 숙명으로 받아들인다는 뜻인데 설마 그랬을까? 아무래도 부유한 사람들이 만들었을 것 같다. 그러면 뜻이 고약하게 된다. "가난한 사람들이 내 책임이냐? 나라님도 감당 못하는 것을 나더러 어떡하란 말이냐? 다 팔자 소관이다."라는 뜻이기 때문이다. 그것이 이 세상 풍조다. 자기가 나서서 남의 앞가림을 해줄 이유가 없다.

성경은 어떻게 말할까? 성경에는 가난한 자들을 돌보라는 얘기가 참 자주 나온다. 세상에서 말하는 불우 이웃 돕기 정도가 아니다. 하나님의 마음에 동참하는 것이다. 도덕적으로 가치 있는 일이 아니라 신앙 원칙에 근거한 행위다.

인간의 범죄에 대해서 하나님은 책임이 없다. 그런데 마치 하나님 책임인 것처럼 예수님을 십자가에 못 박아 죽게 하셨다. 그리고 사람들이 예수님을 영접하기를 간절히 기다리신다. 노숙자한테 밥값을 주면서 행여 받지 않을까 노심초사하는 격이다.

전도를 해보면 이런 심정을 어렴풋이 느낄 수 있다. 사실 전도를 하는 사람은 아쉬울 것이 없다. 전도를 당하는 사람이 아쉬워야 한다. 그런데 늘 전도하는 사람이 아쉽다. 전도를 하면 이 땅에 예수님을 보내신 하나님 마음에 동참하게 된다.

구제는 어떤가? 자기 앞가림을 못하는 사람을 돕는 것이 구제다. 이스라엘이 스스로 앞가림을 못할 때 하나님께서 구원해 주셨다. 우리가 그런 은혜로 구원 얻었다. 그러면 그런 은혜를 베풀 수 있어야 한다.

어떤 불신자가 있다고 하자. 그 사람이 불신자인 것이 누구 책임인지 따지면서 전도를 하는 법은 없다. 구제 역시 마찬가지다. 가난하게 된 것이 누구 책임인지가 문제가 아니다. 불쌍하면 돕는 것이다. 하나님이 우리한테 그렇게 하셨다. 우리가 하나님의 은혜를 입었으면 은혜를 입은 모습이 나와야 하는데, 그런 모습이 불신자한테 나타나면 전도고 불쌍한 사람한테 나타나면 구제다.

야고보, 베드로, 요한이 바울에게 가난한 자들을 기억하라고 부탁한 것은 신자인 것을 나타낼 기회를 흘려보내지 말라는 뜻이다. 복음에 대해서 의견이 일치된 것으로 신자가 어떤 사람인지 정했으니 남은 일은 신자로 사는 일이다. 바울이 본래부터 그렇게 하고 있다고 했다. "우리는 신자로 살아야 하는 사람입니다."라는 얘기에 "예, 그렇게 살고 있습니다."라고 답한 것이다.

이제 우리가 답할 차례다. 우리가 신자 맞을까? 그러면 신자로 살고 있어야 한다. 신자라고 말하는 사람이 신자가 아니라 신자로 살고 있는 사람이 신자다. 우리한테서 늘 복음이 나타나야 한다. 복음이 우리 삶의 원칙이다.

2:11-13〉 게바가 안디옥에 이르렀을 때에 책망받을 일이 있기로 내가 그를 대면하여 책망하였노라 야고보에게서 온 어떤 이들이 이르기 전에 게바가 이방인과 함께 먹다가 그들이 오매 그가 할례자들을 두려워하여 떠나 물러가매 남은 유대인들도 그와 같이 외식하므로 바나바도 그들의 외식에 유혹되었느니라

베드로가 안디옥에 머문 적이 있다. 한동안 이방인과 함께 먹었다. 그러던 중에 야고보에게서 사람들이 오자, 태도를 바꿨다. 그 사람들 눈치를 보며 이방인을 멀리한 것이다. 베드로의 그런 태도에 다른 유대인들은 물론이고 바나바까지 흔들렸다. 그래서 바울이 베드로를 책망했다고 한다.

이런 일이 어떻게 가능할까? 베드로는 예수님의 수제자인데 비해서 바울은 예수님 생전에 어디에서 무엇을 했는지도 모르는 사람이다. 그런 바울이 베드로를 꾸짖는 것이 말이 될까? 그것도 공개적으로 꾸짖었다. 물론 베드로가 잘못하기는 했다. 그러면 나중에 조용히 얘기하면 되는 것 아닐까?

바울은 바나바와도 다툰 적이 있다. 1차 전도 여행 때 중도에서 포기한 마가 요한을 2차 전도 여행 때 또 데려가는 문제 때문에 의견이 갈렸다. 바나바는 데려가자고 했고 바울은 안 된다고 했다. 바울한테 바나바는 말 그대로 은인이다. 바울이 회심했을 때 사람들이 여전히 바울을 두려워해서 만나려고 하지 않았는데 그런 바울을 믿어준 사람이 바나바다. 일종의 신원 보증을 선 셈이다. 또 고향 다소에 내려가 지내던 바울을 안디옥교회에 소개하기도

했다. 바나바가 아니었으면 바울은 초대교회에 등장하기 어려웠다. 그런 바나바와 싸웠다.

이런 사실을 놓고 "바울이 일은 많이 했지만 성격은 원만하지 못했다"라고도 한다. 바울에게도 할 말이 있을 것이다. 바울은 마가 요한을 데리고 가는 것이 신앙 원칙에 어긋난다고 생각했을 것이다. 바나바는 마가 요한을 데리고 가는 것이 신앙적으로 바람직하다고 생각했을 것이다. 서로의 신앙이 충돌하면 양보 여지가 없게 된다. 결국에는 둘이 갈라섰다.

베드로를 책망한 것도 마찬가지다. "바울이 얼마나 괄괄한 사람이었느냐?"에 대한 얘기가 아니다. 신앙 원칙이 걸린 문제였다.

유대인의 식사 법도는 무척 까다롭다. 부정한 것과 정한 것의 구별이 있었고, 무엇보다 이방인과 같이 식사를 하지 않았다. 같이 식사를 하는 것은 동류라는 뜻이기 때문이다. 하지만 베드로는 그것이 아무 의미 없다는 사실을 알고 있었다.

사도행전 10장에 베드로가 고넬료의 집에 다녀온 내용이 나온다. 이 일로 논란이 벌어진다. 사도행전 11장이 "유대에 있는 사도들과 형제들이 이방인들도 하나님의 말씀을 받았다 함을 들었더니 베드로가 예루살렘에 올라갔을 때에 할례자들이 비난하여 이르되 네가 무할례자의 집에 들어가 함께 먹었다 하니…"로 시작한다.

고넬료의 집 사람들이 성령을 받은 것은 실로 엄청난 사건이다. 그런데 사람들은 베드로가 이방인과 어울렸다는 사실을 먼저 떠올렸다. 본문은 베드로가 이방인과 함께 먹다가 그것을 중단한 것을 문제 삼지만 베드로가 이방인과 함께 먹은 것은 그보다 훨씬 더 충격적인 사건이었을 것이다. 오죽하면 이방인이 성령을 받은 것보다 더 큰 사건으로 여겼다.

베드로가 자초지종을 얘기했다. 제 육 시 기도 시간에 지붕에서 기도하다가 환상을 본다. 하늘에서 큰 보자기 같은 그릇이 내려왔는데 거기에 네 발가진 것과 들짐승과 기는 것과 공중에 나는 것들이 있었고, 그것을 잡아먹으라는 소리가 들렸다. 그런 일이 세 차례 반복되었다. 그러고는 마침 사람이 와서 청하기에 같이 고넬료의 집에 갔는데 자기가 얘기하는 중에 성령이 임했다. 자기들이 예수 그리스도를 믿을 때 받은 성령을 고넬료 집 사람들도 받았는데, 하나님께서 하시는 일을 자기가 무슨 수로 막느냐고 했다. 그러자 거기 모인 사람들이 하나님께서 이방인에게도 생명 얻는 회개를 주셨다며 하나님께 영광을 돌렸다.

베드로한테는 이런 경험이 있다. 이방인과 식사를 하는 것이 아무 문제가 없다는 사실을 누구보다 잘 안다. 하나님은 유대인만의 하나님이 아니다. 베드로가 안디옥에 머문 기간이 얼마나 되는지 몰라도 한동안 아무 거리낌 없이 이방인과 어울려서 식사를 했다. 그러던 중에 야고보에게서 사람이 오자, 태도를 바꿨다. 갑자기 이방인들을 외면한 것이다.

베드로 때문에 다른 유대인들도 그렇게 했고 급기야 바나바마저 그들의 외식에 유혹을 받았다. 이 일로 바울이 베드로를 책망했는데 우리말 번역이 다소 약하다. 책망했다기보다 정죄했다, 저주했다고 하는 것이 원뜻에 가깝다.

군대에서 일병이 병장을 나무라는 일이 가능할까? 어지간한 일로는 어림도 없다. 하지만 병장이 이적 행위를 하면 가능할 것이다. 그것도 전시라면 더욱 그렇다. 6·25 전쟁 중에 북한을 지지하는 언행을 일삼는 병장이 있었다면 일병이라도 바로 나무랐을 것이다. 바울이 베드로를 책망한 일이 그런 격이다.

사도행전 15장에 예루살렘 종교회의가 나온다. 의제는 이방인의 구원에 대한 것이었다. 이방인이 예수를 믿을 때 그냥 믿으면 되는지, 아니면 할례를 받고 율법을 지키면서 믿어야 하는지 의견이 갈린 것이다. 우리한테는 대수롭지 않게 보여도 당시에는 굉장히 심각한 문제였다. 많은 논란 끝에 이방인은 굳이 할례를 받거나 율법을 지킬 필요 없는 것으로 결론이 났다.

그런데 본문에서는 베드로가 야고보에게서 온 사람들의 눈치를 본다. 예루살렘 종교회의가 열리기 전인 모양이다. 야고보에게서 온 사람들이 누구인지 몰라도 야고보의 뜻을 전하러 온 사람들은 아닐 것이다. 복음에 대해서 야고보는 바울과 의견 일치를 본 상태다. 이미 친교의 악수를 나눴다. 야고보, 베드로, 요한이 전하는 복음은 바울, 바나바가 전하는 복음과 같은 복음이다.

2:14) 그러므로 나는 그들이 복음의 진리를 따라 바르게 행하지 아니함을 보고 모든 자 앞에서 게바에게 이르되 네가 유대인으로서 이방인을 따르고 유대인답게 살지 아니하면서 어찌하여 억지로 이방인을 유대인답게 살게 하려느냐 하였노라

앞에서 바울이 바나바와 함께 디도를 데리고 예루살렘에 갔던 얘기를 하면서 '복음의 진리'라는 표현을 썼다. 본문에서 그 표현을 반복한다. 베드로가 야고보에게서 온 사람들 때문에 이방인을 멀리한 것이 복음의 진리를 따르지 않은 행위라는 것이다. 누군가 디도한테 할례를 강요하는 것과 같다. 바울이 베드로를 공개적으로 책망한 이유가 여기에 있다. "이방인과 함께 먹다가 유대인이 왔다고 해서 이방인을 멀리하면 그 이방인들이 서운하지 않겠느냐?"라는 얘기가 아니다. "왜 복음을 왜곡하느냐?"이다.

어떤 책에서 이랜드 박성수 회장이 예수를 믿게 된 동기를 읽은 기억이 있다. 박성수 회장이 대학 신입생 때의 일이다. 신입생 환영회가 열렸다. 선배가 신입생들한테 일일이 술을 따라 줬는데, 한 신입생이 거부했다. 자기는 크리스천이라는 것이 그 이유였다.

아직도 선후배 간에는 어느 정도의 위계질서가 있을 것이다. 더군다나 1970년대의 일이다. 선배가 주는 술을 어떻게 거부할까? 그 모습에 박성수 회장이 충격을 받았다. "대체 예수를 믿는 것이 어떤 것이기에 감히 선배가 주는 술을 거부한단 말인가?" 하고는, 그 일이 계기가 되어 교회에 다니기 시작했다.

그 신입생이 누구인지는 모른다. 누군가에게 복음을 전파할 목적으로 그렇게 한 것도 아니다. 평소 습관대로 술을 마시지 않았을 뿐이다. 그 일이 한 사람의 인생을 바꾸는 계기가 되었다.

항상 이런 일만 있으면 좋겠는데 반대의 경우도 있다. 직장 생활을 하던 시절, 회식 때마다 곤혹스러웠다.

우리나라의 음주 문화는 참 고약하다. 다른 사람이 술을 마시지 않는 꼴을 못 본다. 일제강점기 때 생긴 폐습이다. 나라가 망했으니 술이라도 마셔야지, 맨정신으로는 견딜 수 없는 것이다. 술을 마시기 시작하면 2차, 3차 하면서 끝을 보고, 동석한 사람에게는 악착같이 술을 권한다. 해방된 게 언제인데 아직도 그런 폐습에서 벗어나지 못한 사람들이 있다.

그 시절에 교회 다녀서 안 마신다고 하면 으레 돌아오는 말이 있었다. "내가 아는 사람은 장로인데 잘만 마시더라."

사실인지 아닌지는 모른다. 나한테 술을 마시게 할 속셈으로 말을 지어냈을 수도 있고, 정말로 주변에 그런 장로가 있을 수도 있다. 아니면 한 칸 건너서 들은 말일 수도 있다.

정말로 그런 장로가 있다고 하자. 마침 그 자리에 술 마시기를 주저하는 새 신자가 있으면 어떻게 될까? 그러면 더 이상 주저하지 않게 된다. 얼마든지 마실 수 있다. 장로가 불신앙을 권한 셈이다.

그 정도 문제라면 차라리 괜찮다. 구원이 걸린 문제에서 그런 일이 벌어지면 어떻게 할까? 바울이 베드로에게 "네가 유대인으로서 이방인을 따르고 유대인답게 살지 아니하면서 어찌하여 억지로 이방인을 유대인답게 살게 하려느냐?"라고 했다. "당신은 얼마 전까지 유대인이면서도 이방인처럼 처신하더니 예루살렘에서 사람이 왔다고 해서 이방인한테 유대인이기를 강요하는 건가요?"라는 뜻이다.

베드로의 행위가 베드로 혼자의 문제로 끝나지 않는다. 다른 사람이 영향을 받는다. 자기 혼자만 도로 유대인으로 돌아간 것이 아니라 이방인들한테도 유대인이기를 강요하는 격이 된다. 구원을 얻으려면 예수를 믿어야 하지만 율법도 지켜야 한다고 가르치는 셈이다. 복음의 진리를 따라 바르게 행하지 않은 것이다. 바울이 대선배인 베드로를 책망한 이유가 여기에 있다.

베드로가 어떻게 반응했을까? 당연히 긍정적으로 반응했을 것이다. 이 일로 바울과 베드로가 갈라섰다면 앞에서 나눈 친교의 악수가 무효가 되는데, 무효가 된 것을 굳이 기록할 이유가 없다.

누군가 디도에게 할례를 강요했다면 그는 거짓 형제다. 이방인이 예수를 믿으려면 할례를 받아야 한다고 확신한다는 뜻이다. 베드로는 다르다. 베드로는 이방인과 유대인이 아무 차이가 없는 것을 안다. 바울은 베드로의 행위를 외식이라고 했다. 사람들 앞에서 기도하고 사람들 앞에서 구제하는 것처럼 사람들의 눈치를 살폈다. 예전에 계집종 앞에서 주님을 부인했던 것처럼 이번에는 할례자들 때문에 복음을 부인했다.

2:15-16) 우리는 본래 유대인이요 이방 죄인이 아니로되 사람이 의롭게 되는 것은 율법의 행위로 말미암음이 아니요 오직 예수 그리스도를 믿음으로 말미암는 줄 알므로 우리도 그리스도 예수를 믿나니 이는 우리가 율법의 행위로써가 아니고 그리스도를 믿음으로써 의롭다 함을 얻으려 함이라 율법의 행위로써는 의롭다 함을 얻을 육체가 없느니라

"우리는 본래 유대인이요 이방 죄인이 아니로되…"라는 말이 의아할 수 있다. 설마 이방인은 죄인이지만 유대인은 죄인이 아니라는 뜻일까? 그럴 수는 없다. 이어지는 말이 "사람이 의롭게 되는 것은 율법의 행위로 말미암음이 아니요"이다. 율법을 지킨다는 자기들 역시 의롭지 않다. 유대인도 이방인과 마찬가지로 죄인이다. 단, 다른 방식의 죄인이다. 유대인에게는 이방인에게 없는 율법이 있기 때문이다. 결국 "우리가 율법을 지킨다고 하지만 율법이 없는 이방인과 마찬가지 죄인이므로…"라는 뜻이다.

율법이 있는 유대인도 죄인이고, 율법이 무엇인지 모르는 이방인도 죄인이다. 사람이 의롭게 되는 것은 오직 예수 그리스도를 믿는 믿음으로 말미암는다. 그래서 율법을 지키는 자기들도 예수 그리스도를 믿는다.

16절은 문장이 참 길다. "사람이 의롭게 되는 것은 율법의 행위로 말미암음이 아니요 오직 예수 그리스도를 믿음으로 말미암는 줄 알므로 우리도 그리스도 예수를 믿나니"까지만 말해도 되는데 "이는 우리가 율법의 행위로써가 아니고 그리스도를 믿음으로써 의롭다 함을 얻으려 함이라" 하고, 그 이유를 설명한다. 그렇다고 해서 특별할 것도 없다. 앞에서 말한 내용을 반복하는 것에 불과하다. 그것으로 끝이 아니다. "율법의 행위로써는 의롭다 함을 얻을 육체가 없느니라"라는 말을 또 보탠다.

왜 이렇게 같은 말을 반복할까? 바울한테 이 말을 직접 듣는 사람은 갈라디아교회 교인들이 아니다. 일차적으로 베드로다. 베드로가 이런 사실을 모를까? 바울이 "네가 유대인으로서 이방인을 따르고 유대인답게 살지 아니하면서…"라고 한 것처럼 구원은 율법의 문제가 아니라 믿음의 문제인 것을 안다. 그런데도 할례자들 눈치에서 자유롭지 못했다. 반복해서 말할 만하다. 집에서 애한테 공부하라는 잔소리를 왜 할까? 공부해야 하는 것을 모르기 때문이 아니다. 알면서 안하기 때문이다.

에픽테토스라는 사람이 있었다. 고대 그리스의 스토아학파 철학자다. 그가 "진정한 철학자는 크리시포스와 디오게네스를 읽어서 그들의 교훈에 대해서 박식한 강의를 할 수 있는 사람이 아니라 그들의 교훈을 실천하는 사람이다"라고 했다. 크리시포스는 스토아철학을 체계화한 사람이고, 디오게네스는 견유학파의 창시자이다. 에픽테토스는 교만이나 탐욕, 세속적 야망이 조금이라도 보이는 사람은 철학자로 인정하지 않았다. 학생들한테 종종 "네 독서가 네게 어떤 영향을 주었느냐?"라고 묻고는, 그 답을 그들의 말에서 찾지 않고 삶에서 찾았다. 누군가 가르침을 구할 때마다 "철학자로 살겠다는 각오가 없으면 나를 찾지 말라"라고 단호하게 말하곤 했다. 진짜 철학자와 철학을 공부하려는 사람을 구별해서 후자에게는 아무런 관심을 보이지 않았다. 그에게는 철학이 전부 아니면 전무였다. 중간을 용납하지 않았다.

복음도 그래야 하지 않을까? 아는 것이 복음이 아니다. 그 복음이 하루 24시간 적용되어야 한다. 복음이 무엇인지 가끔 입으로 말하는 것이 아니라 날마다 그렇게 살아야 한다. 에픽테토스가 신자였다면 "복음이 네게 어떤 영향을 주었느냐? 말로 답하지 말고 삶으로 답해봐라."라고 했을 것이다.

베드로가 왜 그랬을까? 복음은 유대인과 이방인을 차별하지 않는다는 사실을 모르지 않는다. 그렇게 지내기도 했다. 그런데 차별하는 사람들이 오자, 덩달아 차별하는 사람 편에 섰다. 그 바람에 다른 유대인들도 베드로를 따라했다.

조선 후기 문인 이양연이 지은 시가 있다. 김구 선생이 특히 좋아했다고 한다. 서산대사가 지은 시로 잘못 알려져 있지만 이양연이 지은 시다.

답설야중거(踏雪野中去) 불수호란행(不須胡亂行)
금일아행적(今日我行跡) 수작후인정(遂作後人程)

눈 덮인 들판을 걸어갈 때는 발걸음을 어지럽게 걷지 말라.
오늘 내가 디딘 발자국은 언젠가 뒷사람의 이정표가 되리라.

눈 덮인 들판을 걷는 사람이 어떤 사람일까? 유람 나온 사람이라면 눈 덮인 들판을 걷는 수고를 할 이유가 없다. 가야 할 곳이 있는 사람일 것이다. 그런 사람이 일부러 어지러운 발걸음으로 걸을 리는 만무하다. 그런데도 발자국이 흐트러질 수 있다.

혹시 베드로한테 복음을 훼손하려는 의도가 있었을까? 그럴 수는 없다. 단지 부지불식간에 취한 행동이었다. 베드로 역시 자기 행동이 얼마나 큰 파장을 일으키는지 몰랐을 것이다. 참으로 무서운 말이다. "엉겁결에 한 일이다. 잘 모르고 깜빡 실수했다."라고 하면 처음부터 없었던 일이 되는 것이 아니기 때문이다.

그렇다고 해서 마냥 주눅 들어야 하는 것은 아니다. 반대의 경우도 성립한
다. 발터 베냐민이 한 말이 있다. "매 순간은 메시야가 들어올 수 있는 작은
문이다." 우리의 매 순간이 복음을 훼손할 수도 있지만 복음을 세울 수도 있
다. 평소 습관대로 술을 거부했더니 그 일로 박성수 회장이 예수를 믿은 것
과 같은 일이 우리를 통해서도 얼마든지 일어날 수 있다.

그렇다면 우리가 정말로 복음을 아는 사람이 맞는지 점검해야 한다. 복음
은 적용되어야 복음이다. 우리가 할 일은 아는 것을 삶에 적용하는 일이다.
그것이 우리의 책임이다.

**2:17-19) 만일 우리가 그리스도 안에서 의롭게 되려 하다가 죄인으로 드러나
면 그리스도께서 죄를 짓게 하는 자냐 결코 그럴 수 없느니라 만일 내가 헐었
던 것을 다시 세우면 내가 나를 범법한 자로 만드는 것이라 내가 율법으로 말
미암아 율법에 대하여 죽었나니 이는 하나님에 대하여 살려 함이라**

그리스도 안에서 의롭게 되려 하는 사람이 어떤 사람일까? 그런 사람은 의
인일까, 죄인일까? 이 세상에는 의인과 죄인이 있을 뿐이다. 의인이 아니면
죄인이고, 죄인이 아니면 의인이다. 죄인인 상태에서 의인이 되려고 노력해
서 조금씩 의로워지는 것이 아니다. 그럼에도 불구하고 이런 말을 하는 것은
복음과 율법을 비교하기 위한 설정이다.

누구든지 그리스도 안에 있으면 새로운 피조물이다. 그리스도 안에 있으면
서 점차적으로 새로운 피조물로 변모되는 것이 아니다. 새로운 피조물로 변
모되다가 중간에 멈추는 경우는 있을 수 없다.

율법은 그렇지 않다. 본래 율법은 구원의 방도로 주어진 것이 아니지만 유대인들은 그렇게 알았다. 율법을 지켜서 의로워지려고 했다. 그러면 율법이 주어진 순간에 의롭게 되는 것이 아니라 꾸준히 지켜야 의롭게 될 것이다. 그런 개념을 복음에 접목하면, 율법을 지키는 사람이 의롭게 되려는 사람인 것처럼 그리스도 안에 있으면 의롭게 되려는 사람이 된다.

베드로가 이방인과 어울려 같이 먹을 수 있었던 이유가 무엇일까? 사람이 의롭게 되는 것은 율법의 행위로 말미암지 않고 예수 그리스도를 믿음으로 말미암는 줄 알았기 때문이다. 그래서 한동안 그렇게 했다. 그것이 "만일 우리가 그리스도 안에서 의롭게 되려 하다가"이다.

그런데 야고보에게서 온 사람들이 이르자, 태도를 바꿨다. 이방인과 같이 먹으면 안 되는 것처럼 행동했다. 그러면 지금까지 같이 먹은 것은 죄를 지은 것이 된다.

그 죄가 누구 때문일까? 그리스도를 믿는 믿음으로 이방인과 같이 먹었으니 예수님이 죄를 짓게 한 것일까? 도무지 말이 안 된다. "만일 우리가 그리스도 안에서 의롭게 되려 하다가 죄인으로 드러나면 그리스도께서 죄를 짓게 하는 자냐 결코 그럴 수 없느니라"가 그런 얘기다. 본문에서 "그리스도께서 죄를 짓게 하는 자냐"라는 번역은 너무 부드럽다. 직역하면 "그리스도가 죄의 종이냐"가 된다. 바울이 그만큼 격하게 말하고 있다.

각설하고, 그런 경우에 잘못의 책임이 누구한테 있을까? 당연히 자기한테 있다. "만일 내가 헐었던 것을 다시 세우면 내가 나를 범법한 자로 만드는 것이라"라고 한 그대로다. 대체 무엇을 헐었다가 다시 세운다는 말인지 아리송할 수 있는데, 19절에서 율법 얘기를 한다. 즉 율법을 헐었다가 다시 세우면 스스로 범죄자가 된다는 뜻이다.

율법에 따르면 이방인과 같이 먹을 수 없는데 이방인과 같이 먹었으니 율법을 헐어버린 셈이다. 그렇게 할 수 있었던 원동력은 당연히 그리스도를 믿는 믿음이었다. 그리스도께서 율법을 완성했기 때문이다. 그런데 도로 이방인을 피하면 헐었던 율법을 다시 세운 셈이다. 그리스도께서 이룬 일을 부인하고 말았다. 범죄자가 될 수밖에 없다. 율법을 어겨서 범죄자가 아니고 그리스도를 부인해서 범죄자다.

바울이 그런 일을 할 리가 없다. 그래서 "내가 율법으로 말미암아 율법에 대하여 죽었나니 이는 하나님에 대하여 살려 함이라"라고 한다.

율법에 대해서는 괜한 선입견이 있을 수 있다. 율법주의나 율법적이라는 말 때문이다. 형식과 형식주의, 형식적이라는 말을 비교하면 어떻게 될까? 형식주의나 형식적인 것은 배격해야 하지만 형식은 지켜야 한다. 형식을 무시하면 내용이 존재할 수 없게 된다.

율법도 마찬가지다. 율법은 하나님이 주신 것이다. 설마 하나님이 나쁜 것을 주셨을까? 배격되어야 하는 것은 율법주의나 율법적인 것이지 율법이 아니다. 율법은 언제나 거룩하고 의롭고 선하다.

유대인들한테 율법은 언약의 근거다. 자기들이 하나님의 백성이라는 자부심의 근간이다. 이방인한테는 율법이 없지만 자기들한테는 율법이 있다. 바울은 그런 율법에 정통한 사람이다. 그런데 이제 와서 율법에 대하여 죽었다고 한다.

〈메시지성경〉에는 이 부분이 "나는 율법의 사람이 되기를 포기했습니다. 그것은 하나님의 사람이 되기 위해서였습니다."라고 번역되어 있다. 바울은 한때 철저한 율법의 사람이었다. 지금은 그렇지 않다. 율법의 사람인 채로는 하나님의 사람이 될 수 없기 때문이다.

율법을 지키는 것에 무슨 문제가 있어서 그럴까? 율법은 무엇이 옳고 무엇이 그른지 말해준다. 올바른 삶을 요구한다. 그 요구에 부응하지 못하는 자에게 저주를 선포하기도 한다. 그것이 전부다. 율법에는 그 요구대로 살게 해주는 힘이 없다.

"모세는 평생 하나님을 위해서 헌신한 사람입니다. 그런 모세가 가나안에 들어가지 못한 것은 하나님이 너무 매정하신 것 아닙니까?"라는 말을 들은 적이 있다. 모세는 출애굽의 영웅이다. 이스라엘이 모세의 인도로 홍해를 건넜다. 하나님과 독대해서 십계명을 받아 왔다. 광야 40년간 이스라엘을 이끌었다. 하지만 가나안 접경에서 가나안을 바라보기만 하고 들어가지는 못했다.

여호수아서가 "여호와의 종 모세가 죽은 후에 여호와께서 모세의 수종자 눈의 아들 여호수아에게 말씀하여 이르시되 내 종 모세가 죽었으니 이제 너는 이 모든 백성과 더불어 일어나 이 요단을 건너 내가 그들 곧 이스라엘 자손에게 주는 그 땅으로 가라(수 1:1-2)"로 시작한다. 모세가 죽었으니 가나안 땅으로 가라는 것이다. 모세가 살아 있으면 가나안에 가지 못했을 것처럼 말씀하신다.

모세는 율법을 상징하는 인물이다. 가나안은 율법을 지켜서 들어가는 곳이 아니다. 율법이 우리를 그리스도에게 인도하는 초등교사인 것처럼 이스라엘을 가나안 접경까지 인도하는 것이 모세가 맡은 역할이었다. 가나안 땅에는 여호수아의 인도로 들어간다. 여호수아는 히브리식 이름이다. 헬라식으로 고치면 예수다.

혹시 모세와 인생을 같이 하는 사람이 있다고 하자. "나는 모세 껌딱지다. 절대 안 떨어진다."라는 사람이 있으면 그 사람은 애굽에서는 나왔어도 가나안에는 못 들어간다. 가나안에 들어가려면 모세와 결별해야 한다. 아무리 정 들었어도 별 도리가 없다.

바울이 율법의 사람이기를 포기한 이유가 그런 때문이다. 율법의 사람인 채로는 하나님의 사람이 될 수 없다. 율법에 대해서 죽지 않으면 하나님에 대해서 살 수 없다.

율법에 대해서 죽는다는 것이 어떤 것일까? 바울이 이 말을 하는 것은 베드로의 외식 때문이다. 율법에 따르면 이방인과 같이 먹을 수 없지만 그런 것에 신경 쓰지 않는 것이 율법에 대해서 죽는 것이다. 그렇게 해야 하나님에 대해서 살 수 있다. 이방인과 같이 먹는 문제에만 국한하는 얘기가 아니다. 율법의 제반 요구에 연연하지 않는 것이 율법에 대해서 죽는 것이다.

율법을 주신 분이 하나님이다. 그러면 "율법을 잘 지켜야 하나님의 사람이 될 수 있다"라고 해야 맞는 것 아닐까? 바울도 한동안 그렇게 알았다. 그런데 율법을 지키면 하나님의 사람이 될 수 없다는 것이 무슨 영문일까? 오히려 율법을 지키지 않아야 하나님의 사람이 될 수 있는 것처럼 말한다. 대체 무엇이 변한 것일까?

그래서 그 유명한 20절 말씀이 나온다.

2:20-21〉 내가 그리스도와 함께 십자가에 못 박혔나니 그런즉 이제는 내가 사는 것이 아니요 오직 내 안에 그리스도께서 사시는 것이라 이제 내가 육체 가운데 사는 것은 나를 사랑하사 나를 위하여 자기 자신을 버리신 하나님의 아들을 믿는 믿음 안에서 사는 것이라 내가 하나님의 은혜를 폐하지 아니하노니 만일 의롭게 되는 것이 율법으로 말미암으면 그리스도께서 헛되이 죽으셨느니라

신학을 하기 전에 교회에서 청년부 부장 집사였다. 집사 안수를 받을 때 청년들이 성경책을 선물했다. 표지 안쪽에 저마다 한마디씩 축하 인사를 적었는데, 청년 중에 신학생이 있었다. 그 청년이 "갈 2:20 말씀을 꼭 이루시는 집사님이 되시기 바랍니다"라고 썼다. 그 말씀을 상당한 경지의 신앙 표현으로 생각한 것이다.

비단 그 청년만이 아니다. "내가 그리스도와 함께 십자가에 못 박혔다", "이제는 내가 사는 것이 아니요 오직 내 안에 그리스도께서 사시는 것이다", "내가 육체 가운데 사는 것은 나를 사랑하사 나를 위하여 자기 자신을 버리신 하나님의 아들을 믿는 믿음 안에서 사는 것이다" 같은 말에 선뜻 '아멘'하기는 부담스럽다. 바울쯤 되니까 이런 말을 한다고 자신을 합리화할 수도 있다. 하지만 이 말씀이 나오게 된 배경을 생각하면 그렇지 않다.

이방인과 함께 먹던 베드로가 할례파 유대인들이 오자, 돌연 태도를 바꿨다. 바울이 그런 베드로한테 "사람이 의롭게 되는 것은 율법의 행위가 아니고 그리스도를 믿는 믿음 아니냐? 그래서 나는 그리스도 예수를 믿는다. 나는 율법에 대해서 죽었다. 그래야 하나님에 대해서 살 수 있기 때문이다."라는 말을 하면서 20절을 얘기했다. 이렇게 정리하면 20절은 상당한 경지의 신앙 수준을 설명하는 내용이 아니다. 율법에 대해서 죽고 하나님에 대해서 사는 사람이 어떤 사람인지, 율법이 아닌 복음으로 구원 얻은 사람이 어떤 사람인지에 대한 설명이다. 알기 쉽게 말하면, 이방인과 같이 먹는 사람이 어떤 사람인지에 대한 설명이다.

사실 '상당한 경지의 신앙 수준'이라는 표현에 어폐가 있다. 예수님이 "누구든지 나를 따라오려거든 자기를 부인하고 자기 십자가를 지고 나를 따를 것이니라"라고 했다. 예수님을 주로 고백하는 사람은 전부 여기에 해당한다.

교인 중에는 자기를 부인하고 자기 십자가를 지고 예수님을 따라야 하는 엘리트 교인도 있고, 그냥 부담 없이 믿기만 하면 되는 보통 교인도 있는 것이 아니다. 어떤 사람은 전적인 은혜로 구원 얻고 어떤 사람은 적당히 율법 섞어서 구원을 얻은 것이 아니라면 자기를 부인하고 자기 십자가를 지고 예수님을 따라야 하는 책임은 모두에게 동등하다.

이방인과 같이 먹느냐, 마느냐 하는 문제가 뭐 이리 복잡할까? 복잡할 수밖에 없다. 어떤 사람이 이방인과 같이 먹지 않는다면 그 사람은 스스로 하나님 앞에 의로워지려는 사람이기 때문이다. 그것이 가능할까? 그것이 가능하면 예수님이 오실 이유가 없다. 사람이 의롭게 되는 것은 율법의 행위가 아니고 그리스도를 믿는 믿음으로 말미암는다. 율법의 행위로 의롭게 되는 것이 가능하면 예수님이 십자가에 달릴 이유가 없다.

간혹 "착하게 살지 않아도 구원 얻습니까?"라고 묻는 사람이 있다. 착하게 살지 않아도 구원 얻을 수 있는 것이 아니라 아무리 착하게 살아도 그것으로는 구원을 못 얻는다.

우선 예수를 믿는 것이 어떤 것인지 정리할 필요가 있다. 사람들이 예수 믿는다는 말을 너무 쉽게 한다. 교회에 대해서 우호적인 감정만 있으면 예수를 믿는 것으로 인정되는 줄 아는 모양이다. 심지어 교회에 나가지도 않으면서 마음으로 믿는다는 사람도 있다. 믿음이 그렇게 하찮은 것이면 구원 얻은 사람과 구원 얻지 못한 사람 사이에 무슨 차이가 있을까?

형제들아 나는 너희가 알지 못하기를 원하지 아니하노니 우리 조상들이 다 구름 아래에 있고 바다 가운데로 지나며 모세에게 속하여 다 구름과 바다에서 세례를 받고(고전 10:1-2)

이스라엘이 모세의 인도로 홍해를 건넜다. 성경은 그것을 이스라엘이 모세에게 속하여 세례를 받은 것으로 얘기한다. 이스라엘이 모세에게 속했으면 모세와 이스라엘이 하나로 묶인 것이 된다. 모세와 이스라엘 사이에 구별이 없다. 모세한테 일어난 일이 이스라엘한테 일어난 일이다.

예수를 믿으면 구원 얻는다는 말이 그렇다. 예수를 그리스도로 고백한 사람은 곧 예수님께 속한 사람이다. 예수님과 그 사람의 구별이 없다. 예수님한테 일어난 일이 그 사람한테 일어난 일이다. 그래서 구원이 가능하다.

구원은 시장에서 파는 싸구려 물건이 아니다. 설마 하나님이 아무나 막 구원하실까? 하나님은 하나님 보시기에 의로운 사람을 구원하신다. 하나님 보시기에 의로운 사람은 예수님뿐이다. 예수를 믿으면 구원 얻는다는 얘기는 예수님께 속한 사람이 구원 얻는다는 뜻이다.

이런 내용을 말하는 것이 20절이다. 예수님을 구세주로 고백하는 사람은 그 사람과 예수님 사이에 구별이 없게 된다. 그 사람이 예수님이고 예수님이 그 사람이다. 예수님께 일어난 일이 그 사람에게 일어난 일이고, 그 사람에게 일어난 일이 예수님께 일어난 일이다.

부부는 일심동체라고 한다. 남편한테 일어난 일이 아내와 상관없을 수 없고, 아내한테 일어난 일이 남편과 상관없을 수 없다. 남편한테 일어난 일이 아내한테 일어난 일이고, 아내한테 일어난 일이 남편한테 일어난 일이다. 우리가 그리스도의 신부라고 하는 것이 그만큼 놀라운 일이다. 그리스도와 우리 사이에 아무런 구별이 없게 된다. 이것이 구원의 신비다.

오래전에 인터넷에서 어떤 연예인을 소개한 글을 읽은 기억이 있다. 다른 내용은 모르겠고 한 문장은 기억한다. "그는 굉장히 독실한 크리스천이다. 지금도 특별한 일이 없으면 일요일에는 꼭 교회에 간다."

대체 독실한 것이 어떤 것일까? 시간 날 때 교회에 가면 독실한 것일까? 예수님은 우리한테 전부(全部) 아니면 전무(全無)다. 우리의 모든 것이든지, 아무 것도 아니든지 둘 중의 하나다. 우리는 철저하게 예수로 살든지, 철저하게 자기 자신으로 살든지 둘 중의 하나를 해야 한다. 중간은 없다. 우리가 그리스도와 함께 십자가에 못 박혔다는 고백이 진심이라면 우리가 그리스도를 대신해서 세상을 사는 것도 실제 상황이어야 한다. 그런 사람을 예수 믿는 사람이라고 한다. 그런 사람이 율법이 아닌 복음으로 구원 얻은 사람이다.

3장 어리석은 사람들

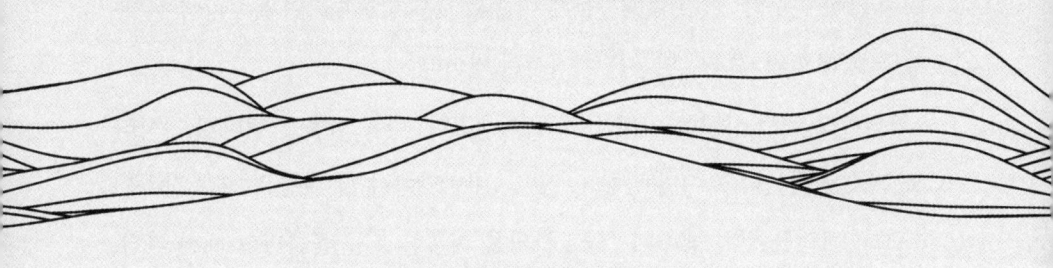

3:1-2〉 어리석도다 갈라디아 사람들아 예수 그리스도께서 십자가에 못 박히신 것이 너희 눈앞에 밝히 보이거늘 누가 너희를 꾀더냐 내가 너희에게서 다만 이것을 알려 하노니 너희가 성령을 받은 것이 율법의 행위로냐 혹은 듣고 믿음으로냐

가끔 이단에 미혹된 사람을 볼 수 있다. 그 황당한 교리를 어떻게 믿는지 참 신기하다. 한동안 코로나19 때문에 언론에서 연일 신천지를 얘기했다. 급기야 교주가 대국민 사과까지 했고 두 번이나 엎드려 절을 했다. 보혜사가 잘못을 범할 수 있을까? 사과를 하고 절을 했다는 것으로 자기는 보혜사가 아님을 인정한 것이다. 객관적으로는 분명히 그렇다. 하지만 신천지에 속한 사람들은 그렇게 생각하지 않을 것이다.

바울이 그런 말을 하고 있다. "누가 너희를 꾀더냐?"를 우리 식대로 표현하면 "대체 무엇에 홀렸느냐?"가 될 것이다. 귀신한테 홀리든 도깨비한테 홀리든 제정신이 아닌 것이 분명하다. 십자가에 달리신 예수님의 모습이 눈에 선할 텐데, 그런 갈라디아 사람들을 도대체 누가 꾀었을까? 이때 '누가'에 해당하는 말이 단수다. 거짓 형제들한테 미혹된 것을 꼬집으려면 복수라야 한다. 결국 그 배후에 사탄이 있음을 지적하는 것이다.

그렇다고 해서 사탄을 탓하는 것은 어색하다. 다른 복음을 전하면 천사라도 저주를 받는다고 이미 말한 바 있다. 야단맞아야 할 대상은 천생 갈라디아교회 교인들이다. 뱀한테 아담, 하와를 미혹한 죄를 묻는다고 해서 아담, 하와한테 책임이 없는 것이 아니다. 하나님이 선악과를 먹으면 죽는다고 분명히 경고했는데 무슨 정신으로 먹었을까? 본문에 빗대면 "어리석도다 아담, 하와야 선악과를 먹으면 죽는다고 하신 하나님 음성이 귀에 생생히 들리건만 누가 너희를 꾀더냐?"가 될 것이다. 그래서 "너희가 성령을 받은 것이 율법의 행위로냐, 혹은 듣고 믿음으로냐?"라고 묻는다.

바울이 바나바와 함께 1차 전도 여행 때 들른 비시디아 안디옥, 이고니온, 루스드라, 더베가 전부 갈라디아 지역에 있는 도시 이름이다. 바울이 거기서 무엇을 했는지 사도행전을 통해서 대략 알 수 있다. 비시디아 안디옥에서는 안식일에 회당에서 설교했다. 하나님이 말씀하신 다윗의 후손이 바로 예수라는 말을 했다. 특히 행 13:38-39에 "그러므로 형제들아 너희가 알 것은 이 사람을 힘입어 죄 사함을 너희에게 전하는 이것이며 또 모세의 율법으로 너희가 의롭다 하심을 얻지 못하던 모든 일에도 이 사람을 힘입어 믿는 자마다 의롭다 하심을 얻는 이것이라"라고 되어 있다.

이고니온에서도 유대인 회당에 들어가서 말하니 유대와 헬라의 허다한 무리가 믿었다. 그러나 순종하지 않는 유대인들이 이방인들의 마음을 선동하는 바람에 무리가 둘로 나뉘었다. 유대인들을 따르는 자도 있었고, 바울과 바나바를 따르는 자도 있었다.

루스드라에서는 나면서부터 걸어본 적이 없는 사람을 일으켰다. 사람들이 바울과 바나바를 헤르메스와 제우스로 오해해서 제사를 드리려고 했다. 그런 일만 있었던 것이 아니다. 유대인들이 돌로 치는 바람에 죽을 고비를 넘기기도 했다. 유대인들이 바울이 죽은 줄 알고 시외로 끌어 내쳤다. 그런데도 바울은 성에 들어갔다가 다음날 바나바와 함께 더베로 가서 복음을 전했다.

이런 우여곡절 끝에 갈라디아 지역에 교회가 세워졌다. 그리고 묻는다. "너희가 성령을 받은 것이 율법의 행위로냐, 혹은 듣고 믿음으로냐?" 그들은 율법을 지켜본 적이 없다. 바울이 전하는 예수님을 믿었을 뿐이다.

3:3-4〉 너희가 이같이 어리석으냐 성령으로 시작하였다가 이제는 육체로 마치겠느냐 너희가 이같이 많은 괴로움을 헛되이 받았느냐 과연 헛되냐

표현이 상당히 격하다. "너희가 이같이 어리석으냐 성령으로 시작하였다가 이제는 육체로 마치겠느냐"라고 했다. 다른 복음에 미혹된 갈라디아 사람들의 소행이 영적인 배신일 뿐만 아니라 어리석기까지 하다는 것이다. 이때 바울의 심정을 곧이곧대로 옮기면 "야! 이 밥통들아!"가 될 것이다.

그런 밥통들이 지금은 없을까? 누군가 예수를 영접했다. 예수 외에 소망이 없다고 자기 입으로 고백도 했고 큰 기쁨으로 세례도 받았다. 그다음에 어떻게 되었을까? 그런 모습으로 계속 신앙생활을 하면 얼마나 좋을까? 그런데 언제부터인지 다른 말을 하기 시작한다. 현실은 현실이라는 것이다. 십자가는 영혼 구원을 위해서 필요할 뿐, 세상을 살아가는 원리는 아니다.

"돈 있는 사람이 장로가 되어야지"라는 말을 들어보았을 것이다. 그런 말을 하는 사람이 새 신자 때는 어땠을까? 예수를 주로 고백한 직후에도 그런 말을 했을까? 성령으로 시작했다가 육체로 마치는 것이 그리 멀리 있는 일이 아니다.

그러면 "너희가 이같이 많은 괴로움을 헛되이 받았느냐 과연 헛되냐"는 무슨 영문일까? 갈라디아 사람들이 무슨 괴로움을 받았을까?

바울이 루스드라에서 죽을 고비를 넘긴 적이 있다. 다른 곳에서는 화기애애한 분위기에서 복음을 전했는데 유독 루스드라에서만 그런 것이 아니다. 가는 곳마다 박해가 있었다.

그런 박해가 바울에게만 있고 바울을 통해서 예수를 영접한 사람들에게는 없었을까? 그럴 수는 없다. 행 14:22에 "제자들의 마음을 굳게 하여 이 믿음에 머물러 있으라 권하고 또 우리가 하나님의 나라에 들어가려면 많은 환난을 겪어야 할 것이라"라고 되어 있다.

갈라디아 사람들도 박해 속에서 신앙생활을 했다. 그런데 이제 와서 율법을 지키면 그때 왜 고생을 한 것인가? 애초에 율법을 지켰으면 고생을 안 했을 것 아닌가? 고생은 고생대로 하고 이제 와서 율법을 지킨다고 나서는 것이 무슨 경우일까? 그 얘기가 "너희가 이같이 많은 괴로움을 헛되이 받았느냐 과연 헛되냐"이다.

3:5) 너희에게 성령을 주시고 너희 가운데서 능력을 행하시는 이의 일이 율법의 행위에서냐 혹은 듣고 믿음에서냐

사람은 율법의 행위가 아니라 예수 그리스도를 믿는 믿음으로 말미암아 의롭게 된다. 율법의 행위로는 성령을 받지 못한다. 오직 예수 그리스도를 믿는 믿음으로 성령을 받는다. 예수 그리스도를 믿는다는 얘기는 십자가에 달리신 예수 그리스도를 믿는다는 뜻이다. 예수님의 십자가와 성령이 연결되어 있음을 알 수 있다.

노아 홍수 직전에 하나님께서 성령을 거두어 가셨다. 창 6:3a에 "여호와께서 이르시되 나의 영이 영원히 사람과 함께하지 아니하리니 이는 그들이 육신이 됨이라"라고 되어 있다. 당시 사람들은 죄다 고깃덩어리에 불과했다. 그런데 오순절 마가 다락방에 성령이 임한다. 하나님께서 성령을 거두어 가신 사유가 소멸되었다는 뜻이다.

하나님께서 성령을 거두어 가신 이유는 사람들의 죄 때문이다. 그 문제가 해결되었다. 창세기 6장에서 사도행전 2장 사이에 무슨 일이 있었을까? 바로 예수님의 십자가 사역이 있었다. 예수 그리스도를 믿으면 성령을 받는다는 말이 이래서 가능하다.

3:6-9〉아브라함이 하나님을 믿으매 그것을 그에게 의로 정하셨다 함과 같으니라 그런즉 믿음으로 말미암은 자들은 아브라함의 자손인 줄 알지어다 또 하나님이 이방을 믿음으로 말미암아 의로 정하실 것을 성경이 미리 알고 먼저 아브라함에게 복음을 전하되 모든 이방인이 너로 말미암아 복을 받으리라 하였느니라 그러므로 믿음으로 말미암은 자는 믿음이 있는 아브라함과 함께 복을 받느니라

사두개인들이 예수님께 질문한 적이 있다. 일곱 형제가 있는데 맏이가 장

가들었다가 후사가 없이 죽는 바람에 동생이 형수를 취하고, 그 동생마저 죽어서 그다음 동생이 형수를 취하고, 이런 식으로 일곱 형제가 다 죽으면 부활 때 그 여자는 누구의 아내가 되느냐는 것이다. 사두개인들은 부활을 믿지 않는다. 그래서 현실적으로 일어날 가능성이 거의 없는 억지 예를 만든 것이다.

그때 예수님이 "죽은 자의 부활을 논할진대 하나님이 너희에게 말씀하신바 나는 아브라함의 하나님이요 이삭의 하나님이요 야곱의 하나님이로라 하신 것을 읽어 보지 못하였느냐 하나님은 죽은 자의 하나님이 아니요 살아 있는 자의 하나님이시니라"라고 했다. 호렙산 떨기나무 불 가운데서 모세를 부르신 하나님께서 하신 말씀을 인용한 것이다.

사두개인은 모세오경만 하나님 말씀으로 인정한다. 그래서 모세오경에 있는 내용으로 답변하셨다. 자기들이 하나님 말씀으로 인정하는 모세오경에 그런 내용이 있으니 반론의 여지가 없었을 것이다.

바울이 아브라함을 말하는 것도 같은 경우다. 갈라디아 사람들이 거짓 형제들이 전하는 다른 복음에 미혹되었다. 그들이 예수를 믿지 말라고 한 것이 아니다. 할례를 받고 율법을 지키면서 예수를 믿어야 한다고 했다. 예수를 믿되, 먼저 유대인이 되어야 한다는 것이다. 결국 "아브라함이 하나님을 믿으매 그것을 그에게 의로 정하셨다 함과 같으니라"는 "좋다, 그러면 너희가 조상이라고 떠받드는 아브라함을 보자. 하나님이 아브라함을 의롭게 여긴 것이 율법으로 인한 것이냐, 믿음으로 인한 것이냐?"라는 뜻이다.

하나님이 아브라함의 믿음을 보시고 아브라함을 의롭게 여기셨다. 하나님이 의롭게 여기지 않으면 어떻게 될까? 어떤 학생이 우등상을 받았다. 우등상을 받지 못한 학생들은 어떻게 될까? 별다른 불이익이 없다. 단지 우등상을 받지 못한 것뿐이다. 하나님께 의롭게 여김을 받지 못한다는 것은 그런 식의 얘기가 아니다. 의로운 사람이 아니면 불의한 사람이다. 그를 기다리고 있는 것이 영생이 아닌 영벌이다.

"사람이 어떻게 하면 하나님께 의로울 수 있는가?"가 유대인들 모두에게 주어진 과제 같은 것이었다. 당연한 얘기다. 만일 하나님이 정말로 계시고, 그 하나님이 세상을 심판하신다면 하나님께 의롭다는 판정을 받는 것보다 더 중요한 일이 없다.

그런데 아브라함이 하나님을 믿으매 그것을 그에게 의로 정하셨다고 한다. 예수님을 믿으면 구원 얻는다는 말로 바꿔서 생각해 볼까? 우리한테 예수님을 믿는 믿음이 있으면 하나님은 꼼짝없이 우리를 구원하셔야 하는 것이 아니다. 어떤 사람이 예수님을 믿으면 예수님의 의가 그 사람에게 덧씌워진다. 하나님이 그 사람을 그 사람 그대로 보시는 것이 아니라 예수님으로 보신다. 예수님은 당연히 하나님 보시기에 의롭다. 예수님을 믿으면 구원 얻는다는 말이 그래서 가능하다. 예수님을 믿는 사람이 의롭지 않고 예수님이 의롭다. 예수님을 믿는 사람은 본래 의롭지 않은데 예수님의 의로 인해서 의롭다 여김을 받게 된다.

아브라함이 하나님을 믿으매 그것을 그에게 의로 정하셨다. '정하다'로 번역된 말은 성경 다른 곳에는 '인정하다', '여기다'로 번역되었다. 본래 그렇지 않은데 새로운 지위를 부여하는 것이다. 결국 아브라함이 하나님의 말씀을 믿자, 하나님이 그런 아브라함을 의롭게 여기셨다는 정도의 뜻이 아니다. 하나님이 아브라함을 의롭게 살고 있는 것처럼 대하셨다. 실제로는 의롭지 않다는 뜻이다. 그 마음과 행동에는 여전히 불의가 있지만 마치 의로워서 정죄 받지 않을 사람으로 여기셨다.

다른 종교에는 도무지 없는 얘기다. 다른 종교에서는 구원에 합당할 만큼 스스로 의로워지든지, 구원받지 못하든지 둘 중의 하나를 얘기한다. 그런데 죄인인 상태로 의인으로 인정받는 것이 가능하다는 것이 우리가 믿는 기독교의 교리다. 수준은 죄인이지만 신분은 의인이 되는 것이다. 바울이 아브라함을 예로 들어서 그 얘기를 한다.

할례를 받고 율법을 지켜야 한다는 거짓 형제들과 바울이 토론을 한다고 가정해 보자. 그들은 자기들이 아브라함의 후손임을 내세울 것이다. "우리는 아브라함처럼 할례를 받았고 율법을 지키고 있소. 예수를 그리스도로 믿는 것은 좋은 일이지만 먼저 할례를 받고 율법을 지켜서 아브라함의 후손이 된 다음에 믿어야 하오."

바울이 반론을 제기한다. "그럼 여러분은 그것 때문에 의롭다 함을 받고 구원 얻기를 기대하는 것이오? 아브라함을 보시오. 하나님이 아브라함을 왜 의롭다고 하셨소? 본토 친척 아비 집을 떠난 때문도 아니고, 할례를 받고 율법을 지켰기 때문도 아니요. 심지어 이삭을 제물로 바쳤기 때문도 아니요. 단지 하나님을 믿었기 때문이요. 여러분 얘기처럼 할례를 받고 율법을 지켜야 의롭게 된다면 아브라함이 먼저 그랬어야 하는 것 아니오? 성경에는 그런 얘기가 없소. 우리 조상 아브라함은 오직 믿음 외에 그 어떤 것으로도 의롭다 함을 받지 않은 것을 모르시오?"

그들이 뭐라고 대답했을까? 아마 말문이 막혔을 것이다. 그리고 바울은 한마디를 더 했을 것이다. "아브라함의 자손은 혈통으로 말미암는 것이 아니요. 오직 믿음으로 말미암는 자가 진짜 아브라함의 자손이요. 아무리 유대인으로 태어나서 할례를 받고 율법을 지켜도 믿음이 없으면 아브라함의 자손이 아니고, 이방인으로 태어나서 할례도 안 받고 율법을 지키지 않아도 믿음이 있으면 아브라함의 후손이요. 성경은 아브라함에게 먼저 복음을 전하면서 모든 이방인이 아브라함으로 말미암아 복을 받을 것이라고 선포했소. 관건은 율법이 아니고 믿음이요. 믿음이 있는 자가 믿음이 있는 아브라함과 함께 복을 받을 것이요."

성경의 표현에 주목할 필요가 있다. 9절에서 "그러므로 믿음으로 말미암은 자는 믿음이 있는 아브라함과 함께 복을 받느니라"라고 했다. 아브라함과 함께 받을 복이 어떤 복일까? 8절에 "또 하나님이 이방을 믿음으로 말미암아 의로 정하실 것을 성경이 미리 알고 먼저 아브라함에게 복음을 전하되 모든 이방인이 너로 말미암아 복을 받으리라 하였느니라"라고 되어 있다. '의로 정하실 것'과 '복을 받는 것'을 동의어로 쓰고 있다.

아브라함이 하나님을 믿으니 하나님이 이것을 아브라함의 의로 여기셨다. 그것을 복으로 얘기한다. 그런 복이 아브라함으로 그치는 것이 아니다. 하나님이 아브라함에게 그런 복을 주신 것은 이방 또한 믿음으로 말미암아 의로 정하실 것이기 때문이다. 아브라함은 말 그대로 복의 근원이다. 아브라함이 받은 복이 주변 모두한테 미친다.

요즘도 예수 믿고 복 받자는 말을 하는지 모르겠다. 강학종 집사 시절에 자주 듣던 말이다. 들을 때마다 거북했다. 그때는 기독교를 너무 유치한 종교로 몰고 간다는 막연한 반감 때문이었다. 그 말이 성경적으로 옳지 않다는 확신 같은 것은 없었다.

지금은 다르다. 그 말은 상당히 나쁜 말이다. "예수 믿고 복 받자"라고 하면, 예수를 믿는 것이 수단이 되고 복을 받는 것이 목적이 된다. 대체 그런 복이 어디 있단 말인가? 예수님이 우리를 위해서 십자가에 달리셨는데 그런 예수님을 이용해서 잘 먹고 잘살자는 것이 말이 될까? "결혼 잘해서 팔자 고치자"라는 말로 바꿔서 생각해보면 금방 알 수 있다. 그런 말을 듣고도 결혼할 사람이 있을까? 결혼의 신성함을 모독하는, 굉장히 이기적이고도 파렴치한 말이다. 물론 신데렐라가 왕자와 결혼하는 경우가 있기는 하지만 그때 신데렐라는 결혼 잘해서 팔자 고치려는 생각을 한 적이 없다.

그 시절에 늘 듣던 말이 "아브라함도 부자였고 욥도 부자였다. 예수만 잘 믿으면 누구나 부자가 될 수 있다."라는 말이었다. 그 말을 들을 때마다 이상했다. 그럼 바울이 고난받은 것은 어떻게 되고 스데반이 돌 맞아 죽은 것은 어떻게 될까? 초대교회 때는 숱한 사람들이 사자 밥이 되었는데 대체 예수를 얼마나 엉터리로 믿었기에 잘사는 것은 고사하고 목숨마저 잃었을까?

요즘은 기복신앙이 옳지 않다는 사실을 누구나 안다. 예수 잘 믿으면 부자 된다는 말은 성경 어디에도 없다. 특히 본문 8절, 9절은 그런 생각을 여지없이 박살내준다. 성경은 아브라함이 하나님께 의롭다 여김받은 것을 복으로 얘기한다. 믿음이 있는 사람은 누구든지 아브라함과 함께 그 복을 받는다. 부자가 되는 것이 복이 아니라 하나님께 의롭다 여김받는 것이 복이다.

성경에 근거도 없는 기복신앙은 왜 생겼을까? 우리나라의 경제가 급속도로 발전하던 시기와 기독교 성장 시기가 맞물려서 그런 폐단이 생겼을까? "잘살아 보세" 열풍에 신앙이 오염되었으면 그럴 수 있다.

아닐 수도 있다. 기복신앙은 우리나라에만 있는 병폐가 아니다. 다른 나라에도 있다. 아마 인간의 본성에 맞는 모양이다. 어쨌든 한 가지는 분명하다. 신앙이 무엇인지 제대로 몰랐다. 우리가 하나님 앞에 의롭게 되는 것이 얼마나 심각한 주제인지 몰랐다. 예수를 믿는다고 하면서도 하나님 앞에 의롭게 되는 것에 관심이 없으면 엉뚱한 것에 마음이 팔릴 수밖에 없다. 하나님보다 세상이 더 좋은 것을 어떻게 할까? 성경은 예수 믿는 것을 복이라고 하는데 성경이 말하지 않는 것을 복이라고 우기면서 거기에만 마음을 두는 것이 무슨 까닭일까?

인지 언어학자 조지 레이코프에 따르면 사람의 두뇌는 제공되는 모든 사실을 다 받아들이는 것이 아니라 자신의 프레임에 맞는 것만 받아들인다고 한다. 입맛에 맞는 것만 받아들인다는 뜻이다. 사람한테는 듣고 싶은 대로 듣고, 믿고 싶은 대로 믿는 희한한 재주가 있는 것이 분명하다.

우리가 정말로 예수를 믿고 있을까? 그 믿음이 우리를 하나님 앞으로 인도하는 것이 맞을까? 만일 그렇다면 그 믿음은 하나님께서 우리한테 주신 복이다. 우리가 하나님께 받아야 할 유일한 복이다. 신자는 그 복을 받아 누리는 사람을 말한다.

3:10〉 무릇 율법 행위에 속한 자들은 저주 아래에 있나니 기록된바 누구든지 율법책에 기록된 대로 모든 일을 항상 행하지 아니하는 자는 저주 아래에 있는 자라 하였음이라

고향 친구가 사업을 하다가 뭐가 잘못되었는지 징역 8개월 형을 언도받고 복역한 적이 있다. 고등학교 시절에 늘 붙어 다니던 친구다. 면회도 여러 번 다녀왔고 2심 때는 재판정에도 다녀왔다. 판결을 앞두고는 정말 조마조마했다. 지금 생각하니 살아오면서 그렇게 떨렸던 적이 없는 것 같다. 판사 입에서 "무죄를 선고합니다"라는 말이 나오는 순간에는 하마터면 함성을 지를 뻔했다. 그 한마디에 그동안의 모든 걱정과 염려, 불안이 다 해소되었다. 무죄라는 얘기가 그렇게 큰 기쁨과 만족을 주는 줄 미처 몰랐다.

사람이 어떻게 하면 하나님 앞에 의로울 수 있을까? 이때 의롭다는 말은 법정 용어다. 다른 말로 하면 "사람이 어떻게 하면 하나님의 법정에서 무죄 판결을 받을 수 있을까?"가 된다.

하나님이 정말로 계시면 모든 사람이 언젠가 하나님의 법정에 서야 한다. 그 법정에서 무죄 판결을 받느냐, 유죄 판결을 받느냐는 상당히 심각한 문제다. 그보다 더 큰 문제가 있을 수 없다.

우리는 예수를 믿으면 구원 얻는다는 말에 아무런 거부감을 느끼지 않는다. 하지만 교회 문을 나서면 그런 법이 어디 있느냐고 할 사람이 수두룩하다. 천국, 지옥이 정말 있다면 착하게 산 사람이 천국 가고, 악하게 산 사람이 지옥 가야 하는 것 아니냐는 말을 한두 번 들은 것이 아니다. 평생 악하게 살았는데 단지 예수를 믿는다는 이유로 천국에 가는 법이 어디 있느냐는 항변도 여러 번 들었다.

충분히 일리 있다. 착한 사람이 천국 가고 악한 사람이 지옥 가는 것이 이치에 맞다. 단, 조건이 있다. 착하고 악한 판정을 누가 할까? 놀부보다 착한 사람이 천국 간다고 하면 천국에 갈 사람이 무척 많을 텐데 흥부보다 착해야 천국 간다고 하면 어떻게 될까?

누가 착하고 누가 악한지 하나님이 판정하신다. 착한 사람이 천국에 가는 것은 맞는데, 하나님 보시기에 착한 사람이 천국 간다. 사람들이 판정하면 흥부는 넉넉히 합격이고, 놀부는 여지없이 불합격일 것이다. 하지만 하나님의 눈높이는 사람의 눈높이와 다르다. 우리가 보기에 흥부와 놀부가 하늘과 땅 차이라고 해서 하나님 보시기에도 그럴까?

조선 시대 궁녀는 전부 왕의 여자였다. 궁녀는 나중에 출궁을 해도 남자를 만날 수 없었다. 궁녀와 정을 통하면 참형으로 다스리는 것이 당시 법이었다. 세종 때 별시위 이영림이 출궁 궁녀와 간통하는 일이 있었다. 사헌부에서는 법에 따라 참하라고 상신을 올렸는데 세종이 참형은 너무 과하다며 두 등급 내려서 집행하게 했다. 두 등급을 내리면 귀양이다. 병 때문에 집으로 휴가를 간 궁녀와 술자리를 같이 했다가 귀양을 가거나 관노가 된 사례도 있다. 그런데 유독 연산군은 이 문제에 너그러웠다. 공조좌랑 한순, 장령 정인, 참판 홍백경이 전부 출궁 궁녀와 정을 통하거나 출궁 궁녀를 첩으로 삼았는데 별 문제를 삼지 않았다. 자기가 여색을 밝히니 여자 문제에 너그러웠던 것이 아닌가 싶다.

하나님은 어떠실까? 하나님은 의에 대한 눈높이가 무지 무지 무지 무지 무지 무지 무지 무지 무지 무지 무지 무지 무지 높으신 분이다. 죄에 속한 것은 추호도 용납하지 않으신다. 연산군이 여색을 밝혀서 여자 문제에 너그러웠다면 하나님은 그 반대다. 하나님이 온전히 거룩하신 분이니 우리한테도 온전한 거룩을 요구하신다.

키 170cm인 사람과 180cm인 사람은 한눈에 보기에도 차이가 난다. 하지만 옥상에서 내려다보면 얘기가 달라진다. 흥부와 놀부가 사람들이 보기에는 착하고 악한 정도가 전혀 다르겠지만 하나님 보시기에는 별 차이가 없다. 놀부만 불합격이 아니고 흥부도 불합격이다. 이사야 선지자가 말한 것처럼 사람에게 있는 의는 더러운 옷에 불과하다.

3:11-12〉 또 하나님 앞에서 아무도 율법으로 말미암아 의롭게 되지 못할 것이 분명하니 이는 의인은 믿음으로 살리라 하였음이라 율법은 믿음에서 난 것이 아니니 율법을 행하는 자는 그 가운데서 살리라 하였느니라

구원을 얻으려면 하나님의 법정에서 무죄 판결을 받아야 하는데 온전히 거록하신 하나님의 눈높이를 무슨 재주로 충족시킬까? 본문은 두 가지 길을 얘기한다. 11절에서는 "의인은 믿음으로 살리라"라고 했고 12절에서는 "율법을 행하는 자는 그 가운데서 살리라"라고 했다. '산다'는 얘기는 단지 목숨을 보존한다는 뜻이 아니다. 영생을 누린다는 뜻이다. 생물학적인 생명이 아니라 영적인 생명이다. 그런 영생은 하나님 보시기에 의로운 사람만 누릴 수 있다.

"의인은 믿음으로 살리라"는 합 2:4 말씀이고 "율법을 행하는 자는 그 가운데서 살리라"는 레 18:5 말씀이다. 그러면 중국집에서 짜장면 먹을 사람은 짜장면 먹고, 짬뽕 먹을 사람은 짬뽕 먹는 것처럼 믿음으로 영생을 얻을 사람은 믿으면 되고, 율법으로 영생을 얻을 사람은 율법을 지키면 될까?

그럴 수는 없다. 이 두 길이 동시에 제시된 것이 아니다. 특히 앞에서 "무릇 율법 행위에 속한 자들은 저주 아래에 있나니 기록된바 누구든지 율법책에 기록된 대로 모든 일을 항상 행하지 아니하는 자는 저주 아래에 있는 자라 하였음이라"라고 했다. 신 27:26 말씀이다. 의인이 믿음으로 영생을 얻는 것처럼 율법을 지키는 사람은 율법을 지키면 영생을 얻는다. 그런데 무슨 수로 율법을 지킬까? 율법을 지킬 수 있는 사람은 예수님 말고는 없다.

다이어트를 하는 것은 힘들다. 그렇다고 해서 불가능하지는 않다. 아무리 먹고 싶어도 이를 악물고 안 먹으면 된다. 만일 먹고 싶은 충동을 느낄 때마다 그 충동이 칼로리로 환산되어 체내에 축적된다면 다이어트를 할 수 있는 사람이 아무도 없을 것이다.

그러면 십계명 중에 "네 이웃의 소유를 탐내지 말라"라는 계명이 있는데 탐심을 무슨 수로 억제할까? "먹지 마"는 말이 되지만 "먹고 싶어 하지 마"는 말이 안 된다.

여호와의 말씀이니라 보라 날이 이르리니 내가 이스라엘 집과 유다 집에 새 언약을 맺으리라 이 언약은 내가 그들의 조상들의 손을 잡고 애굽 땅에서 인도하여 내던 날에 맺은 것과 같지 아니할 것은 내가 그들의 남편이 되었어도 그들이 내 언약을 깨뜨렸음이라 여호와의 말씀이니라 그러나 그날 후에 내가 이스라엘 집과 맺을 언약은 이러하니 곧 내가 나의 법을 그들의 속에 두며 그들의 마음에 기록하여 나는 그들의 하나님이 되고 그들은 내 백성이 될 것이라 여호와의 말씀이니라

(렘 31:31-33)

하나님께서 새 언약을 말씀하신다. 새 언약이 있으면 옛 언약도 있을 것이다. 구약, 신약이라는 말이 여기에서 유래했다. 옛 언약은 이스라엘이 애굽에서 나올 때 맺은 언약이다. 그때 하나님은 마치 이스라엘의 남편 같았다. 남편은 자기 자신을 빼고는 자기와 가장 가까운 사람이다. 자기 자신은 아닌데 그렇다고 남이라고 할 수도 없다. 하나님이 그런 남편이 되어서 이스라엘을 인도했다. 이스라엘의 손목을 붙잡고 하나부터 열까지 일일이 개입했다. 그런데도 이스라엘이 하나님의 언약을 깨뜨렸다. 그래서 새 언약이 등장한다. 하나님의 법을 그들의 마음에 기록하는 것이다. 이스라엘의 외부에서 인도하는 것이 아니라 그들의 속사람을 바꿔 놓기로 하셨다. 성령님이 내주하시게 하는 것이다.

이것이 신약과 구약의 차이다. 성령님이 내주하신 다음부터는 신약이고 그이전은 구약이다. 복음서는 신약성경이지만 복음서에 등장하는 사람들은 구약에 속한 사람들이다. 여자가 낳은 자 중에 세례 요한보다 큰 자가 없지만 하나님의 나라에서는 극히 작은 자라도 그보다 크다고 한 이유가 여기에 있다. 세례 요한이 구약 시대 마지막 인물이다. 예수님은 보았는데 성령님의

내주하심은 체험하지 못했다.

분명히 "율법을 지키는 자는 그 가운데서 살리라"라고 했다. 사는 것은 하나님 앞에서 사는 것, 즉 영생을 말한다. 율법을 지키면 하나님의 법정에서 무죄 판결을 받는다. 율법을 지키지 않으면 유죄 판결을 받게 된다. 누구든지 율법책에 기록된 대로 모든 일을 항상 행하지 않는 자는 저주 아래에 있는 자라고 한 그대로다.

그러면 얘기가 어떻게 될까? 율법은 주어졌는데 그것을 지킬 실력은 없다. 무릇 율법 행위에 속한 자들은 저주 아래에 있을 수밖에 없다.

하나님이 아담한테 선악과를 먹지 말라고 했다. 먹으면 반드시 죽는다고 했다. 그런데 아담한테는 안 먹을 실력이 없었다. 선악과를 먹으면 죽는다는 말씀이 선포됨과 함께 죽은 목숨이다. 언제 죽는지만 남았다.

하나님 앞에서는 아무도 율법으로 말미암아 의롭게 되지 못할 것이 분명하다. "의인은 믿음으로 살리라"라는 말씀이 있는 것만 봐도 알 수 있다. 율법을 지켜서 의롭게 될 수 있다면 이런 말씀이 있을 까닭이 없다. 율법을 지키면 된다.

사람이 하나님 앞에 의롭게 되는 데에는 두 가지 길이 있는 셈이다. 하나는 그리스도를 믿는 길이고 다른 하나는 율법을 지키는 길이다. 그런데 사람한테는 율법을 지킬 실력이 없다. 애초에 율법은 하나님 앞에 의롭게 되는 방편으로 주어지지도 않았다. 율법은 우리를 그리스도에게로 인도하는 초등교사다. 두 가지 길이 있다고 하지만 전에 주어진 한쪽 길은 갈 실력이 없으니 결과적으로 나중에 주어진 길밖에 없는 셈이다.

그 길이 어떻게 가능하게 되었을까?

3:13〉 그리스도께서 우리를 위하여 저주를 받은 바 되사 율법의 저주에서 우리를 속량하셨으니 기록된바 나무에 달린 자마다 저주 아래에 있는 자라 하였음이라

"그리스도께서 우리를 위하여 저주를 받은 바 되었다"라는 말을 원문을 그대로 옮기면 "그리스도께서 우리를 위하여 저주가 되었다"라고 해야 한다. 예수님이 우리를 위해서 대신 저주를 받으신 것이 아니다. 직접 저주가 되셨다.

청년부 성경 공부를 하는데 한 청년이 예수님이 왜 십자가에 달려 돌아가셨는지 물었다.

"무슨 얘기냐?"

"십자가 말고 다른 방법으로 죽으면 우리 구원에 문제가 생깁니까?"

옆에 있던 다른 청년이 답했다.

"예수님이 교수형을 받으셨으면 기독교 이미지가 십자가가 아니고 밧줄 올가미가 되었겠지."

그러면 교회 지붕마다 십자가 대신 밧줄 올가미가 세워질 것이다. 예배당 정면에도 마찬가지다. 상상하기에는 차마 불경스럽지만 예수님이 참수형을 받았으면 어떻게 되는 것일까?

사람이 만일 죽을죄를 범하므로 네가 그를 죽여 나무 위에 달거든 그 시체를 나무 위에 밤새도록 두지 말고 그날에 장사하여 네 하나님 여호와께서 네게 기업으로 주시는 땅을 더럽히지 말라 나무에 달린 자는 하나님께 저주를 받았음이니라(신 21:22-23)

조선 시대의 일반적인 사형 방법은 참수였다. 죄가 아주 중하면 효수를 하기도 했다. 죄인의 목을 높은 곳에 매달아서 경각심을 일깨우는 것이다. 이스라엘에서는 돌로 쳐서 죽이는 것이 일반적인 처형 방법이었다. 죄가 중한 사람은 하나님께 버림받았다는 상징으로 시신을 나무에 매달기도 했다. 하지만 그런 경우에도 그 시신을 밤새도록 두지 않고 그날에 장사를 해야 했다. 이스라엘 사람들은 주검을 부정한 것으로 여겼다. 그런 주검을 하나님이 주신 거룩한 땅에 방치할 수는 없다.

원래 나무에 매달렸기 때문에 저주를 받은 것이 아니라 저주를 받았다는 표시로 나무에 매달았다. 바울이 이것을 그리스도와 연결한다. 하나님께 버림받았다는 표시로 십자가에 달렸다는 것이다. 13절의 원래 표현대로 그리스도께서 우리를 위하여 저주가 되셨다.

'위하여'를 다른 말로 바꾸면 '대신하여'다. 하나님의 저주가 본래 우리 몫이었다. 그것을 예수님이 대신했다. 예수님이 우리 대신 저주 덩어리가 되었다.

사회주의 이론에 따르면 일한 사람은 먹고 일하지 않은 사람은 안 먹으면 된다고 한다. 그런데 일은 하지 않은 채 먹기만 하는 사람 때문에 일은 하고 못 먹는 사람이 생긴다. 이것을 바로잡자는 것이 프롤레타리아혁명이다. 그 이론을 빌릴 수 있다. 원래 의인은 자기 의로 살고 죄인은 자기 죄로 죽으면 공평하다. 만일 죄인이 의인처럼 살려면 의인이 죄인처럼 죽어야 한다. 예수님이 그 일을 하셨다.

앞에서 아브라함이 하나님을 믿으매 그것을 그에게 의로 정하셨다는 사실을 확인했다. 본래 의롭지 않은데 의롭다고 간주하셨다. 마찬가지다. 예수님은 저주를 받을 이유가 없다. 우리가 받아야 할 저주를 대신 받으셨다. 하나님께서 예수님을 죄인으로 여기셨다.

예수님께 있던 의는 어디로 갔을까? 그것이 고스란히 우리한테 왔다. 우리의 죄가 예수님께 전가된 것처럼 예수님의 의가 우리에게 전이되었다. 하나님께서 예수님을 죄인으로 간주하신 것과 같은 방식으로 우리를 의인으로 간주하신다.

하나님께서 왜 그런 일을 하셨을까?

3:14) 이는 그리스도 예수 안에서 아브라함의 복이 이방인에게 미치게 하고 또 우리로 하여금 믿음으로 말미암아 성령의 약속을 받게 하려 함이라

아브라함의 복은 아브라함이 받은 이신칭의를 말한다. 성경은 믿음으로 의롭게 되는 것을 복이라고 한다. 그런 복이 아브라함 혼자에게 그치는 것이 아니다. 하나님께서 아브라함을 복의 근원으로 부르신 것처럼 그 복이 이방인에게 흘러가야 한다. 아브라함이 믿음으로 의롭다 함을 받은 것처럼 이방인들도 믿음으로 의롭다 함을 받을 것이다.

의롭다 함을 받는 것은 곧 하나님의 법정에서 무죄 판결을 받는 것이다. 흔히 하는 말로 우리의 모든 죄를 사함받았다. 그러면 앞으로는 어떻게 될까? 무죄 판결을 받았으니 지난날은 불문에 부치고 백지상태에서 다시 출발하는 것일까? 그럴 수는 없다. 그래서 "또 우리로 하여금 믿음으로 말미암아 성령의 약속을 받게 하려 함이라"가 있다.

약속은 헬라어 '에팡겔리아($\varepsilon\pi\alpha\gamma\gamma\varepsilon\lambda\iota\alpha$)'를 번역한 말이다. '먼저'라는 뜻의 '에피($\varepsilon\pi\iota$)'와 '소식'이라는 뜻의 '앙겔로($\alpha\gamma\gamma\varepsilon\lambda\lambda\omega$)'의 합성어다. 먼저 전해진 소식이 약속이다. 사건보다 소식이 먼저 있다. 이를테면 "내일 백만 원 주마"라고 하

는 것이 약속이다. 사건이 일어나기 전에 먼저 그 내용을 전하는 것이다.

"내일 백만 원 주마"라고 했으면, 그렇게 말한 것으로 끝나지 않고 그다음 날 백만 원을 줘야 한다. 우리에게 성령의 약속이 있는 것이 그렇다. 성령은 먼저 전해진 소식이다. 정작 이루어질 사건이 따로 있다. 우리 안에 성령이 내주하시는 것이 장차 이루어질 일에 대한 예표다. 말 그대로 임마누엘이다.

하나님이 우리와 함께하시는 것이 지금은 성령의 내주하심으로 약속만 되어 있지만 때가 이르면 실제로 이루어질 것이다. 우리한테는 그런 소망이 있다. 아니, 하나님께는 그런 소망이 있다. 그 일을 위해서 예수님을 십자가에 매달아서 저주 덩어리가 되게 하셨다.

예수님은 우리가 죽어야 할 죽음을 죽으신 분이다. 이제 우리가 예수님께서 사셨던 삶을 살 차례다. 우리한테 예수님의 의가 전이되었다면 정녕 그렇다. 우리는 하나님과 함께 살 사람들이다. 마땅히 지금부터 그에 어울리는 삶을 살아야 한다. 그것이 신자의 삶이다.

3:15〉 형제들아 내가 사람의 예대로 말하노니 사람의 언약이라도 정한 후에는 아무도 폐하거나 더하거나 하지 못하느니라

나는 글씨 쓰는 것을 무척 싫어한다. 이유가 있다. 펜 잡는 버릇이 잘못된 탓이다. 펜을 잡을 때는 엄지와 검지, 중지를 사용하는 것이 바른 자세인데 나는 엄지, 검지, 중지, 약지로 펜을 잡는다. 그렇게 해도 글씨 쓰는 데는 아무 지장이 없었다. 초등학교 6학년 때는 옆자리 친구가 글씨체가 곱다며 부러워하기도 했다. 그런데 삼십 대에 들어서면서부터 글씨를 쓸 때 손목이 불편하기 시작하더니 나이가 들수록 점점 심해졌다. 그 느낌이 참 싫다. 이제는 글씨를 쓰면 불편한 게 아니고 펜을 잡으면 불편하다. 언제부터인지 세상에서 제일 하기 싫은 일이 글씨 쓰는 일이 되었다.

간혹 내가 쓴 책에 저자 서명을 부탁받는 수가 있다. 그때마다 사정을 얘기한다. "저는 글씨 쓰는 걸 무척 싫어합니다. 죄송합니다."라고 하는데, 수긍하는 사람이 없다. "그래도 괜찮으니까 그냥 사인해주세요"라고 한다. 난필이라는 말로 알아들은 것이다. 난필이어서 글씨 쓰기를 꺼리는 사람은 본 적이 있어도 글씨 쓰는 것 자체를 싫어하는 사람은 본 적이 없기 때문일 것이다. 그럼 설명을 해야 한다. "난필이어서가 아니고 글씨 쓰는 것 자체를 싫어합니다. 책의 저자 서명은 아내가 대신합니다."라고 하면 대부분 넘어가는데 그래도 막무가내로 친필로 서명을 해달라는 경우가 있다. 그때마다 정말 난처하다.

미나리를 싫어한다고 하면 다 알아듣는다. "아무리 싫어해도 한 번만 먹어보세요"라고 하는 사람은 없다. 특정 음식을 가리는 사람을 주변에서 얼마든지 보았을 것이다. 글씨 쓰는 것은 다르다. 글씨 쓰는 것을 싫어할 수도 있다는 사실을 생각조차 해본 적이 없는 사람한테 글씨 쓰기를 싫어한다고 납득을 시키려니 이런저런 설명이 필요하다. 무엇보다도 내가 글씨 쓰는 것을 어느 만큼 싫어하는지 납득시키는 것이 참 힘들다.

사람이 의롭게 되는 것은 율법이 아니라 믿음으로 말미암는다고 했다. 우리한테는 생소할 것이 없지만 유대인들은 다르다. 그들은 율법을 생명처럼 여긴다. 열세 살에 성인식을 하는데 그때부터 '율법의 아들'이라고 한다. 율법에 대해서 스스로 책임을 지는 것이다. 그런데 난데없이 "율법이 아니고 믿음이다"라고 하니 그 말이 납득될 턱이 없다.

선입견이 없는 상태에서 듣는 것과 선입견이 있는 상태에서 듣는 것은 전혀 다르다. 그래서 앞에서 아브라함을 말했다. "하나님이 언제 아브라함을 의롭다 했느냐? 본토 친척 아비 집을 떠났을 때도 아니고 할례를 받았을 때도 아니고 이삭을 바쳤을 때도 아니다. 하나님을 믿었을 때 의롭다고 했다. 아브라함이 믿음으로 의롭다 함을 받은 것처럼 누구든지 믿는 사람은 의롭다 함을 받는다."라고 했다.

우리가 듣기에는 전혀 어렵지 않다. 뻔한 말을 왜 하나 싶다. 율법에 매력을 느끼는 사람이라면 다르다. 본문이 그래서 나온 말이다. "왜 율법이 아니고 믿음인지 우리 주변의 일을 예로 들어서 설명해 보마. 사람의 언약도 한번 정하면 무시하거나 바꾸지 못하는 법인데 하물며 하나님의 약속이겠느냐?"라는 뜻이다. "율법이 아니고 믿음이다"라는 얘기가 2:16에 나왔는데, 계속 반복해서 설명한다. 그만큼 알아듣기 힘든 말이다.

다니엘은 다리오왕의 신임을 받는 신하였다. 다른 신하들이 시기해서 꾀를 낸다. 앞으로 삼십 일 동안 왕 이외의 어떤 신이나 사람에게 무엇을 구하면 사자 굴에 던져 넣기로 하자는 것이다. 다리오왕이 허락해서 조서에 도장을 찍었다. 다니엘은 그런 법령이 공포된 것을 알면서도 하던 대로 하루 세 번씩 기도했다. 신하들이 바라던 대로 된 것이다. 그들이 왕한테 그 사실을 얘기한다. 다리오왕이 근심하지만 이미 엎질러진 물이다. 속절없이 다니엘을 사자 굴에 집어넣는다.

왕이니까 마음대로 명령하면 되지 않나 싶지만 그렇지 않다. 바둑을 둬도 일수불퇴가 원칙이고 고스톱을 쳐도 낙장불입이 원칙이다. 하물며 왕이 정한 법을 번복할 수는 없다. 법을 번복하는 것이 가능하다면 번복한 것을 또 번복할 수도 있을 것이다. 그런 법을 누가 지키겠는가? 조만간 나라의 기강이 엉망이 될 것이다.

3:16) 이 약속들은 아브라함과 그 자손에게 말씀하신 것인데 여럿을 가리켜 그 자손들이라 하지 아니하시고 오직 한 사람을 가리켜 네 자손이라 하셨으니 곧 그리스도라

하나님이 아브라함의 후손에게 가나안 땅을 주겠다고 하셨다. 비단 그 사실만으로 끝나는 약속이 아니다. 아브라함의 후손이 가나안 땅을 차지하는 것으로 땅의 모든 족속이 복을 받을 수는 없다. 하나님의 궁극적인 목적은 유대인들한테 가나안 땅을 주시는 것이 아니라 그리스도 안에 있는 사람들한테 하나님의 나라를 상속받게 하는 것이다.

바울이 성경을 유심히 보면 이런 하나님의 의중을 알 수 있다고 한다. 본문이 바로 그렇다. 하나님이 아브라함과 그 자손에게 약속을 주셨는데, 자손이 단수로 쓰였다. 그 약속은 아브라함을 조상으로 하는 많은 유대인과 맺어지는 것이 아니다. 특정한 한 자손, 곧 그리스도와 맺어진 것이다.

유대인들은 이런 말에 동의하지 않을 것이다. 자손이 집합명사이기 때문이다. 단수형이지만 복수로 쓰이는 예가 얼마든지 있다. 실제로 29절에서는 "너희가 그리스도의 것이면 곧 아브라함의 자손이요 약속대로 유업을 이을 자니라"라고 했다. 이때의 '아브라함의 자손'은 당연히 복수다. 하지만 우리는 바울의 얘기가 성령님의 감동에 의한 것임을 기꺼이 인정한다.

하나님이 아브라함한테 하늘의 뭇별을 보여주며 아브라함의 후손이 이와 같으리라고 하셨다. 장차 가나안 땅을 아브라함에게 주겠다는 말씀도 하셨다. 아브라함이 그것을 어떻게 알 수 있느냐고 하자, 제물을 준비하라고 하셨다. 아브라함이 삼 년 된 암염소와 삼 년 된 숫양과 산비둘기와 집비둘기를 준비해서 그 중간을 쪼개어 마주 놓았다. 날이 저물자 타는 횃불이 쪼갠

고기 사이를 지났다.

고대 중근동 지방에서는 계약을 이런 식으로 체결했다. 짐승을 쪼개서 계약 당사자가 그 사이를 지나는 것이다. "이 계약을 어기는 사람은 죽어 마땅하다. 이 제물처럼 그 몸이 쪼개질 것이다."라는 뜻이다.

그러면 하나님과 아브라함이 같이 지나야 한다. 그런데 하나님 혼자 지났다. 하나님 홀로 이루실 약속이기 때문이다. "내가 이 땅을 네 후손에게 주마. 혹시 내가 그 약속을 어기거든 내 몸을 둘로 쪼개라."라고 했으니 아브라함이 할 일은 없다. "네가 율법을 잘 지키면 이 땅을 네 후손에게 주마"가 아니었다.

3:17) 내가 이것을 말하노니 하나님께서 미리 정하신 언약을 사백삼십 년 후에 생긴 율법이 폐기하지 못하고 그 약속을 헛되게 하지 못하리라

하나님이 아브라함에게 율법을 주신 적은 없다. 약속을 주셨을 뿐이다. 율법은 430년 후에 모세를 통해서 주어졌다. 그렇다고 그 사실이 아브라함한테 하신 약속에 영향을 미칠까?

한번 작성된 유언장은 누구도 변개할 수 없는 것이 당시 관례였다. 바울이 그런 관례를 빌려서 율법과 믿음을 설명한다. 하나님이 아브라함한테 약속을 주신 이상 나중에 율법이 생겼다고 해도 그것이 무슨 상관이냐는 것이다. 다리오왕도 "어? 다니엘이 걸렸어? 이런 일이 생길 줄 몰랐는데 그럼 무효로 해."라고 하지 않았다.

3:18-19〉 만일 그 유업이 율법에서 난 것이면 약속에서 난 것이 아니리라 그러나 하나님이 약속으로 말미암아 아브라함에게 주신 것이라 그런즉 율법은 무엇이냐 범법하므로 더하여진 것이라 천사들을 통하여 한 중보자의 손으로 베푸신 것인데 약속하신 자손이 오시기까지 있을 것이라

그러면 율법은 왜 주셨을까? 누군가 반박할 수 있다. "이보시오, 정말 못 들어주겠소. 오직 믿음으로 그리스도 안에 있게 되고 하나님께서 아브라함한테 하신 약속의 수혜자가 된다면 율법은 왜 있는 것이오? 당신이 말하는 복음에는 우리가 조상 대대로 지켜온 율법이 설 자리가 없소. 그게 비단 율법의 문제일까요? 율법을 주신 하나님은 어떻게 되는 것이오? 당신의 주장은 신성모독이오."

바울이 뭐라고 할까? 바울은 율법이 필요 없다는 말을 한 적이 없다. 19a 절에서 "그런즉 율법은 무엇이냐 범법하므로 더하여진 것이라"라고 했다. X-ray를 찍었다고 해서 부러진 뼈가 붙지는 않는다. 어디가 어떻게 부러졌는지 알 수 있을 뿐이다. X-ray를 찍은 것으로는 치료가 되지 않지만 치료를 하려면 X-ray를 찍어야 한다. 율법이 그렇다. 율법의 기능은 사람을 구원하는 것에 있지 않다. 사람에게 죄가 있는 것을 알게 하는 것에 있다.

유대인들이 이 부분을 오해했다. 율법을 지키면 의롭게 되는 줄 알았다. 그런데 바울이 "사람이 의롭게 되는 것은 율법에 있지 않고 믿음에 있다"라고 하니까 발끈한 것이다. 율법을 지키는 자기들이 의롭지 않다면 누가 의롭다는 말인가? 앤드류 주크스가 한 말이 있다. "사탄은 우리가 율법에 의해 스스로 거룩하다고 입증하게 할 것이다. 그런데 율법은 하나님이 우리가 죄인임을 입증하도록 하기 위해서 주신 것이다."

율법은 죄에 대한 해결책이 아니다. 그러면 율법에는 기한이 있을 수밖에 없다. 19b절에서 "천사들을 통하여 한 중보자의 손으로 베푸신 것인데 약속하신 자손이 오시기까지 있을 것이라"라고 한 그대로다. 죄에 대한 해결책도 아니면서 효력이 영원하면 죄가 영원히 해결이 안 되는데 그럴 수는 없다. 그래서 약속하신 자손이 오시기까지만 기능을 한다. 그리스도가 오신 것으로 율법은 자기 역할을 다했다.

스데반이 유대인들한테 설교하면서 "너희는 천사가 전한 율법을 받고도 지키지 아니하였도다"라고 꾸짖은 적이 있다. 율법이 전해질 때 뭇 백성이 우레와 번개와 나팔 소리와 산의 연기를 보고 겁에 질렸다. 하나님이 말씀하시면 자기들이 죽을 것 같으니까 모세한테 하나님 말씀을 전해달라고 간청한다. 그렇게 해서 백성은 멀리 서 있고 모세만 하나님께 가까이 갔다. 모세가 백성을 위한 중보자가 된 것이다.

3:20-21〉 그 중보자는 한 편만 위한 자가 아니나 하나님은 한 분이시니라 그러면 율법이 하나님의 약속들과 반대되는 것이냐 결코 그럴 수 없느니라 만일 능히 살게 하는 율법을 주셨더라면 의가 반드시 율법으로 말미암았으리라

20절은 뭔가 아리송하다. "그 중보자는 한 편만 위한 자가 아니나 하나님은 한 분이시니라"라고 했는데, 중보자가 한 편만 위한 자가 아닌 것은 당연하다. 중보자는 양편을 위해서 존재한다. 하나님이 한 분이신 것도 당연하다. 그런데 이 두 문장이 어떻게 연결되는 것일까?

율법이 주어질 때는 중보자가 필요했다. 이스라엘이 직접 그 율법을 감당하지 못했다. 오죽하면 모세가 얼굴을 수건으로 가려야 했다. 그러면 복음은 어떻게 될까? 율법을 주신 하나님과 복음을 주신 하나님이 같은 분인데 지금은 왜 중보자가 없을까? 혹시 율법과 복음이 상반되는 성격을 가진 것일까? 그래서 "그러면 율법이 하나님의 약속들과 반대되는 것이냐"라고 묻고는 "결코 그럴 수 없느니라 만일 능히 살게 하는 율법을 주셨더라면 의가 반드시 율법으로 말미암았으리라"라고 대답한다.

가끔 율법은 나쁜 것이고 복음은 좋은 것이라는 식으로 오해하는 경우를 본다. 복음에서는 구원이나 은혜가 연상되는데 율법에서는 심판이나 정죄가 연상되기 때문이다. 아닌 게 아니라 율법이 주어지자 우리한테 나타난 것이 죄에 대한 심판이었다. 하지만 율법을 주신 분이 하나님이다. 설마 하나님이 나쁜 것을 주셨을까? 병 주고 약 준다는 식으로 하나님이 먼저 율법을 줘서 우리를 곤혹스럽게 만들고 이어서 복음을 주셔서 우리를 구원하신 것이 아니다.

부교역자 시절, 여전도회원 몇 분과 승합차로 어디엔가 다녀온 적이 있다. 운전을 하는데 교인들 말소리가 들렸다. 누군가 물었다. "구약 시대에는 노아 홍수로 세상을 심판했잖아요. 지금은 그런 일이 왜 없어요?" 질문을 받은 분이 대답했다. "그때는 율법 시대였고 지금은 은혜 시대니까 다르지."

설마 그럴까? 구약 시대에는 죄에 대해서 엄하던 하나님이 지금은 너그러워지셨을까? 그러면 본문에서 "하나님은 한 분이시니라"라는 말을 못한다. 구약 시대의 하나님과 신약 시대의 하나님이 같은 분이다. 우리의 구원을 위해서 복음을 주셨으면 율법 또한 우리의 구원을 위한 것이다. "만일 능히 살게 하는 율법을 주셨더라면 의가 반드시 율법으로 말미암았으리라"라는 말 그대로다.

하나님이 우리에게 율법을 주셨다. 우리를 죽이기 위해서 율법을 주셨을

리는 만무하다. 하나님께서 율법을 주셨다면 당연히 우리를 살리기 위해서다. 성경이 말하는 '산다', '죽는다'는 영생이냐, 영벌이냐에 대한 얘기다. 하나님께서 우리를 하나님 앞에서 살게 하기 위해서 율법을 주셨으면 우리가 하나님 앞에 의롭게 되는 것도 율법으로 말미암을 것이다.

실제로 나타난 모습은 그렇지 않다. 율법이 주어지자, 나타난 것은 우리의 죄다. 율법 행위에 속한 자들은 저주를 받을 수밖에 없다. 사람이 무슨 수로 율법을 다 지킬까?

학교에서 시험을 본다. 학생들을 벌주기 위해서가 아니라 학생들의 실력을 키우기 위해서다. 시험을 보면 일단 학생들의 성적이 나타난다. 칭찬받을 만한 성적이 아니고 야단맞아야 할 성적이다. 그럼 어떻게 해야 할까? 시험 보는 대로 전부 낙제를 시켜야 할까? 그래서 개인 교사를 붙여 준다. 앞으로 그 개인 교사와 하루 24시간 같이 지내게 될 것이다. 일단 교사가 대신 시험을 치른다. 그 성적으로 상급 학교에 진학은 하지만 그것으로 끝이 아니다. 앞으로 그 교사와 생활을 같이 하면서 그 교사의 실력을 자기 것으로 만들어야 한다.

비유가 참 억지스럽지만 별 도리가 없다. 우리가 얻은 구원과 같은 일이 이 세상에는 아무리 찾아도 없기 때문이다.

3:22〉 그러나 성경이 모든 것을 죄 아래에 가두었으니 이는 예수 그리스도를 믿음으로 말미암는 약속을 믿는 자들에게 주려 함이라

사람은 율법을 지킬 실력이 없는데 율법을 지키지 못하면 저주를 받는다. 그래서 예수님이 대신 저주를 받았다. 이 사실을 믿는 사람은 예수님의 의를 덧입는다. 우리의 죄가 예수님께 전가된 것처럼 예수님의 의가 우리에게 옮겨진다. 도무지 이치적으로 말이 안 되는 일이 일어나는 것이다.

구원이 구원일 수 있으려면 구원이 필요한 상황이 전제되어야 한다. 잔디밭에서 잘 노는 아이의 손을 잡아 이끌고는 "내가 너를 구원했다"라는 것은 말이 안 된다. 구원을 얘기하려면 우리가 처한 환경이 불이 난 건물이나 침몰하는 배 같은 곳이어야 한다. 우리가 심판에 직면했음을 알아야 한다. 다른 말로 하면, 우리가 죄인이라는 사실이 먼저 확인되어야 한다. 그래서 성경이 모두를 죄 안에 가두었다고 한다. 율법이 주어지자, 사람이 본래 죄인이라는 사실이 드러났다. 바로 그런 사람들한테 예수 그리스도를 믿는 믿음으로 말미암는 구원을 주신 것이다.

돈을 바로 쓰는 것은 어렵다고 한다. 처음부터 돈을 벌어서 쓰지 않기 때문이다. 어린 시절에는 부모가 주는 돈을 받아서 쓴다. 돈 아까운 줄 모르고 쓰는 버릇이 생길 만하다. 처음부터 돈을 벌어서 쓰면 누구나 규모 있게 쓸 것이다.

구원도 그럴 수 있다. 에이든 토저 목사가 요즘 복음은 약이라고 해도 아무 병도 못 고치고, 독이라고 해도 아무런 해도 입히지 못한다고 일갈한 바 있다. 소금 한 스푼에 물 한 드럼 붓는 식으로 복음을 그렇게 희석시켰다는 것이다.

이런 일이 왜 있을까? 율법을 통과하지 않아서 그렇다. 예수를 믿는다고 하는데 죄 문제로 고민해보지는 않았다. 죄 때문에 좌절해본 적은 없는데 일방적으로 구원이 주어졌으니 그 구원이 귀한 것인 줄 모른다. 기도하는 내용이 죄다 하나님께 가까이 가기 위한 것이 아니고 세상에서 근심 없이 살게 해달라는 것이다. 죄 문제가 심각하지 않으니 세상에서 잘 먹고 잘사는 것이 심각하다. 아무리 봐도 예수님이 십자가에 달린 이유와 관계가 없다.

하나님의 계획은 우리가 율법을 통과해서 약속을 받는 것이다. 율법 없이 약속을 받으면 죄는 모른 채 은혜만 기대해서 신앙이 물러터진다. 반면 약속에 이르지 못한 채 마냥 율법에 머무르면 죄 안 짓는 것을 목표로 알기 때문에 신앙이 수동적이 된다.

우리가 율법을 통과한 사람들이 맞을까? 우리가 정말로 죄에서 나왔을까? 그러면 우리가 할 일은 그 죄에서 최대한 멀어지는 일이다. 죄의 흔적조차 미워해야 한다. 구원을 얻었다고 하면서 죄와 타협하는 것은 모순이다. 우리는 죄와 상관없는 사람들이다. 그리스도가 죄와 상관없는 분이기 때문이다.

3:23-24) 믿음이 오기 전에 우리는 율법 아래에 매인 바 되고 계시될 믿음의 때까지 갇혔느니라 이같이 율법이 우리를 그리스도께로 인도하는 초등교사가 되어 우리로 하여금 믿음으로 말미암아 의롭다 함을 얻게 하려 함이라

믿음이 오기 전에는 우리가 율법 아래 매인 신세였다. '매이다'로 번역된 '프루레오(φρουρεω)'는 군사 용어다. 군인들이 지키는 상황을 의미한다.

바울이 회심하자, 다메섹에 사는 유대인들이 바울을 죽이려고 했다. 바울을 잡으려는 유대인들이 밤낮으로 성문을 지켰다. 급기야 바울의 제자들이 바울을 광주리에 태워서 성벽에서 달아 내렸다. 그렇게 해서 가까스로 다메섹을 벗어날 수 있었다. 이처럼 유대인들이 성문을 지킨 것이 '프루레오'한 것이다.

그렇다고 항상 부정적인 뜻으로 쓰이는 것이 아니다. 빌 4:7에서 "그리하면 모든 지각에 뛰어난 하나님의 평강이 그리스도 예수 안에서 너희 마음과 생각을 지키시리라"의 '지키시리라'나 벧전 1:5에서 "너희는 말세에 나타내기로 예비하신 구원을 얻기 위하여 믿음으로 말미암아 하나님의 능력으로 보호하심을 받았느니라"의 '보호하심을 받았느니라'에도 '프루레오'가 쓰였다. 도망가지 못하게 지키는 것만 지키는 것이 아니다. 적의 공격으로부터 지키는 것도 지키는 것이다.

율법은 범법함을 인하여 더한 것이다. 사람한테 법을 어기려는 속성이 없으면 율법이 주어질 이유가 없다. 앵무새를 새장에 가두는 것처럼 사람들로 하여금 죄를 짓지 못하게 하는 것이 율법이다.

새장에 갇힌 앵무새는 새장을 원망할 것이다. 새장만 없으면 자유롭게 날아다닐 수 있을 줄 안다. 하지만 새장에는 앵무새를 보호하는 기능도 있다. 새장을 벗어나면 앵무새가 살 수 없다. 날개를 다친 수리부엉이는 다르다. 날개가 다 나을 때까지만 새장 신세를 지면 된다.

또 율법은 우리를 그리스도에게로 인도하는 초등교사이기도 하다. 초등교사는 '파이다고고스($\pi\alpha\iota\delta\alpha\gamma\omega\gamma o\varsigma$)'를 번역한 말인데 남자아이가 성장할 때까지 기초적인 것을 가르치는 가정교사를 말한다. 주로 노예들이 그 일을 맡았다. 로마는 특히 그리스 문화를 존중했다. 교양인 행세를 하려면 헬라어를 할 줄 알아야 했다. 가장 좋은 방법이 그리스 출신 노예를 두는 방법이다. 그런 초등교사들은 무척 엄하게 가르쳤다. 옛날 그림에는 초등교사들이 주로 회초리나 지팡이를 든 모습으로 나온다.

바울이 고린도교회에 편지를 쓰면서 "그리스도 안에서 일만 스승이 있으되 아버지는 많지 아니하니 그리스도 예수 안에서 내가 복음으로써 너희를 낳았음이라"라고 했다. 일만 스승이 일만 파이다고고스다. 또 "너희가 무엇을 원하느냐 내가 매를 가지고 너희에게 나아가랴 사랑과 온유한 마음으로 나아가라"라고 했다. "매를 가지고 너희에게 나아가랴"가 곧 "파이다고고스처럼 나아가랴"이다.

이 두 비유에서 알 수 있는 것처럼 율법 아래 있으면 수동적이 된다. 벌을 안 받는 것이 중요하다. 율법은 죄수를 지키는 간수처럼, 혹은 아이를 훈육하는 파이다고고스처럼 우리를 단속하는 것에 초점이 있다.

그렇다고 해서 마냥 그렇게 지내야 하는 것이 아니다. 날개를 다친 수리부엉이는 날개가 나을 때까지만 새장에 있으면 된다. 파이다고고스의 지도 아래 있는 아이는 장성할 때까지만 엄한 훈육을 받는다.

"믿음이 오기 전에 우리는 율법 아래에 매인 바 되고 계시될 믿음의 때까지 갇혔느니라"라고 한 것처럼 믿음이 오면 더 이상 율법의 지배를 받지 않는다. 율법은 계시될 믿음의 때까지다. 또 율법이 우리를 그리스도께로 인도하는 초등교사라고 했으니 율법은 그리스도가 올 때까지만 기능을 한다.

3:25-26〉 믿음이 온 후로는 우리가 초등교사 아래에 있지 아니하도다 너희가 다 믿음으로 말미암아 그리스도 예수 안에서 하나님의 아들이 되었으니

23-24절에서 우리가 율법 아래 있을 때 어떤 형편이었는지 말했다. 그리스도 안에 있으면 어떤 존재가 될까?

내가 고등학생 때는 교칙이 상당히 엄했다. 방과 후에도 밖에 나갈 때는 교복을 입어야 했고, 영화도 보호자가 있어야 볼 수 있었다. 도서관에서 여학생과 어울렸다가 정학 처분을 받은 동창도 있다. 몇 번 마주치니까 낯이 익어서 인사를 주고받다가 집에 갈 때 바래다 준 것이 그 이유였다. 그 정도로 억압적인 분위기였다.

가끔 대학 생활을 들으면 전혀 다른 세상 같았다. 대학생들은 시간표를 자기가 짠다고 한다. 토요일에 수업이 없는 것은 물론이고 시간표만 잘 짜면 일주일에 나흘만 학교에 가면 된다는 말도 들었다. 머리도 기르고 복장도 자유이고 술, 담배도 마음대로이고 미팅도 한다.

고등학생이었다가 대학생으로 신분이 바뀐 것에도 이런 차이가 있었다. 고등학생 때는 까까머리인데 대학생은 머리를 기른다. 고등학생은 항상 교복을 입어야 하고 술을 마시거나 담배를 피우면 무기정학인데 대학생은 자유다. 여학생을 집에 바래다준 것에 정학 처분도 받는데 대학생이 되면 미팅을 한다. 도무지 같은 세상 사람이 아니다.

율법 아래 있는 사람과 그리스도 안에 있는 사람의 차이는 어느 정도일까? 26절에서 "너희가 다 믿음으로 말미암아 그리스도 예수 안에서 하나님의 아들이 되었으니"라고 했다. 우리는 율법 아래 있지 않고 그리스도 안에 있다. 그것을 가능하게 한 것이 믿음이다. 그렇게 해서 우리가 하나님의 아들이 되었다고 한다.

지난 2010년에 장동건과 고소영이 결혼했다. 톱스타 간의 결혼이라 연일 기사가 쏟아졌다. 누군가 이런 말을 했다. "거기 애는 얼마나 좋을까? 태어나 보니 아빠가 장동건, 엄마가 고소영." 그 말을 듣는 사람은 누구나 수긍할 것이다. 그렇다고 해서 둘 사이에 태어난 아이도 그 사실을 실감하며 자랄까?

우리가 하나님의 아들이 되었다는 말도 그럴 것이다. 우리는 별 감흥이 없지만 사실은 굉장히 엄청난 말이다. 유대인들이 예수님을 사형에 처해야 한다고 한 직접적인 이유가 자신을 하나님의 아들이라고 했기 때문이다. 차이는 있다. 예수님은 하나님의 친자인 반면 우리는 하나님의 양자다. 친자와 양자는 출생에만 차이가 있을 뿐 법적인 지위는 동등하다.

유대인들은 열세 살에 성인식을 한다. 성인식을 하면 '율법의 아들'이 된다. 그런데 그리스도 안에 있으면 하나님의 아들이라고 한다. 하나님의 기업을 이어받는다. 율법의 아들은 율법에 대해서 스스로 책임을 지는 반면 하나님의 아들은 그리스도가 책임진다. 율법 아래 있는 사람과 복음 아래 있는 사람은 이렇게 차이가 난다.

우리한테 일어난 이런 변화를 가시적으로 보여주는 것이 세례다.

3:27-29〉 누구든지 그리스도와 합하기 위하여 세례를 받은 자는 그리스도로 옷 입었느니라 너희는 유대인이나 헬라인이나 종이나 자유인이나 남자나 여자나 다 그리스도 예수 안에서 하나이니라 너희가 그리스도의 것이면 곧 아브라함의 자손이요 약속대로 유업을 이을 자니라

교회에 등록하고 일정 기간이 지나면 세례를 받게 된다. 그런 분께 "왜 세례를 받으십니까?"라고 물으면 뭐라고 할까? 아마 "교회에서 받으라고 하니까 받습니다"라는 답이 가장 많이 나올 것 같다. 지나가는 사람에게 "왜 사십니까?"라고 물었을 때 "죽지 못해 삽니다"라고 대답하는 격일까? 어쩌면 "예수를 믿으니까 받습니다"라는 답이 나올 것도 같다.

본문에 정답이 있다. 세례는 그리스도와 합하기 위하여 받는다. "율법 아래 있는 사람들은 할례를 받았지만 그리스도 안에 있는 사람들은 세례를 받는다"가 아니다. 세례가 할례를 대체할 수는 없다. 할례에 하나님의 백성으로 살게 하는 신비한 힘이 있었던 것이 아닌 것처럼 세례가 남다른 비방도 아니다. 우리가 믿음으로 그리스도 안에 들어간 사람이라는 사실을 세례로 나타낸 것이다. "누구든지 그리스도를 구주로 믿는 사람은 그리스도로 옷 입었느니라"라고 해도 달라지는 것이 없다. 세례가 믿음의 외적 표현이다.

그리스도로 옷 입으면 어떻게 될까? 군복을 입으면 군인이고 경찰관복을 입으면 경찰관이다. 우리는 어떻게 될까? 그리스도로 옷 입으면 그리스도가 될까, 그리스도인이 될까?

이런 구분은 무의미하다. 누구든지 그리스도와 합하기 위하여 세례를 받은 자는 그리스도로 옷 입었다고 했다. 이미 그리스도와 합했다. 그런데 어떻게 구분할까? 어디에서 어디까지가 그 사람이고, 어디에서부터 어디까지가 그리스도인지 누가 안단 말인가?

그리 새삼스러운 얘기가 아니다. 예수를 믿으면 구원 얻는 일이 어떻게 가능할까? 본래 구원을 얻으려면 하나님 보시기에 의로워야 한다. 하나님은 눈높이가 무척 높으신 분이다. 불의를 조금도 용납하지 않으신다.

조선 시대에 군포라는 것이 있었다. 병역의무를 감당하는 대신 납부하는 삼베나 무명을 말한다. 군포를 내면 병역의무를 감당한 것으로 인정이 되었다. 결국 병역의무를 감당하는 방법에 두 가지가 있었던 셈이다. 직접 감당하는 방법과 군포를 내는 방법이다.

예수를 믿는 것도 그런 식일까? 구원을 얻으려면 자기가 직접 하나님 보시기에 의롭든지, 아니면 예수님을 믿든지 둘 중 하나를 하면 될까?

사람이 하나님 보시기에 의로울 수 있을까? 하나님 보시기에 의로운 사람은 예수님뿐이다. 예수님을 믿는다는 얘기는 예수님의 의가 그 사람에게 덧입혀진다는 뜻이다. 그 사람의 죄가 예수님께 전가된다. 예수님은 그 사람이 되고, 그 사람은 예수님이 된다.

12·12 사태를 다룬 영화 〈서울의 봄〉에 보안사령관 전두광이 군대 내 사조직인 하나회 후배한테 자기 의자에 앉게 하는 장면이 나온다. 전두광이 후

배한테 말한다. "자네가 나고 내가 자네야!" 보안사령관의 자리에 앉은 것만도 황송한데 그런 말까지 들었으니 마음이 어땠을까? 이런 선배를 위해서라면 죽도록 충성하겠다고 다짐하지 않았을까?

영화에서 전두광이 노린 것은 '자기 사람 만들기'였다. 하지만 성경은 전혀 다른 이유로 "내가 그리스도와 함께 십자가에 못 박혔나니 그런즉 이제는 내가 사는 것이 아니요 오직 내 안에 그리스도께서 사시는 것이라"라고 한다. 우리와 예수님 사이에 아무런 구별이 없게 된다. 예수님을 믿으면 구원 얻는다는 말이 그만큼 엄청난 말이다. 첨언하면, 우리는 전두광의 자리에 잠깐 앉았던 군인이 전두광을 향해서 가졌던 마음보다 몇 천 배, 몇 만 배, 몇 억 배 더 뜨거운 마음으로 그리스도를 섬겨야 하는 사람들이다.

그런데 예수를 믿는다는 말을 너무 쉽게 쓰는 경향이 있다. 마치 교회에 대해서 우호적인 감정만 있으면 예수를 믿는 것으로 인정되는 줄 안다. 구원은 천국과 지옥이 왔다 갔다 하는 사건인데, 그런 엄청난 사건이 예수가 구세주라는 말에 고개를 끄덕이는지 여부로 결정된다는 것이 말이 될까?

예수를 믿으면 구원 얻는다고 할 때의 믿음은 히브리적 개념이다. 히브리어 '에무나'를 번역한 말인데 '아멘'과 어원이 같다. 어떤 말을 듣고 고개를 끄덕이는 것이 에무나가 아니다. 에무나는 그에 따른 꾸준한 행동을 수반한다. 어떤 말에 '아멘'을 말한 사람은 그 아멘에 책임을 지는 법이다.

〈헬라어직역성경〉에서는 본문의 믿음을 신실함으로 번역했다. 그렇다고 해서 에무나의 의미를 다 담을 수 있는 것은 아니지만 예수를 믿는다는 얘기가 우리 생각보다 훨씬 더 막중한 책임을 요구하는 것은 분명하다. 성경은 우리한테 유대인이나 헬라인이나 종이나 자유인이나 남자나 여자나 다 그리스도 예수 안에서 하나라고 한다.

세상에서는 이런 구별이 무척 중요하다. 유대인인지 헬라인인지에 따라 가치관이 달라진다. 종인지 자유인인지에 따라 삶의 방식이 달라진다. 남자인지 여자인지에 따라 생각하는 것이 달라진다. 그런데 이런 구별을 무색하게 만드는 새로운 기준으로 우리가 예수 안에 있다는 사실을 말한다.

예수를 믿는 사람은 자기들끼리 다른 세상을 살아간다. 이 세상 조건에 구애받지 않는다. "너희가 그리스도의 것이면 곧 아브라함의 자손이요 약속대로 유업을 이을 자니라"라고 한 그대로다. 세상 사람들이 유대인인지 헬라인인지, 종인지 자유인인지, 남자인지 여자인지 따지는 이유는 전부 밥그릇 싸움이다. 돈이 있는지 없는지, 합격인지 불합격인지, 어느 학교를 나왔는지 따지는 이유가 다 그렇다.

내가 막 입대했을 때의 일이다. 교관이 말했다. "너희들은 이제 군인이다. 군인에게는 군인 정신이 있어야 한다. 지금부터 군인 정신이 없는 놈에게는 군인 정신을 불어넣어 주겠다." "너희들은 이제 군인이다"라는 말을 왜 하겠는가? 자기를 어떻게 인식하는지에 따라 행동 양식이 달라지기 때문이다. 자기를 민간인으로 아는 사람과 군인으로 아는 사람은 전혀 다르다.

유대인들이 아브라함의 후손이 아니고 그리스도를 믿는 우리가 아브라함의 후손이다. 하나님의 약속대로 유업을 이을 신분이다. 우리한테 할 일이 있다면 그 유업을 이을 준비를 하는 것이다.

하나님이 약속하신 유업의 내용은 이신칭의다. 우리는 하나님께 의롭다고 인정받은 사람들이다. 유대인들은 다르다. 그들은 할례를 받고 율법을 지켜야 하나님의 유업을 이을 수 있다고 생각했다. 그들이 생각하는 하나님의 유업은 가나안 땅에서 살아가는 것이다.

그러면 얘기가 어떻게 될까? 우리는 그들이 원하는 것의 궁극적인 실체를 누리는 사람들이다. 날개 다친 수리부엉이처럼 새장에 갇혀 지내야 하는 것이 아니라 마음껏 날아다닐 수 있다. "더 이상 율법을 지킬 필요 없이 뭐든지 마음대로 해도 됩니까?"가 아니다. 뭐든지 마음대로 해도 율법에 저촉되지 않아야 한다.

일찍이 아우구스티누스가 한 말이 있다. "하나님을 사랑하라. 그리고 마음대로 하라." 우리는 율법에 매인 사람들이 아니라 하나님을 사랑하는 사람들이다. 하나님의 유업은 그런 사람을 위한 것이다.

4장 약속과 유업

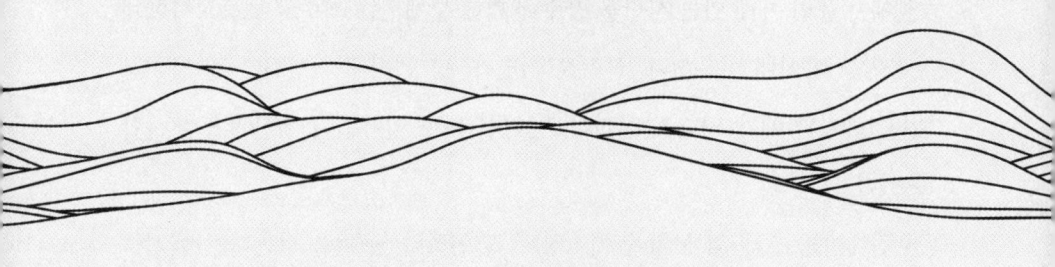

4:1-3) 내가 또 말하노니 유업을 이을 자가 모든 것의 주인이나 어렸을 동안에는 종과 다름이 없어서 그 아버지가 정한 때까지 후견인과 청지기 아래에 있나니 이와 같이 우리도 어렸을 때에 이 세상의 초등학문 아래에 있어서 종노릇하였더니

앞에서 우리가 율법 아래 있을 때는 어떤 형편이었고, 그리스도 안에서는 어떤 신분인지 얘기했다. 그 얘기를 다시 반복한다. 본문은 율법 아래 있는 사람이고, 4-7절은 그리스도 안에 있는 사람이다.

아들과 종은 엄연히 다르다. 아들은 때가 되면 그 집 주인이 되지만 종은 지금도 그 집 재산이고 앞으로도 그 집 재산이다. 단, 아들이 어릴 적에는 별 차이가 없다. 미성년의 경우, 재산을 소유할 수는 있지만 재산권을 행사할 수는 없다. 로마 관습법에 따르면 열네 살까지는 아버지가 의뢰한 후견인 아래 있게 된다. 더구나 재산은 스물다섯 살이 될 때까지 청지기가 관리했다. 재산이 있어도 종보다 나을 게 없다. 율법 아래 있는 사람들의 처지가 그렇다.

앞에서 율법 아래 있는 사람을 간수에 의해 통제되는 죄수나 초등교사에게 훈육받는 아이에 비유했다. 본문은 어떤가? 당장 지내는 형편은 별 차이가 없다. 하지만 때가 되면 달라진다. 성년이 되면 얼마든지 재산권을 행사할 수 있다.

구원에서는 으레 죄 사함을 얘기한다. 당연하다. 구원을 받는다는 얘기는 하나님의 법정에서 무죄 판결을 받는다는 뜻이다. 죄가 있는 채로는 구원받을 수 없다.

우리가 즐겨 부르는 대부분의 찬송가 가사도 그렇다. "구주의 십자가 보혈로 죄 씻음 받기를 원하네", "나의 죄를 씻기는 예수의 피밖에 없네", "마음에 가득한 의심을 깨치고 지극히 화평한 맘으로", "예수 십자가에 흘린 피로써 그대는 씻기어 있는가" 등이 전부 죄 사함에 초점이 있다.

죄 사함을 찬양하는 것이 잘못일 수는 없다. 당연히 찬양해야 한다. 그럼 죄를 사함받은 다음에는 어떻게 되는 것일까? 어떤 사람이 법정에서 무죄 판결을 받고 감옥에서 풀려났다. 어디를 가든지 마음대로다. 어디에 가야 할까?

죄를 사함받았다고 해서 그것이 구원의 전부가 아니다. -100점인 상태에서 0점이 되는 것으로 끝나는 것이 아니라 +100점이 되어야 한다.

앞의 비유에서는 이런 사실이 나타나지 않았다. 어릴 적에는 초등교사의 압제 아래 있다가 장성하면 그런 압제를 안 받는 것으로 끝이다. 하지만 본문에서는 나타난다. 유업을 이을 자가 어릴 적에는 종과 다름없지만 정한 때가 되면 달라진다. 우리가 그런 사람들이다.

4:4-5〉 때가 차매 하나님이 그 아들을 보내사 여자에게서 나게 하시고 율법 아래에 나게 하신 것은 율법 아래에 있는 자들을 속량하시고 우리로 아들의 명분을 얻게 하려 하심이라

혼히 하나님은 정확한 때에 역사하신다고 한다. 예수님이 이 세상에 오신 것도 그렇다. 하나님이 모든 조건이 무르익었을 때 예수님을 보내셨다. 무슨 조건이 어떻게 무르익었을까?

주전 586년에 남 왕국 유다가 바벨론에 망했다. 성전은 불에 탔고 백성들은 포로로 끌려갔다. 그렇게 해서 이스라엘의 신앙 중심이 성전에서 회당으로 옮기게 된다. 전에는 성전에서 제사를 지내는 것이 중요했는데 이제는 회당에서 율법을 연구하는 것이 중요하게 되었다. 바벨론 포로에서 돌아와서 성전을 재건한 다음에도 회당이 이스라엘의 중심이었다. 안식일이면 모여서 예배를 드렸고 평일에는 마을회관으로 썼다.

바울이 그런 회당을 중심으로 사역을 했다. 회당에 모이는 사람들은 구약을 알고 있었으니 당연한 선택이다. "여러분이 기다리는 메시야가 예수님이다"라고 할 수 있었다. 구약을 모르면 이런 얘기가 불가능하다.

회당에는 유대인만 모이는 것이 아니었다. 유대교에 매력을 느끼는 이방인도 같이 모였다. 사도행전에서는 그들을 경건한 사람들, 혹은 하나님을 경외하는 사람들이라고 한다. 유대교로 개종하려면 할례를 받아야 하는데 할례가 상당한 진입 장벽이었다.

바울이 복음을 전할 때 유대인들은 반발하고 이방인들은 반색한 이유가 여기에 있다. 할례나 율법이 아닌 그리스도를 믿는 믿음을 말했기 때문이다. 유대인들로서는 묵과할 수 없는 말이었다. 돌로 쳐서라도 그 입을 다물게 해야 한다. 이방인들은 다르다. 지금까지 할례가 큰 걸림돌이었는데 그게 아니라는 말을 들은 것이다. 그들은 복음이 전파되기만 하면 믿기로 작정된 자들이었다. 성전이 무너지고 회당이 그 자리를 대신한 것이 때가 차기 위한 하나의 조건이었다.

또 〈70인역〉을 들 수 있다. 주전 250년경에 모세오경을 시작으로 100여 년에 걸쳐서 구약을 헬라어로 번역하는 작업이 이루어졌다. 당시 히브리어를 아는 사람이 얼마나 있었겠는가? 디아스포라는 헬라어를 썼고 팔레스타인에 있는 유대인은 아람어를 썼으니 히브리어는 랍비들이나 아는 종교 언어였다. 이런 형편이었으니 〈70인역〉이야말로 헬라 문명을 받아들인 모든 곳에 복음을 전하기 위한 교두보였다. 〈70인역〉이 없었으면 우리가 믿는 기독교가 구약 없이 신약만 있는 종교가 되었을 것이다.

당시는 팍스 로마나(로마의 평화) 시대였다. 지중해 일대가 다 로마의 통치 질서에 편입되었다. 모든 길은 로마로 통한다는 말이 있다. 로마는 군사적인 목적으로 도로를 정비했지만 교통이 그만큼 편해졌다. 그 도로를 통해서 복음이 뻗어나갈 수 있게 되었다. 치안도 상당히 확보되었다. 특히 알렉산더가 대제국을 이룬 효과로 헬라어만 하면 세계 어디에서나 의사소통이 가능하게 되었다. 바울이 아무리 1차 전도 여행, 2차 전도 여행, 3차 전도 여행을 다녔어도 가는 곳마다 언어가 다르면 무슨 수로 복음을 전할까? 또 유대인들이 헬라 제국 사방에 퍼져 살았는데 그들은 가는 곳마다 회당을 만들었다. 결정적으로 팍스 로마나라는 말 그대로 전쟁이 없었다. 복음을 전하기에 안성맞춤인 시기다.

이런 다양한 조건이 무르익었을 때 예수님이 오셨다. 어느 날 갑자기 하늘이 열리면서 오신 것이 아니다. 하나님이 예수님을 여자의 몸에서 나게 하셨고, 율법 아래 나게 하셨다. 우리와 똑같은 몸으로 오신 것이다. 이유가 있다. 율법 아래 있는 우리를 속량하시고, 우리로 하여금 아들의 명분을 얻게 하기 위해서다.

나는 중학교를 졸업할 무렵부터 교회에 다녔다. 그전에 초등학교 6학년 때도 잠깐 다닌 적이 있기는 하다. 예수를 믿으면 구원 얻는다는 말을 언제 처음 들었는지 모르겠다. 아마 초등학교 6학년 때 들었을 것 같은데 딱히 기억은 없다. 교회에서는 늘 예수를 믿으면 구원을 얻는다고 한다.

차근차근 따져 보자. 예수를 믿는 것이 대체 무엇이어서 그럴까? 왜 꼭 예수를 믿어야 구원 얻을까? 다른 방법으로는 안 될까? 그렇게 해서 얻어지는 구원이 어떤 것일까? 우리가 어떻게 되는 것을 구원으로 얘기하는 것일까?

앞에서 안셀무스 얘기를 했다. 안셀무스가 〈왜 하나님이 인간이 되셨는가?〉라는 논문에서 "인간의 범죄는 하나님께 한 것이기 때문에 그 죄의 크기가 무한하다. 유한한 인간으로서는 갚을 수가 없다. 그래서 무한한 존재로서 동시에 인간인 존재가 필요하게 되었다. 이것이 하나님이 인간이 되신 이유이다."라고 했다.

우리나라 천주교는 기독교보다 100년 더 역사가 깊다. 정약용의 형 정약종도 천주교 신자였다. 그가 쓴 〈주교요지〉라는 책이 있다. 그 책에서 아담이 선악과를 먹은 것이 왜 그렇게 큰 죄인지 이렇게 설명했다.

"죄악의 경중은 죄 지은 곳의 높고 낮음에 달렸으니, 이를 테면 백성이 원(사또, 종6품)에게 죄를 지었으면 볼기를 맞을 것이요, 감사(관찰사, 종2품)에게 지었으면 형추(刑推)를 당할 것이며, 임금께 지었으면 귀양 갈 것이니, 죄는 한

가지로되 죄 지은 곳이 높을수록 그 형벌이 더욱 무거운 것이라. 이제 원조(아담)가 실과를 먹은 죄는 무궁히 높으신 천주께 범하였으니 그 죄가 무궁히 무거울 것이요, 형벌 또한 무궁할 것이니 어찌 무궁한 괴로움을 면하며 또 만대의 자손인들 어찌 그 벌을 면하리요? 비유컨대 사람의 조상이 임금께 죄를 지었으면 그 자손이 대대로 변방에 수자리 살고 종이 되는 법이 있으니, 원조의 벌이 그 자손에게 연루됨을 어찌 마땅치 않다 하리요?"

또 인류의 죄를 씻기 위하여 예수님이 오신 사실을 이렇게 설명했다. "원조가 한번 죄를 지은 후에 온 천하 고금 사람이 다 지옥의 무궁한 형벌을 받게 되었다. 지극히 천한 사람으로서 지극히 높으신 천주께 죄를 얻었으니 그 죄를 속할 길이 없으나, 다만 한 가지 신통한 법이 있으니 만일 어떤 사람이 그 높기가 천주와 같아서 만민의 죄를 다 그 몸에 안고 벌을 받으면 비로소 속죄가 될 것이다."

안셀무스는 11세기 이탈리아 사람이다. 정약종이 안셀무스를 알았을 리는 만무하다. 그런데 같은 말을 했다. 구원의 이치를 깊이 묵상하면 같은 결론이 나오는 모양이다. 우리가 구원을 얻으려면 하나님의 아들이 동원되어야 한다.

퀴즈를 하나 풀어보자. 예수님이 하신 다음 일 중 가장 덜 중요한 일은 어떤 일일까?

① 요한에게 세례를 받으신 일

② 마귀의 시험을 이기신 일

③ 십자가에 달리신 일

④ 사흘 만에 부활하신 일

이런 문제가 있으면 누구나 ①을 꼽지 않나 싶다. ②, ③, ④는 구원과 직접 관계가 있지만 ①은 그렇지 않은 것 같기 때문이다. 그런데 정말 그럴까? 만일 예수님이 세례를 받지 않고 사역하시다가 십자가에 달려 돌아가셨다고 가정해 보자. 우리 구원은 어떻게 될까? 아무런 문제가 없을까? 설마 예수님이 해도 그만이고 하지 않아도 그만인 일을 하셨을까? 예수님은 그처럼 한가한 분이 아니셨다. 예수님이 하신 일 중에 우리 구원과 관계없는 일은 하나도 없다.

예수님이 우리를 위해서 죽으셨다. 우리가 받아야 할 저주를 대신 받으셨다. 그래서 우리가 저주를 받지 않을 수 있다. 우리는 하나님 보시기에 의로운 신분이다.

예수님의 부활은 어떻게 될까? 그것도 우리를 대신해서 부활하신 것일까? 본래 우리가 부활해야 하는데 예수님이 대신 부활하셨으니 우리는 부활할 필요가 없을까? 그럴 수는 없다. 예수님의 죽으심과 부활에는 대신의 의미만 있는 것이 아니라 대표의 의미도 있다.

우리 교회 청년회와 친구가 목회하는 교회 청년회가 체육대회를 한 적이 있다. 그 일을 위해서 청년회장끼리 사전에 만나기도 했다. 청년회장이 청년회를 대표한 것이다. 두 교회 청년회장이 아니고 내가 친구와 만났으면 어떻게 되었을까? 나와 친구는 청년회를 대신할 수는 있어도 대표할 수는 없다. 대표하려면 신분이 같아야 한다.

예수님이 세례를 받은 이유가 여기에 있다. 우리를 대표하려면 우리와 신분이 같아야 하기 때문이다. 예수님이 우리를 대표해서 부활했으니 우리 역시 부활할 수 있다. 그런 내용을 "때가 차매 하나님이 그 아들을 보내사 여자에게서 나게 하시고 율법 아래에 나게 하신 것은 율법 아래에 있는 자들을 속량하시고 우리로 아들의 명분을 얻게 하려 하심이라"라고 한 것이다.

예수님이 우리와 똑같이 되어서 우리를 속량했다. 속량은 상거래 용어다. 노예시장에서 값을 치르고 노예를 사는 것이 속량이다. 이를테면 우리는 주인이 바뀐 노예인 셈이다.

예수님이 우리를 속량한 이유가 있다. 우리로 아들의 명분을 얻게 하려는 것이다. 우리 죄를 사하신 것이 전부가 아니다. 우리를 하나님의 아들로 삼았다. 그런 엄청난 일이 우리한테 일어난 것이다.

4:6-7〉 너희가 아들이므로 하나님이 그 아들의 영을 우리 마음 가운데 보내사 아빠 아버지라 부르게 하셨느니라 그러므로 네가 이후로는 종이 아니요 아들이니 아들이면 하나님으로 말미암아 유업을 받을 자니라

우리에게는 아들의 영, 즉 예수님의 영이 있다. 예수님이 하나님의 아들인 것처럼 우리 역시 그렇다. 우리는 하나님을 아빠 아버지라 부를 수 있다.

아빠는 아람어다. 공교롭게도 우리말 아빠와 발음이 같다. 예전에 "하나님은 우리 아버지이기만한 것이 아니라 아빠이기도 하십니다. 우리의 미숙함이나 응석을 얼마든지 용납하십니다. 우리는 때로 하나님께 억지를 부릴 수도 있습니다."라는 말을 들은 적이 있다. "나는 하나님 아버지 말고 하나님 아빠한테 기도하겠다"라는 말을 들은 적도 있다. 우리말 아버지가 아람어로 아빠인데, 아빠라는 말을 우리도 쓰기 때문에 생긴 오해다.

우리말 아빠는 유아어다. 하지만 아람어 아빠는 유아어가 아니다. 당시는 가부장제 사회였다. 아버지는 가족을 보호하고 책임지는 사람이다. 가족 구성원에 대해서 절대적인 발언권을 갖는다. 성자 예수님이 성부 하나님께 순종한 것이 하나님이 아빠인 것을 보여준 것이다.

성경에서 하나님을 아버지라고 하는 것은 그만큼 우리와 가까운 사이라는 뜻이다. 하나님은 높고 높은 보좌에 앉으셔서 낮고 천한 이 세상을 다스리는 엄위하신 분이기만 하신 것이 아니라 마치 부모처럼 우리를 사랑하시는 분이다. 그런 개념이 아람어 아빠인데, 우리말 유아어 아빠와 발음이 같다는 이유로 하나님이 우리가 떼를 쓰면 받아주기도 하시는 분으로 여기는 것은 곤란하다. 하나님은 우리 아버지다. 우리 부탁을 얼마나 잘 들어주느냐에 초점이 있지 않고 우리가 하나님과 부자지간이라는 사실에 초점이 있다.

불초(不肖)하다는 말이 있다. 요즘은 거의 쓰이지 않고 사극에서나 들을 수 있다. 마땅히 아버지를 닮아야 하는데 닮지 못했다는 뜻이다. 아버지에게도 으레 자신을 낮춰서 소자라고 하던 시대였으니 상투어였을 수 있다. 하지만 우리는 정말로 그렇다. 우리가 하나님과 부자지간이라면 우리야말로 불초한 자식이다. 하나님의 자녀인데도 왜 하나님을 닮지 못하는지가 우리의 가장 큰 안타까움이다.

비록 우리가 한때는 종이었지만 지금은 아들이다. 종으로 지내던 시절을 추억할 이유가 없다. 오히려 아들로 살아갈 계획을 세워야 한다. "그러므로 네가 이후로는 종이 아니요 아들이니 아들이면 하나님으로 말미암아 유업을 받을 자니라"라고 한 그대로다.

지난 2015년에 상영한 〈암살〉이라는 영화가 있다. 일제강점기가 배경이다. 돈이면 뭐든지 하는 하와이 피스톨이 독립군 저격수 안옥윤한테 왜 독립운동을 하는지 묻는다. 친일파 한두 명 죽인다고 해서 독립이 오는 것도 아니라는 것이다. 안옥윤이 대답한다. "알려줘야지. 우린 계속 싸우고 있다고."

우리가 하나님의 유업을 받을 하나님의 아들이 맞을까? 그러면 우리의 지금 삶은 하나님의 유업을 받을 준비여야 한다. 안옥윤의 말처럼 계속 죄와 싸우고 있어야 한다. 엉뚱한 일에 시간을 낭비할 틈이 없다. 그래서 현실적인 당부를 한다. "이럴 때는 어쩔 수 없다"나 "이번 한 번만이다", "그게 옳은 줄은 알지만…" 같은 말은 쓰면 안 된다. 죄다 불신앙과 타협할 때 쓰는 말이기 때문이다.

〈암살〉에 염석진이라는 밀정이 나온다. 처음에는 독립군이었는데 일제 앞잡이로 변절한다. 나중에 정체가 드러난 다음에 왜 그랬느냐는 추궁에 그가 답한다. "몰랐으니까! 조선이 독립될 줄 몰랐으니까! 알았으면 했겠어?"

그 말은 〈국화 옆에서〉로 유명한 미당 서정주가 실제로 했던 말이다. 반민특위 법정에서 서정주한테 왜 친일 행위를 했느냐고 묻자, 해방될 줄 몰라서 그랬다고 했다. 씁쓸하면서도 설득력 있는 답이다. 해방될 줄 알면 누가 친일 행위를 하겠는가? 일본의 치세가 계속 될 줄 알았으니까 친일 행위를 한 것이다.

우리는 그런 핑계도 못 대는 사람들이다. 우리는 우리의 나중 모습을 안다. 그 모습에 맞게 사는 것이 우리의 지혜다. 우리는 하나님의 유업을 이을 하나님의 아들들이다.

4:8-9〉 그러나 너희가 그때에는 하나님을 알지 못하여 본질상 하나님이 아닌 자들에게 종노릇하였더니 이제는 너희가 하나님을 알 뿐 아니라 더욱이 하나님이 아신 바 되었거늘 어찌하여 다시 약하고 천박한 초등학문으로 돌아가서 다시 그들에게 종노릇하려 하느냐

앞에서 바울이 두 차례에 걸쳐서 율법 아래 있는 사람과 복음 안에 있는 사람을 얘기했다. 3:23-29에서는 율법 아래 있는 형편을 간수의 감시를 받는 죄수, 초등교사의 훈육을 받는 어린아이로 얘기했다. 율법 아래 있으면 모든 것이 억압될 수밖에 없다. 4:1-7에서는 후견인이나 청지기의 보호를 받는 아들로 얘기했다. 정한 시기까지는 종과 구별이 없지만 때가 되면 아들의 신분을 누린다. 율법 아래 있는 것이 애벌레 같다면 복음 안에서는 나비와 같다.

이어서 무슨 말을 하는 것이 어울릴까? "율법 아래 있을 때 얼마나 고단했느냐? 이제는 복음 아래 있다. 왜 율법 아래로 돌아간단 말이냐?"라고 할 수 있을 것 같다. 하지만 갈라디아교회 교인들은 유대인이 아니다. 율법을 지켜보지 않았다. 그런 그들한테 "예수만 믿어서는 안 된다. 율법을 지키면서 믿어야 한다."라고 하는 사람들이 있었다. 그래서 율법과 복음을 비교하는 것이 갈라디아서의 내용이다. 결국 "율법 아래 있으면 곤고할 수밖에 없다. 그리스도 안에 있는 것과 전혀 다르다. 그런데 왜 율법을 기웃거린단 말이냐?"라고 해야 한다.

본문이 그런 내용이다. 우선 "그러나 너희가 그때에는 하나님을 알지 못하여 본질상 하나님이 아닌 자들에게 종노릇하였더니"라고 했다. 하나님이 아닌 자들에게 종노릇 한 것은 율법 아래 있는 형편이 아니다. 우상을 섬길 때를 얘기한다.

바울이 우상을 섬기는 것과 율법을 지키는 것을 같은 범주로 간주한다. 유대인들이 들으면 펄쩍 뛸 일이다. 율법에 대한 모독이라고 입에 거품을 물 것이다. 하지만 어쩌겠는가? 우상을 섬기는 것이나 율법을 지키는 것이나 발단은 같다. 둘 다 하나님을 알지 못하기 때문이다. 아무리 열심을 부려봐야 자기들 열심의 문제이지, 구원에 이르지는 못한다.

학교 다닐 적에 사람의 유한함 때문에 종교가 생겼다고 배웠다. 자연재해나 사후 세계에 대한 두려움이 대표적이다. 그 시절에는 그런가 보다 했는데 지금은 그렇게 생각하지 않는다.

아담, 하와가 최초의 인류다. 사람은 처음부터 하나님을 섬길 줄 알았다. 그런데 아담, 하와의 범죄 이후 하나님을 아는 지식이 왜곡되었고 사탄이 교묘하게 그 틈을 비집고 들어왔다. 그렇게 해서 나타난 것이 우상 숭배다.

가나안 신화에 따르면 최고의 신이 엘이고 배우자가 아세라다. 신한테 배우자가 있다는 발상부터 수상하다. 완전의 개념이 없기 때문이다. 엘과 아세라 사이에 태어난 신이 바알인데 주인, 주라는 뜻이다. 바알에게는 아스다롯이라는 배우자가 있다.

또 못이라는 바다의 신이 있었는데 못과 바알 사이에 싸움이 벌어진다. 그 싸움에서 못이 이겼다. 못이 바알을 죽여서 시체를 갈기갈기 찢어 놓았다. 뒤늦게 그 사실을 안 아스다롯이 못을 죽여서 바알의 원수를 갚는 한편 조각난 바알의 시체를 다 모아서 바알을 다시 살린다. 그리고 함께 공중에 올라가서 육체관계를 맺는데 그때 비가 내린다고 한다.

팔레스타인은 물이 귀하다. 우기, 건기 구분이 있어서 일 년에 두 차례 있는 우기에만 비가 내린다. 성경에서 말하는 이른 비와 늦은 비가 그렇다. 그런 상황을 바탕으로 상상해낸 신이 바알이다. 바알을 섬기는 예법에는 바알과 아스다롯의 관계를 부추기는 요소가 있다. 신전에 남창, 여창이 있는 것이다.

애초에 사람은 하나님을 위해서 살도록 지어졌다. 하나님을 위해서 인생을 희생해야 한다는 뜻이 아니다. 그것이 우리의 진정한 복이라는 뜻이다. 아이들이 부모 말 잘 듣는 것이 부모를 위한 일이 아니라 자기를 위한 일인 것과 같다.

이 사실을 모르면 자기를 위해서 살게 된다. 하나님 자리에 자신을 올려놓는다. 자기 욕심을 이루는 일이 무엇보다 중요하다. 그런데 그 욕심을 이룰 능력이 없다. 그래서 우상이 동원된다. 말로는 우상을 섬긴다고 하는데 사실은 자기 욕심을 섬기는 것이다. 자기 욕심을 이루기 위해서 열심히 우상한테 종노릇한다.

C. S. 루이스가 쓴 〈스크루테이프의 편지〉라는 책이 있다. 스크루테이프가 조카 웜우드에게 보낸 편지 형식으로 된 책인데, 스크루테이프와 웜우드는 둘 다 악한 영이다. 높은 지위에 있는 악한 영이 자기 수하에 있는 악한 영한테 인간을 타락시키는 술책을 교육하는 지침서인 셈이다.

스크루테이프가 말한다. "네가 경계해야 할 것은 네가 맡고 있는 사람이 현재의 일들을 그리스도에게 순종할 기회로 삼는 것이다. 어떻게 해서든지 세상을 목적으로 만들고 믿음을 수단으로 삼게 해라. 그렇게만 된다면 그 사람은 우리 밥이 된 것이나 마찬가지다."

신앙이 목적일까, 수단일까? 신앙이 목적이면 세상이 수단이 되고, 신앙이 수단이면 세상이 목적이 된다. 스크루테이프가 가장 좋아하는 사람은 신앙을 수단 삼아서 세상을 얻으려는 사람이고, 가장 싫어하는 사람은 이 세상을 자기 신앙을 나타내는 기회로 삼는 사람이다. 아우구스티누스가 "하나님을 사랑하는 사람은 세상을 이용해서 하나님을 섬기고 세상을 사랑하는 사람은 하나님을 이용해서 세상을 섬긴다"라고 했는데, 그 말 그대로다.

이런 말도 한다. "인간은 노상 자기가 자기 인생의 주인이라고 주장하는데 천국에서 듣든지 지옥에서 듣든지 우습기 짝이 없는 소리다. 인간이 그런 우스운 소리를 계속 떠들게 하는 것이 우리 책무다."

자기가 자기의 주인이 될 수는 없다. 사람에게는 주인이 따로 있다. 그 사실을 인정한다면 우리 맘대로 세상을 살 것이 아니라 주인의 뜻대로 살아야 한다. 자기가 자기의 주인인 줄 아는 사람은 천국에서 보기에만 우스운 것이 아니라 지옥에서 보기에도 우습다고 한다. 그 사람의 주인은 사탄이기 때문이다.

이런 술책에 넘어가는 이유는 하나님을 알지 못하기 때문이다. 호세아 선지자가 "내 백성이 지식이 없으므로 망하는도다"라고 탄식했다. 물론 하나님을 아는 지식을 말한다. 이스라엘에게 하나님을 아는 지식이 없다는 것이 무슨 영문일까? 야고보 사도가 흩어져 있는 열두 지파에게 편지를 쓰면서 "네가 하나님은 한 분이신 줄을 믿느냐 잘하는도다 귀신들도 믿고 떠느니라"라고 했다. 하나님이 한 분이라는 사실 정도는 귀신들도 안다는 것이다. 그런 식으로 아는 것은 아는 것으로 치지 않는다.

군 복무 시절의 일이다. 간부 두 분이 돈 들어갈 데는 많은데 월급이 빠듯해서 살기 힘들다는 말을 주고받다가 뜬금없이 나한테 물었다. "강 일병, 돈이 뭔지 알아?" 두 분 다 계급이 상사였다. 한순간 질문을 못 알아듣고는 "예?" 하고 반문했더니 다른 분이 대답했다. "쟤 나이에 돈을 어떻게 알아? 아직 돈 몰라." 나는 대학 2학년을 마치고 휴학해서 군대 갔다. 그런데도 가족의 생계를 맡은 가장이 보기에는 돈을 모르는 나이였던 것이다.

히브리인들에게 아는 것은 정보의 영역이 아니라 체험의 영역이다. 하나님에 대해서 들은풍월이 있는 것은 하나님을 아는 것이 아니다. 하나님과 교제가 있어야 한다. 우리가 연예인을 아는 것은 아는 것이 아닌 것과 같다. 친구가 되든지, 가족이 되어서 같이 시간을 보내서 알아야 아는 것이다.

갈라디아교회 교인들이 전에는 하나님을 알지 못했다. 하나님 아닌 자들에게 종노릇하며 지냈다. 하지만 이제는 하나님을 안다. 우상의 종노릇할 적에는 인격적인 교제가 없었지만 이제는 그렇지 않다. 8절의 '그때'와 9절의 '이제'가 그런 대조를 보여준다.

요즘 군대는 참 좋아졌다고 한다. 내가 복무할 때만 해도 훈련병 시절에는 배가 고팠다. 구타나 얼차려가 공공연하게 있었다. 입대하고 10개월이 지나야 첫 휴가를 나왔고, 첫 휴가 전에는 외출이나 외박이 안 되었다. 부식도 형편없었다. 식단에는 아침 메뉴가 무두부찌개, 점심 메뉴가 무두부국으로 되어 있는데 둘이 똑같았다. 나는 지금도 찌개와 국의 구별이 궁금하다. 겨울에는 당연히 얼음을 깨서 머리를 감았고, 옷을 빨았다.

지금은 그때에 비하면 일단 복무 기간이 절반이다. 18개월밖에 안 된다. 입대하고 100일이면 휴가를 나온다. 내가 복무하던 시절에는 가족이나 친구한테 전화를 하는 것은 상상도 못했다. 지금은 일과 후에 핸드폰을 이용할 수 있다고 한다. 내가 병장 때 받은 월급이 4,600원이었는데 지금은 125만 원이라고 한다. 구체적으로 알지는 못하지만 내무반이나 복지 시설도 내가 복무하던 때와 비교가 안 될 것이다.

군에서 휴가 나온 대학생이 군 복무를 마친 복학생한테 이런 말을 한다고 가정해보자. 요즘 군대가 얼마나 좋아졌는지 입에 침이 마르게 설명할 수 있다. 듣는 사람은 부러워할 수도 있다. "와! 군대 정말 좋아졌네." 하고, 연신 감탄하며 그 말을 듣는다. 그런 사람한테 "그래서 다시 갈래?"라고 물으면 뭐라고 할까? 1초도 망설일 이유가 없다. 아무리 군대가 좋아졌다고 해도 다시 간다는 사람은 없다. '그때'와 '이제'가 그만큼 다르다.

갈라디아교회 교인들로 얘기해 볼까? 그때는 하나님을 알지 못했지만 이제는 하나님을 안다. 그 사실만으로도 그때로 돌아가지 말아야 할 이유가 충분한데 그 정도가 아니다. "이제는 너희가 하나님을 알 뿐 아니라 더욱이 하나님이 아신 바 되었거늘 어찌하여 다시 약하고 천박한 초등학문으로 돌아가서 다시 그들에게 종노릇하려 하느냐"라고 한다.

군에서 제대한 사람한테 다시 입대하겠느냐고 물으면 펄쩍 뛴다. 군대를 또 간다는 사람은 없다. 게다가 그것이 불가능한 이유가 따로 있다. 국방부에서 받아주지 않는다. 사병으로 제대한 사람이 다시 사병으로 입대할 방도는 없다.

갈라디아교회 교인들이 하나님을 아는 것이 전부가 아니라 하나님이 갈라디아교회 교인들을 아신다. "주 예수 내가 알기 전 날 먼저 사랑했네 그 크신 사랑 나타나 내 영혼 거듭났네"라는 찬송가 가사 그대로다. 그런데 그때로 돌아가려고 기웃거릴 이유가 있을까?

하나님을 알지 못하던 때는 하나님이 아닌 자들에게 종노릇했다. 하나님을 알게 된 다음에는 어떨까? 하나님께 종노릇해야 하는 것 아닐까? 하나님이 이 세상 주인이다. 우리가 하나님의 종인 것은 당연하다. 그런데 본문에는 그런 말이 없다. 하나님을 알지 못하는 것과 하나님을 아는 것을 대조하고 우상에게 종노릇하는 것과 하나님이 우리를 안다는 사실을 대조한다. 우리의 진정한 주인이 누구인지 밝히는 것에 관심을 두는 것이 아니라 우리의 변화된 신분을 말하는 것에 관심이 있기 때문이다. 전에는 우상에게 종노릇했지만 지금은 하나님과 교제를 나눈다.

지난 1993년에 방영한 드라마 〈제3공화국〉에서 윤필용 사건을 다룬 적이 있다. 윤필용은 박정희 대통령의 총애를 등에 업고 무소불위의 권력을 휘두르다가 당시 중앙정보부장인 이후락에게 "각하가 연로하셨으니 형님이 후계자가 되어야 합니다"라고 말한 사실이 박정희 대통령 귀에 들어가는 바람에 하루아침에 몰락한 사람이다. 박정희 대통령이 그 말을 쿠데타로 간주했다. 자기는 물러날 생각이 없는데 누가 감히 자기가 은퇴한 다음을 입에 올린단 말인가?

윤필용이 처음에는 사태의 심각성을 알지 못했다. 걱정하는 부하한테 호기롭게 말한다. "내가 각하를 알고 각하가 나를 아는데 뭐가 걱정이야?"

그런 호언장담과 달리 징역 15년형을 언도받고 수감되는 신세가 된다. 2년 만에 풀려나기는 했지만 그의 말은 일리가 있다. 자기가 박정희 대통령한테 충성심을 보이고 박정희 대통령이 그것을 인정해주면 자기 입지는 그것으로 탄탄하게 보장된다. 그런 경우에 자기한테 있는 충성심보다 박정희 대통령이 자기를 신임하는 것이 더 중요한데, 그 신임이 식은 것을 몰랐다.

갈라디아교회 교인들이 하나님을 안다. 하나님을 알지 못하던 때와 비교가 안 된다. 게다가 그보다 더 중요한 사실이 있다. 하나님이 갈라디아교회 교인들을 안다는 사실이다. 이제 와서 다시 우상에게 종노릇하는 것은 말이 되지 않는다.

4:10-11〉 너희가 날과 달과 절기와 해를 삼가 지키니 내가 너희를 위하여 수고한 것이 헛될까 두려워하노라

갈라디아교회 교인들이 우상에게 종노릇하는 일이 어떻게 나타날까? 걸핏하면 점쟁이를 찾던 사람이 잠깐 교회 다니다가 다시 점쟁이를 찾을 수 있다. 그러면 갈라디아교회 교인들은 다시 제우스를 섬겼을까?

그렇지 않다. 갈라디아서는 복음과 율법을 다루는 책이다. 갈라디아교회 교인들을 미혹하는 것이 우상이 아니라 율법이었다.

날을 지키는 것이 어떤 것이고 달을 지키는 것이 어떤 것이고 절기와 해를 지키는 것이 어떤 것인지 굳이 구별할 필요는 없다. 요컨대 율법을 지킨다는 것이다. 그러면 어떻게 되는가 하면, 여태까지 바울이 기울인 수고가 헛되게 된다.

"바울의 수고가 헛되면 안 된다. 바울을 위해서라도 율법을 지키는 일은 없어야 한다."라는 얘기가 아니다. 설마 바울이 자기가 생색내지 못하게 될까봐서 걱정하겠는가? 바울이 문제가 아니라 갈라디아교회 교인들이 문제다. 만일 바울의 수고가 헛된 것으로 결론 나면 갈라디아교회 교인들은 어떻게 된다는 뜻일까?

전도를 얘기할 때 종종 나오는 변명이 있다. "하나님이 해주셔야지, 제가 한다고 되는 게 아니잖아요."라는 변명이다. 맞는 말 같지만 적용이 잘못되었다. 전도를 했을 때 누군가 치하를 할 수 있다. "참 애쓰셨습니다"라고 하면 그때 "제가 했나요? 하나님이 하셨죠."라고 하는 것은 말이 맞다. 그런데 자기는 뒷짐 지고 앉아서 "하나님이 하셔야지, 제가 어떻게 합니까?"라고 하는 것은 잘못이다.

한 영혼을 구하는 막중한 일을 우리가 감당할 수는 없다. 우리가 무슨 능력으로 그런 일을 하겠는가? 하지만 그 영혼을 위해서 애태우는 것까지는 우리 책임이다. 바울이 그 책임을 감당하고 있다. 행여 자기가 그 일을 못하게 될까봐 노심초사하고 있다.

맹자가 이런 말을 했다. "뜻을 얻었을 때는 백성과 함께 그 길을 가고 그렇지 못하면 홀로 그 길을 간다. 부귀도 나를 흔들 수 없고 빈천도 나를 바꿀 수 없으며 위세와 무력도 나를 꺾을 수 없어야 비로소 대장부라고 하는 것이다."

맹자가 생각하는 대장부는 그렇다 치고, 신자는 어떨까? 신자는 할 수만 있으면 동행이 있어야 한다. 물론 아무리 힘쓰고 애써도 동행이 없을 수 있다. 그렇다면 어쩔 수 없이 홀로 그 길을 가야 하지만 그때의 마음은 절대 홀가분할 수 없다. "하나님이 동행을 안 주셨어요"는 더더욱 아니다. 바울이 자기가 수고한 것이 헛될까 두려워했던 것처럼 우리는 홀로 그 길을 가게 될까봐 두려워해야 한다.

우리가 하나님을 알고 하나님이 우리를 안다. 우리는 하나님과 교제를 누리는 사람들이다. 부귀도 우리를 흔들 수 없고 빈천도 우리를 바꿀 수 없으며, 위세와 무력도 우리를 꺾을 수 없다. 우리는 하나님으로만 영향을 받는다. 하나님 마음이 곧 우리 마음이다.

4:12〉 형제들아 내가 너희와 같이 되었은즉 너희도 나와 같이 되기를 구하노라 너희가 내게 해롭게 하지 아니하였느니라

갈라디아서는 상당히 무거운 분위기로 시작했다. 바울이 인사말을 하자마자 대뜸 "그리스도의 은혜로 너희를 부르신 이를 이같이 속히 떠나 다른 복음을 따르는 것을 내가 이상하게 여기노라"라고 했다. 어쩌면 "정신이 있는 거냐, 없는 거냐? 이 밥통들아!"라는 말을 보태고 싶었을 수도 있다. "누구든지 너희가 받은 것 외에 다른 복음을 전하면 저주를 받을지어다"라는 말도 했다. 갈라디아교회에 다른 복음을 전하는 사람이 있었고, 갈라디아교회 교인들은 다른 복음도 제대로 분별을 못하는 사람들이라는 뜻이다. "어리석도다 갈라디아 사람들아 예수 그리스도께서 십자가에 못 박히신 것이 너희 눈앞에 밝히 보이거늘 누가 너희를 꾀더냐"라는 말도 했다. 바울이 보는 갈라디아교회 교인들은 어리석은 사람들이고 허망한 것의 꾀임이나 받는 사람들이다.

　그러면 이어서 갈라디아교회 교인들이 무엇을 잘못 알고 있는지 설명해야 한다. 그래서 율법과 복음의 관계를 설명했다. 아브라함과 모세, 그리스도를 통해서 하나님의 약속이 어떻게 성취되었는지 얘기했다. 율법 아래 있는 사람과 그리스도 안에 있는 사람이 어떻게 다른지도 얘기했다.

　이런 말을 듣는 갈라디아교회 교인들의 마음이 어땠을까? 당연히 불편했을 것이다. 싫은 소리 듣고 흥겨울 사람은 없다. 그런 때문일까? 본문에서는 말투가 부드럽게 바뀐다. 앞에서 논리로 설득했다면 이제는 감성에 호소하는 것이다.

　우선 "형제들아 내가 너희와 같이 되었은즉 너희도 나와 같이 되기를 구하노라"라고 했다. "내가 여러분과 같이 있을 적에 여러분 입장을 이해하려고 노력했던 것을 안다면 여러분도 내 입장을 이해하려고 노력해주기 바랍니다"라는 뜻이다. 야단을 친 다음에 "널 미워해서 하는 말이 아니잖아. 잘되라고 하는 말이지."라고 할 수 있다. 그런 얘기와 비슷하다. 표현이 심한 것은 인정하지만 그런 표현을 쓴 심정을 헤아려 달라는 것이다.

　그럼 "너희가 내게 해롭게 하지 아니하였느니라"는 무슨 영문일까? 풀어서 말하면 "너희는 나한테 해를 끼쳤다고 여기겠지만 그렇지 않다"라는 뜻이다. 갈라디아교회 교인들이 왜 그런 생각을 하고 있을까?

　"내가 널 미워해서 하는 말이 아니잖아. 잘되라고 하는 말이지."라는 말 다음에 "네가 나를 해롭게 한 것도 아닌데 왜 미워하냐?"라고 할 수 있다. 그럼 애초에 화를 낸 것은 무슨 영문일까? "당신은 우리한테 화를 냈습니다. 우리가 당신한테 무엇을 해롭게 했기에 화를 낸 것입니까?"라고 하면 뭐라고 해야 할까? "여러분은 나를 해롭게 한 것이 아닙니다. 여러분 자신을 해롭게 한 것입니다."라고 할 수 있다.

어쩌면 바울은 "나한테 한 것만 얘기하면 여러분은 잘못한 게 없습니다. 오히려 은혜를 베풀었습니다."라는 말을 하고 싶었을 것이다.

4:13-14) 내가 처음에 육체의 약함으로 말미암아 너희에게 복음을 전한 것을 너희가 아는 바라 너희를 시험하는 것이 내 육체에 있으되 이것을 너희가 업신여기지도 아니하며 버리지도 아니하고 오직 나를 하나님의 천사와 같이 또는 그리스도 예수와 같이 영접하였도다

바울이 갈라디아 지역에서 병을 앓았던 모양이다. 다른 지역으로 가지 못하고 계속 머무를 수밖에 없었고, 그렇게 해서 갈라디아에서 복음을 전했다.

전도를 상당히 강조하는 교회에서 부교역자 생활을 한 친구가 있다. 출근해서 경건회를 마치면 바로 전도 나가는 것이 일과였다. 1년에 50명 정도는 꾸준히 전도했다고 들었다. 그러다가 상가 지하를 얻어서 개척을 했다. 부교역자 시절에도 매일 전도를 했으니 얼마나 열심히 전도를 했겠는가? 그런데 이상하게 단 한 명도 전도가 안 되었다. 한참 후에 이유를 깨달았다고 한다. 지금까지는 교회 위상이 한몫했는데 그게 없어진 것이다.

부교역자 시절에는 교회 이름만 대면 모르는 사람이 없었다. 안 그래도 가려고 했다는 사람을 만나기도 했다. 하지만 지난 이야기다. 이제는 교회 위치를 설명하는 것도 힘들다. "저쪽 사거리에서 오른쪽 길로 접어들면 편의점 있는데, 그 대각선 쪽에 있는 골목 세 번째 건물 지하예요."라고 하면 듣는 사람이 기억할까? 씁쓸하지만 엄연한 현실이다.

갈라디아 사람들한테는 그런 게 없었다. 병자가 복음을 전하는데도 그 복음을 영접했다. 기왕이면 매사에 부족함 없어 보이는 사람이 복음을 전해야 더 설득력 있지 않을까? 자기 한 몸 제대로 건사하지 못하는 사람이 전하는 복음을 어떻게 믿을까?

바울이 어떤 병을 앓았는지는 모른다. 안질이었을 것이라는 얘기도 있고, 간질이었을 것이라는 얘기도 있고, 말라리아였을 것이라는 얘기도 있는데 우리가 알 재간은 없다. 성경이 말하지 않는 것을 굳이 알아야 하는 것도 아니다. 어쨌든 갈라디아 사람들을 시험하는 것이 바울의 육체에 있었다고 한다.

욥이 하루아침에 재산을 다 잃었다. 아들 일곱과 딸 셋도 한꺼번에 잃고 자기는 발바닥에서 정수리까지 종기가 나서 고통받는 신세가 된다. 욥의 친구들이 찾아와서 "네가 이렇게 된 것은 하나님께 죄를 지었기 때문이다. 빨리 회개해라."라고 했다. 욥을 괴롭히려고 그렇게 한 것이 아니다. 욥의 소식을 듣고 먼 지역에서 일부러 찾아온 친구들이다. 그런데도 그런 말을 한 것은 그것이 당시 사람들의 보편적인 인식이었기 때문이다. 죄가 있으니까 이런 변고가 있지, 안 그러면 왜 이런 일이 닥치느냐는 것이다.

그런 욥이 다른 사람에게 하나님을 잘 섬기라고 하면 귀담아들을 사람이 있을까? 욥이 살던 시대는 워낙 옛날이어서 그렇다고 치부하지 말자. 요즘도 집에 우환이 있으면 하나님께 벌을 받아서 그런 모양이라는 사람이 있다. 그렇게 생각하는 것이 사람의 본성이다.

하물며 바울 시대라면 말할 것도 없다. 사도면 사도답게 주변에 있는 병자도 일으켜야 한다. 그런 다음에 복음을 전하면 얼마나 힘이 있겠는가? 어떻게 된 영문인지 바울은 자기가 병자였다. 무슨 사도가 저 모양이냐고 수군거릴 수 있는 상황이다.

갈라디아 사람들은 그런 것을 전혀 문제 삼지 않았다. 바울을 업신여기거나 버린 것이 아니라 오히려 하나님의 천사처럼, 혹은 그리스도 예수처럼 영접했다.

만일 문제 삼았으면 어떻게 되었을까? 바울을 업신여기거나 외면한다고 해서 욕먹을 일은 아니다. 그것이 일반적인 처신이다. 바울을 업신여기지도 않고 외면하지도 않으면 그것으로 칭찬 들을 일이다. 그런데 한술 더 떠서 바울을 하나님의 천사처럼, 혹은 그리스도 예수처럼 영접했다. 기독교적 가치관에 따라 처신했다는 뜻이다. 그들이 바울을 만났을 때 그들 안에 이미 성령님이 역사하고 있었다.

4:15) 너희의 복이 지금 어디 있느냐 내가 너희에게 증언하노니 너희가 할 수만 있었더라면 너희의 눈이라도 빼어 나에게 주었으리라

지금은 어떻게 된 영문일까? 그렇다고 해서 "그때는 대접이 극진했는데 요즘은 왜 소홀해진 거냐?"라고 묻는 것이 아니다. "너희의 복이 지금 어디 있느냐?"라고 물었다. 바울을 영접한 것을 복으로 얘기한다. 바울을 위해서 눈이라도 빼어줄 것처럼 처신한 것이 그들의 복이었다는 것이다.

신학을 하기 전, 주의 종을 잘 섬기면 복을 받는다는 말을 숱하게 들었다. 들을 때마다 기독교를 너무 저급하게 말하는 것 같아서 언짢았던 기억이 있다. 예수를 믿는 사람은 누구나 주의 종이다. 대접받는 일을 맡은 주의 종이 따로 있고, 대접하는 일을 맡은 주의 종이 따로 있는 것이 아니다. 게다가 그렇게 해서 받는다는 복이 어떤 복일까?

닭한테 생일이 있으면 언제일까? 달걀로 태어난 날이 생일일까, 병아리로 태어난 날이 생일일까? 예수님이 니고데모한테 거듭나야 한다고 했다. 이를 테면 닭이 두 번 태어나는 것과 같다. 달걀한테도 생명이 있기는 하지만 너무 제한적이다. 자기가 지음받은 원래의 삶을 살리려면 일단 부화해야 한다.

우리가 정말로 거듭났을까? 정말 거듭났으면 달걀이 병아리를 이해하지 못하는 것처럼 세상 사람들이 이해하지 못하는 면모가 있어야 한다. 병아리의 관심과 달걀의 관심이 다를 수밖에 없듯이 우리의 관심과 세상 사람들의 관심도 그렇다.

사람들은 해가 바뀔 때마다 새해 복 많이 받으라는 인사를 한다. 주의 종을 잘 섬기면 복을 받는다고 할 때의 복과 어떤 차이가 있을까? 혹시 복이 오는 통로만 다르고 내용이 동일하다면 우리와 세상 사람의 차이가 무엇일까? 진지하게 고민해 보자. 그런 복이 성경에 나올까? 복이라는 단어는 나온다. 그 복이 세상 사람들이 기대하는 복과 같은 복이면 예수님이 왜 십자가에 달리셨을까?

당장 "너희의 복이 지금 어디 있느냐?"라는 바울의 말이 무색하게 된다. 갈라디아교회 교인들은 한때 복을 누리던 사람들이다. 그런데 지금은 그 복을 누리지 못하고 있다. 그때와 지금의 차이가 무엇일까?

그때는 바울을 영접했다. 즉 기독교적 가치관에 따라 처신했다. 그런데 지금은 율법을 기웃거린다. 결국 그리스도와 연결되어 있는지 여부로 복을 말하는 것이다. 그리스도와 연결된 것이 복이다.

국어사전에서 '잘살다'를 찾으면 "부유하게 살다"라고 설명되어 있고 '못살다'를 찾으면 "가난하게 살다"라고 설명되어 있다. 돈이 많으면 잘사는 것이고 돈이 없으면 못사는 것이다. 그런 법이 어디 있을까? 사람은 본래 하나님의 영광을 위해서 지음받았다. 하나님의 영광을 위해서 사는 것이 잘사는 것이고, 하나님의 영광에 위배되게 사는 것이 못사는 것이다.

어쩔 수 없다. 세상 풍조가 그런 것을 어떻게 할까? 세상에서는 모든 것을 돈으로 따진다. 아무리 삶이 엉망이어도 돈이 많으면 잘산다고 하고, 아무리 삶이 훌륭해도 돈이 없으면 못산다고 한다. 우리가 그런 세상을 살고 있다. 그러니 교회 안에서라도 정신 차려야 한다. 우리끼리 있을 때라도 어떻게 사는 것이 잘사는 것이고, 어떻게 사는 것이 못사는 것인지 바로 따져야 한다.

복도 마찬가지다. 세상에서는 모든 것을 돈으로 따지기 때문에 돈이 복인지 복이 돈인지 구별을 못한다. 우리는 다르다. 그리스도와 연결된 것이 복이다. 갈라디아교회 교인들이 한때 그런 복을 누렸다.

4:16-18〉 그런즉 내가 너희에게 참된 말을 하므로 원수가 되었느냐 그들이 너희에게 대하여 열심 내는 것은 좋은 뜻이 아니요 오직 너희를 이간시켜 너희로 그들에게 대하여 열심을 내게 하려 함이라 좋은 일에 대하여 열심으로 사모함을 받음은 내가 너희를 대하였을 때뿐 아니라 언제든지 좋으니라

바울은 갈라디아교회 교인들을 매섭게 질타한 것을 인정한다. 그렇다고 해서 원수처럼 대한 것이 아니다. 바울이 심한 말을 한 것은 진리를 가르치려는 열심 때문이다. 거짓 형제들은 다르다. 그들은 심한 말을 할 이유가 없다.

주말부부로 지내는 사람이 있었다. 혼자 지내는 것이 무료하던 중에 누군가로부터 성경 공부를 하자는 제안을 들었다. 이단이 아닌가 싶어서 꺼림칙한 마음은 있었지만 미혹되지 않으면 그만이다 싶어서 수락했다. 그런데 그만 이단에 빠지고 말았다. 그 사람 스스로 말한다. "나도 이단인 걸 안다. 그래도 좋은 것을 어떻게 하느냐?" 이단이라도 좋다고 하니 이 노릇을 어떻게 할까? 그나저나 그렇게 되기까지 그 이단 집단에서 그를 어떻게 대했을까?

바울이 그런 말을 하고 있다. 얼마나 잘해주느냐가 문제가 아니다. 왜 그렇게 하는지 알아야 한다. 뒤집어서 적용할 수도 있다. 말을 얼마나 매섭게 하는지만 따지면 안 된다. 그렇게 해서 원하는 것이 무엇인지에 주목할 수 있어야 한다.

얼마 전에 총선이 있었다. 후보들이 저마다 상대방은 국회의원이 되기에 부적합한 사람이고 자기는 적합한 사람인 것처럼 얘기했다. 바울이 그런 식으로 "여러분은 다른 사람한테 배우면 안 됩니다. 무조건 나한테 배워야 합니다."라고 하는 것이 아니다.

그들이 좋은 뜻으로 갈라디아교회 교인들한테 열심을 낸다면 무슨 문제가 있겠는가? 그런 일이라면 바울이 함께 있을 때뿐 아니라 언제든지 환영이다. 그런데 그게 아니다. 그들은 갈라디아교회 교인들을 자기 사람으로 만들려고 열심을 내는 것이다.

지혜로운 사람의 책망을 듣는 것이 우매한 자들의 노래를 듣는 것보다 나으니라

(전 7:5)

메시지보다 메신저가 더 중요한 법이다. 어느 집에서나 애한테 모르는 사람이 사탕을 사 준다고 하면 절대 따라가지 말라는 말을 한다. 사탕을 사 준다는 메시지가 아무리 듣기 좋아도 메신저가 어떤 사람인지 모르기 때문이다.

책망하는 말보다는 감미로운 노래가 훨씬 듣기 좋다. 하지만 그보다 더 중요한 문제가 따로 있다. 그 책망이나 노래가 누구로 말미암았는가 하는 것

이다. 성경은 여호와를 경외하는 것이 지혜의 근본이라고 한다. 즉 지혜로운 사람은 똑똑한 사람이 아니라 여호와를 경외하는 사람을 말한다. 그런 사람의 책망이라면 당연히 달게 들어야 한다. 자기 신앙에 도움 되는 말이 분명하다. 반대로 우매한 자는 하나님과 관계없는 사람이다. 그런 사람이 하는 말이라면 아무리 듣기 좋은 말이라도 안 듣는 게 낫다.

4:19) 나의 자녀들아 너희 속에 그리스도의 형상을 이루기까지 다시 너희를 위하여 해산하는 수고를 하노니

바울의 관심은 갈라디아교회 교인들 속에 그리스도의 형상을 이루는 것이다. 그 일을 위해서 다시 해산하는 수고를 한다. 전에도 해산하는 수고를 한 적이 있다는 뜻이다. 그들이 그리스도를 영접할 때를 말한다. 그런데 거짓 형제의 가르침에 미혹되는 바람에 그 수고를 다시 반복하는 것이다.

사람은 본래 하나님의 형상대로 지음받았다. 그런데 아담, 하와의 범죄 때문에 그 형상이 훼손되었다. 하나님이 아브라함을 부르신 이유가 훼손된 하나님의 형상을 복구하기 위해서다. 그 일이 그리스도 안에서 이루어졌다.

미국 휴스턴에 평화를 위해 봉헌된 예배당이 있다. 도미니크 드 메닐이 지은 로스코 예배당이다. 도미니크의 딸이 어머니를 추억하며 한 이야기가 있다. 세상을 떠나기 이틀 전, 어머니가 딸의 귀에 대고 속삭이듯이 말했다. "하나님은 우리가 그분을 창조하기를 기다린단다."

우리가 하나님의 피조물이다. 하지만 모든 사람이 하나님의 피조물로 살지는 않는다. 하나님이 어디 있느냐는 사람도 있고, 하나님이 있다고 하면서 없는 것처럼 사는 사람도 있다. 하나님을 하나님으로 인정하는 사람은 극히 드물다. 그런 사람이 자기 안에 하나님을 창조한 사람이다. 창세기에 나온 표현을 빌리면 하나님의 형상을 회복한 사람이고, 바울의 표현대로 하면 그리스도의 형상을 이룬 사람이다. 바울의 관심이 오직 거기에 있었다. 갈라디아 사람들로 하여금 온전한 신자가 되게 하는 것이다.

4:20〉 내가 이제라도 너희와 함께 있어 내 언성을 높이려 함은 너희에 대하여 의혹이 있음이라

문제는 바울이 갈라디아교회 교인들과 같이 있는 것이 아니라는 사실이다. 할 수 있는 일이라고는 편지를 보내는 것이 고작이다. 글은 말과 다르다. 대면해서 말할 적에는 상대방의 반응을 살피면서 완급을 조절할 수 있다. 오해하는 기미가 있으면 보충 설명을 할 수도 있다. 반면 글에는 말투나 표정이 나타나지 않기 때문에 뜻이 왜곡되어 전달될 소지가 있다.

바울한테 이런 조바심이 있다. 〈표준새번역성경〉에는 "이제라도 내가 여러분을 만나 어조를 바꾸어서 이야기를 나눌 수 있다면 좋겠습니다. 나는 여러분의 일을 어떻게 하면 좋을지 당황하고 있습니다."라고 번역되어 있다.

어떻게 하면 좋을까? 애타는 마음은 있는데 할 수 있는 것이 없다. 편지 한 장 보내 놓고 처분만 기다리는 격이다. 남은 것은 갈라디아교회 교인들의 반응이다. 그들이 어떻게 반응했을까? 바울 얘기에 귀를 기울이면 매섭게 질타하는 말을 또 들어야 한다. 하지만 바울 얘기를 거부하고 거짓 교사들의 친절한 말을 들을 수도 있다.

갈라디아교회 교인들이 어떻게 반응했는지는 문제가 안 된다. 우리가 하나님의 말씀에 어떻게 반응하는지가 문제다. 우리는 들어야 할 말을 듣고 있을까, 듣고 싶은 말을 듣고 있을까? 하나님 말씀을 기준으로 우리를 고치고 있을까, 우리를 기준으로 하나님 말씀을 고치고 있을까?

사람은 아무 말이나 듣지 않는다. 자기가 듣고 싶은 말을 듣는다. 결국 어떤 말을 듣고 싶어 하는지가 그 사람의 수준을 말해준다. 우리는 오직 하나님 말씀을 들어야 하는 사람들이다. 우리가 듣는 말씀이 우리의 정체성이다. 우리 역시 해산하는 수고로 우리를 다시 빚어 만들어야 한다.

4:21〉 내게 말하라 율법 아래에 있고자 하는 자들아 율법을 듣지 못하였느냐

어떤 사람이 있다. 예수를 믿는다고 하면서도 세상 친구를 따라서 점을 보러 다닌다. 옆에서 당연히 만류한다. 금방 알아들으면 다행이지만 점에 매료된 사람이라면 한두 번 얘기한 것으로 들을 리가 만무하다. 그런 경우에 혹시 점쟁이가 "당신은 예수를 믿어야 할 팔자입니다"라고 하면 어떻게 될까? 옆에서 만류하는 것보다 훨씬 설득력 있을 것이다.

바울이 지금까지 율법과 복음의 관계를 설명했다. 우리한테는 별로 어려울 것이 없다. 분별력이 뛰어나기 때문이 아니라 율법에 애착을 가져본 적이 없기 때문이다.

갈라디아교회 교인들은 다르다. 그들 중에는 복음만으로는 부족하고 율법을 지켜야 한다는 말에 고개를 끄덕이는 사람도 있었다. 그런 사람들이 금방 말귀를 알아들었을까? 제일 좋은 방법은 율법으로 복음을 설명하는 것이다.

본문이 그런 얘기다. "율법 아래 있는 자들"이라고 하지 않고 "율법 아래 있고자 하는 자들"이라고 했다. 수동적으로 율법을 지키는 것이 아니라 율법에 호감을 느끼는 사람들을 말한다. "율법이 그렇게 좋다니 한번 대답해 보십시오. 율법에 뭐라고 되어 있습니까?'라는 뜻이다.

4:22-26〉 기록된바 아브라함에게 두 아들이 있으니 하나는 여종에게서, 하나는 자유 있는 여자에게서 났다 하였으며 여종에게서는 육체를 따라 났고 자유 있는 여자에게서는 약속으로 말미암았느니라 이것은 비유니 이 여자들은 두 언약이라 하나는 시내산으로부터 종을 낳은 자니 곧 하갈이라 이 하갈은 아라비아에 있는 시내산으로서 지금 있는 예루살렘과 같은 곳이니 그가 그 자녀들과 더불어 종노릇하고 오직 위에 있는 예루살렘은 자유자니 곧 우리 어머니라

이스마엘의 어머니는 하갈이고 이삭의 어머니는 사라다. 그런데 이름을 말하지 않고 여종과 자유 있는 여자라고 한다. 이름보다 신분에 더 관심이 있기 때문이다.

바울의 논지는 이렇다. "여러분은 복음을 버리고 율법을 택했습니다. 율법이 그렇게 좋다니, 그 율법에 대해서 한마디 하겠습니다. 율법을 잘 살펴보십시오. 아브라함이 두 아들을 뒀습니다. 하갈이 낳은 이스마엘과 사라가 낳은 이삭입니다. 둘 다 똑같이 아브라함의 아들이지만 차이가 있습니다. 한 아들의 어머니는 여종이고, 한 아들의 어머니는 자유 있는 여자였습니다. 여종에게서 태어난 이스마엘은 육체를 따라 태어났습니다. 약속이 없었습니다. 자유 있는 여자에게서 태어난 이삭은 다릅니다. 약속을 따라 태어났기 때문입니다."

어쩌면 이런 말이 마음에 들지 않을 수 있다. 창세기에 나오는 사라와 하갈의 행적을 보면 사라가 잘한 것이 없기 때문이다. 오히려 하갈이 무고한 피해자일 수 있다. 그래서 "이것은 비유니 이 여자들은 두 언약이라…"라고 했다. 사라와 하갈의 처신을 말하는 것이 아니다. 단지 은혜와 행위에 대한 비유로 인용하는 것이다.

하갈이 이스마엘을 낳은 것은 육체에 속한 일이다. 아브라함의 정자와 하갈의 난자가 만나서 이루어졌다. 이삭은 다르다. 하나님이 이삭의 출생을 약속했다. 아브라함 백 세, 사라 구십 세에 이삭을 낳았다. 당시 사라는 폐경인 상태였다. 사람의 능력으로 낳은 것이 아니라는 뜻이다. 어쩌면 유대인들한테는 자긍심의 근간이었을 것이다. 자기들은 그런 이삭의 후손이다.

바울이 전혀 다른 말을 한다. 시내산에서 종을 낳은 자가 하갈이라는 것이다. 하갈이 어떻게 시내산과 연결될까? 공교롭게도 아랍어로 하갈이 시내산의 이름이다. 그 시내산이 예루살렘과 같은 곳이라고 한다. 시내산이나 예루살렘은 물론 율법의 상징이다.

유대인들은 어떻게 되는 것일까? 이삭의 후손일까, 이스마엘의 후손일까? 그들은 시내산에서 율법을 받은 것을 자랑할 것이다. 바울은 그것이 종의 증거라고 한다.

앞에서 율법과 복음의 차이를 말하면서, 유업을 이을 자가 모든 것의 주인이나 어렸을 동안에는 종과 다름이 없다고 했다. 복음이 상속권이 있는 아들이면 율법은 종이다. 하갈이 아브라함의 아들을 낳았지만 상속자가 아닌 종이었던 것처럼 시내산도 그렇다. 그 시내산은 지금의 예루살렘과 연결된 곳이다. 예루살렘에 매여 있으면 종의 신세를 벗어날 수 없다.

진짜 예루살렘은 따로 있다. 그 얘기를 "오직 위에 있는 예루살렘은 자유자니 곧 우리 어머니라"라고 한다. 천국을 말하는 것이 아니다. 교회를 말하는 것이다. 온 세상에 흩어져 있는 그리스도인들이 위에 있는 예루살렘이다.

하갈은 종이었지만 위에 있는 예루살렘은 자유자이고 우리 어머니다. 그

어머니가 약속을 따라 우리를 낳았다. 이 세상 방식으로 출생하지 않고 하나님의 은혜로 출생했다. 땅에 있는 예루살렘이 회당이라면 위에 있는 예루살렘은 교회다. 유대교와 기독교, 율법과 복음의 차이를 선명하게 드러낸다.

4:27〉 기록된바 잉태하지 못한 자여 즐거워하라 산고를 모르는 자여 소리 질러 외치라 이는 홀로 사는 자의 자녀가 남편 있는 자의 자녀보다 많음이라 하였으니

바울은 자기가 이런 말을 하는 근거를 이사야에서 찾는다. 사 54:1에서 "잉태하지 못하며 출산하지 못한 너는 노래할지어다 산고를 겪지 못한 너는 외쳐 노래할지어다 이는 홀로 된 여인의 자식이 남편 있는 자의 자식보다 많음이라 여호와께서 말씀하셨느니라"라고 했는데, 사라와 하갈이 그렇다는 것이다.

고대 사회에서 여성은 인권이 없었다. 후사를 잇는 것이 존재 의의였다. 우리나라도 여자가 아들을 낳지 못하는 것은 칠거지악에 해당했다. 자식을 낳지 못하는 여자한테 노래할 일이 무엇이 있을까? 있는 것은 눈물과 한숨뿐이다. 그런데도 노래하라고 한다. 홀로 된 여인의 자식이 남편 있는 자의 자식보다 많다는 것이다.

이 예언은 바벨론에서 포로 생활을 하는 유대인들에게 주어진 말씀이다. 아브라함 시대로부터는 1,200년 후였고, 바울 시대로부터는 600년 전이었다. 나라는 망했고 성전은 불에 탔다. 그리고 자기들은 낯선 땅에 포로로 끌려와 있다. 무슨 소망이 있을까? 그런 상황에서 하나님께서 말씀하신다. "너희들은 능력이 없다. 그래서 내가 은혜를 베풀겠다. 자기가 능력이 있다고 생각하는 사람들은 스스로 힘을 뻗으려고 하겠지만 너희한테는 내가 힘이 되어주겠다. 그 결과가 이제 곧 확연하게 드러날 것이다."

사라와 하갈한테 고스란히 적용된다. 하갈은 출산 능력이 있었고, 사라는 출산 능력이 없었다. 출산 능력이 있는 하갈에게는 출산과 관련해서 아무런 언질이 없었다. 하갈 역시 자신의 출산을 걱정하지 않았을 것이다. 사라는 다르다. 하나님이 직접 약속하셨다. 하나님은 출산 능력이 없는 사라를 통해서 하나님께서 하시는 일을 나타내기로 하셨다.

백 살인 남자와 아흔 살인 여자 사이에서 자식이 태어날 확률이 얼마나 될까? 게다가 여자는 이미 폐경이었다. 그런 둘 사이에서 약속에 따른 아들 이삭이 태어난 것이다.

더 놀라운 일이 따로 있다. 그렇게 태어난 이삭이 그리스도와 연결된다는 사실이다. 이삭의 출생이 아무리 엄청난 사건이라도 그리스도와 연결되지 않으면 무슨 의미가 있겠는가? 이삭의 출생을 놓고 "아버지가 백 살이었고 어머니가 구십 살이었다"라는 사실만 얘기하는 것은 섣부른 단견이다. 그리스도와 연결된다는 사실에 주목해야 한다.

하나님이 그 일을 위해서 또 한 여자를 준비하신다. 이번에도 임신, 출산에 대해서 철저하게 무능한 여자였다. 사라가 폐경이어서 무능했다면 이번에는 처녀여서 무능했다. 아예 가능성이 없었다. 바로 그의 아들을 통해서 세상 모든 민족이 복을 받게 되었다. 하나님이 아브라함과 사라한테 약속하신 그대로다.

4:28〉 형제들아 너희는 이삭과 같이 약속의 자녀라

뭔가 억지 같지 않은가? 아브라함이 하갈과의 사이에서 이스마엘을 낳고 사라와의 사이에서 이삭을 낳은 것도 맞고, 이스마엘이 약속 없이 태어난 반면 이삭은 약속에 따라 태어난 것도 맞다. 아브라함의 유업을 이스마엘이 아닌 이삭이 상속한 것도 맞다. 그렇다고 해서 이스마엘은 율법을 상징하고 이삭은 복음을 상징한다고 단언할 수 있을까? 유대인들이 들으면 "무슨 소리야? 율법을 모르는 이방인들이 이스마엘의 후손이고 우리가 이삭의 후손이지."라고 하지 않을까?

"장님 코끼리 만지기"라는 말이 있다. 일부분밖에 모르면서 전체를 안다고 자신하는 어리석음을 꼬집는 말이다. 장님이 코끼리를 만지면 만진 부위에 따라서 다른 말을 할 것이기 때문이다. 단, 전제가 있다. 그 말을 하는 사람은 코끼리 전체를 보고 있어야 한다. 그러면 다른 사람은 다 장님이라고 하면서 자기는 장님이 아니라고 어떻게 단언할까? "장님 코끼리 만지기"라고, 먼저 말하는 사람은 저절로 장님이 아닌 사람이 되는 것일까?

바울의 말이 그런 식 같다. "형제들아 너희는 이삭과 같이 약속의 자녀라"라고 했는데, 이 말을 거짓 형제들이 먼저 하면 어떻게 될까? 자기들처럼 율법을 지키는 사람은 이삭과 같은 약속의 자녀이고, 율법을 모르는 이방인은 이스마엘과 같은 종이라고 하면 뭐라고 반박해야 할까?

바울이 창세기의 기록을 인용하는 초점은 자녀의 신분에 있지 않다. 이삭이나 이스마엘이나 아들이기는 마찬가지다. 중요한 것은 누가 상속자가 되느냐 하는 것인데, 육체를 따라 태어난 아들은 추방당하고 약속을 따라 태어난 아들이 상속자가 되었다. 앞에서 "이는 그리스도 예수 안에서 아브라함의 복이 이방인에게 미치게 하고 또 우리로 하여금 믿음으로 말미암아 성령의 약속을 받게 하려 함이라"라고 했다. 약속을 받고 태어난 아들이 상속자인 것처럼 성령을 받아야 상속자가 된다. "너희가 성령을 받은 것이 율법의 행위로냐 혹은 듣고 믿음으로냐"라는 말도 했다. 갈라디아교회 교인들은 성령을 받았다. 하나님의 약속에 의해 태어난 이삭과 같다. 육체를 따라 태어난 이스마엘과 전혀 다르다.

4:29-31〉 그러나 그때에 육체를 따라 난 자가 성령을 따라 난 자를 박해한 것 같이 이제도 그러하도다 그러나 성경이 무엇을 말하느냐 여종과 그 아들을 내쫓으라 여종의 아들이 자유 있는 여자의 아들과 더불어 유업을 얻지 못하리라 하였느니라 그런즉 형제들아 우리는 여종의 자녀가 아니요 자유 있는 여자의 자녀니라

이삭이 젖을 뗄 때가 되었다. 요즘은 이유식이 발달해서 젖 떼는 시기가 상당히 빨라졌다. 구약 시대에는 일러도 서너 살, 보통 대여섯 살에 젖을 떼곤 했다.

이삭이 젖을 떼는 날, 아브라함이 잔치를 베풀었다. 그 자리에서 이스마엘이 이삭을 희롱하는 일이 벌어졌다. 그날 하루만 그랬을까? 둘은 열세 살 차이다. 이스마엘이 마음만 먹으면 얼마든지 이삭을 가지고 놀 수 있었다. 바울에 따르면 그런 일이 지금도 있다고 한다. 그때에 육체를 따라 난 자가 성령을 따라 난 자를 박해한 것같이 이제도 그러하다는 것이다.

지난 1999년에 MBC에서 드라마 〈허준〉을 방영했다. 유의태를 스승으로 모시고 의술을 연마하던 허준이 과거를 보러 간다. 유의태의 아들인 유도지도 과거를 보러 간다. 중간에 주막에 들었는데 과거를 보러 가는 다른 의원들도 더러 묵었다. 늦은 밤에 옆 마을에 사는 부부가 주막으로 찾아온다. 아버지가 병중인데 의원들이 묵었다는 소식을 듣고 왕진을 부탁하러 온 것이었다. 하지만 선뜻 응하는 의원이 없었다. 날이 밝으면 한양으로 길을 재촉해야 하니 난감하기도 했을 것이다. 허준이 그 부부를 따라나선다. 잠깐 병을 돌보고 부지런히 서두르면 충분하다고 생각한 것이다.

문제가 생긴다. 소문을 들은 마을 사람들이 계속 찾아오는 것이었다. 얼른 과거 보러 가야 하는데 어떻게 한단 말인가? 그렇다고 해서 병자들을 돌보지 않을 수도 없다. 나중에 말을 구해서 부랴부랴 달려가지만 과장(科場) 문은 이미 닫힌 다음이었다. 애꿎은 대문만 두드리다 돌아서야 했다.

유도지는 급제했다. 유도지가 허준에게 술을 권하며 말한다. "자네는 무엇이 중하고 무엇이 경한지 알아야 하네. 자네는 그들을 따라가서 병자를 살피는 일을 중하게 생각했지만 그게 그렇지가 않아. 사소한 일에 마음을 쓰면 중요한 일을 못하는 법이지."

〈허준〉은 역대 최고 시청률 4위에 오른 드라마다. 최고 시청률이 63.5%였다. 평균 시청률 53%로 2000년 이후 현재까지 방영된 드라마 가운데 유일하게 평균 시청률 50%을 넘긴 기록을 가지고 있다. 당시 그 장면을 시청한 사람 중에 유도지의 말을 옳게 여긴 사람이 있었을까? 전부 혀를 찼을 것이다. 세상은 유도지처럼 살면 안 되고 허준처럼 살아야 한다고 생각했을 것이다.

그렇다면 TV를 보면서 혀를 차는 것으로 그치면 안 된다. 실제 삶에 접목할 수 있어야 한다. 틀린 사람 목소리가 더 큰 폐단이 왕왕 있는 것이 현실이다. 억울해서 어떻게 하느냐고 물을 것 없다. 설마 그처럼 왜곡된 현실이 마냥 지속되겠는가? 이스마엘이 이삭을 희롱하며 지낸 기간도 기껏해야 5-6년에 불과했다. "그러나 성경이 무엇을 말하느냐 여종과 그 아들을 내쫓으라 여종의 아들이 자유 있는 여자의 아들과 더불어 유업을 얻지 못하리라 하였느니라"라고 한 그대로다.

유대인들이 아무리 자기들이 진짜라고 우겨도 소용없다. 갈라디아교회 교인들로 말하면, 복음과 율법 사이에서 갈등할 이유가 없다. 이 얘기를 우리한테 적용하면 어떻게 될까? 주변에서는 늘 우리한테 그렇게 살면 안 된다고 타박한다. 하지만 우리는 정답을 아는 사람들이다. 세상에서는 목소리 큰 사람이 이기지만 항상 그런 것이 아니다. 때가 되면 확연히 드러난다.

나는 SNS를 한다. 주로 설교 원고에서 적당한 부분을 발췌해서 올리곤 한다. 나와 소통하는 분은 전부 신자다. 그런데 간혹 불신자가 내 글을 읽기도 하는 모양이다. 어떤 분이 댓글을 달았다. 반말로 댓글을 단 것을 보니 내 글이 아주 마음에 안 들었던 모양이다. "우리는 자본주의 세상을 살고 있다. 자본주의 사회에서 종교의 역할이 무엇인지 알아야 할 것이다. 목사가 세상을 모르는 것은 죄악이다."

답글을 달아 봐야 말이 통하지 않을 것이 뻔해서 그냥 넘어갔다. 신앙도 자본주의에 복종해야 한다는 사람과 신앙은 자본주의를 초월해야 한다는 사람이 무슨 말을 하겠는가?

불신자와 우리는 서로 다른 신분으로 세상을 사는 것이 분명하다. 지금은 같은 세상을 살지만 때가 되면 극명하게 갈라질 것이다. 이 사실을 바로 알아야 한다. 그 얘기를 "그런즉 형제들아 우리는 여종의 자녀가 아니요 자유 있는 여자의 자녀니라"라고 한다. 30절과 연결하면 "그런즉 형제들아 우리는 유업을 이을 자임을 명심할지니라"라고 하는 것이 어울릴 것 같다. 그런데 "자유 있는 여자의 자녀"라고 한다. 이어지는 5:1에서 자유를 말하기 때문이다. 우리는 종이 아니다. 유업을 이을 상속자다. 유업을 잇는 것을 자유로 얘기한다.

우리한테 어떤 자유가 있을까? 불신자들은 누리지 못하고 우리만 누리는 자유가 어떤 것일까? 옛날 유대인들은 율법에 억압되어 있으면서도 그것이 억압인 줄 몰랐다. 지금은 사람들이 무엇에 억압되어 있으면서도 그것을 모를까? 우리한테는 그들과 다른 어떤 점이 있을까?

에이든 토저 목사가 그의 책 〈세상과 충돌하라〉에서 한때는 교회가 세상을 향해 "은과 금은 내게 없거니와 내게 있는 이것을 네게 주노니 나사렛 예수 그리스도의 이름으로 일어나 걸으라"라고 말했는데 요즘은 "제발 우리를 이상한 사람으로 취급하지 마십시오. 우리는 예수님을 믿는다는 사실 말고는 모든 면에서 당신들과 똑같습니다."라고 말한다고 꼬집었다. 교회가 세상과 충돌해야 하는데 자진해서 같은 방향으로 간다는 것이다. 세상과 달라야 할 교회가 오히려 세상과 다르게 보일까봐 노심초사하면 어떻게 하자는 얘기일까?

우리가 정말로 자유 있는 여자의 자녀일까? 그렇다면 세상 눈치를 볼 이유가 없다. 세상과 다르게 사는 것이 우리의 정체성이다. 우리는 세상과 더불어 나눌 유업이 없다. 우리는 노는 물이 달라진 사람들이다.

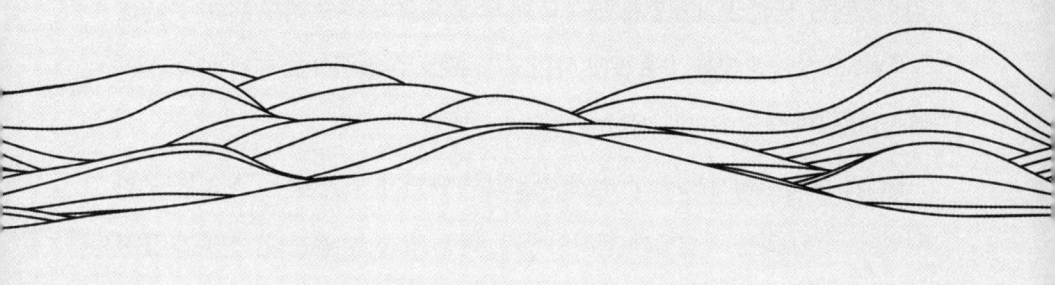

5장 자유의 멍에

5:1) 그리스도께서 우리를 자유롭게 하려고 자유를 주셨으니 그러므로 굳건하게 서서 다시는 종의 멍에를 메지 말라

예수님이 우리를 구원하시려고 세상에 오셨다. 예수님이 오신 것을 기준으로 우리가 죄인인지, 죄에서 구원 얻었는지가 구분된다. 본문은 그 구원을 자유로 얘기한다. 왜 하필 자유일까? 의나 영생, 거룩, 빛, 진리, 생명 등 바꿔 말할 수 있는 단어가 얼마든지 있는데 굳이 자유를 말하는 것은 갈라디아서가 율법과 복음을 대조하는 책이기 때문이다. 예수님을 기준으로 율법 아래 있던 사람들이 복음의 은혜를 입게 되었다. 하나님께 합격 판정을 받으려면 율법을 지켜야 한다는 압박이 있었는데 거기에서 자유롭게 되었다.

그런데 표현이 그리 매끄럽지 않다. "어머니가 나한테 돈이 있게 하려고 돈을 주셨다"라는 말이 가능할까? 돈을 줬으면 당연히 돈이 있게 마련이다. "어머니가 나한테 돈을 주셨다"라고 해도 달라지는 것이 없다. "나한테 돈이 있게 하려고"는 공연한 사족이다.

본문이 그렇다. "그리스도께서 우리에게 자유를 주셨다"라고 해도 되고 "그리스도께서 우리를 자유롭게 하려고 이 땅에 오셨다"라고 해도 된다. 그런데 "그리스도께서 우리를 자유롭게 하려고 자유를 주셨다"라고 해서 자유를 반복한다. 그만큼 강조하는 것이다.

우리가 예수님에게서 가장 먼저 떠올리는 단어가 구원이다. "우리는 구원 얻었다. 구원 얻은 사람답게 살아야한다."라는 말을 늘 듣는다. 신자가 불신자 흉내를 낼 이유는 없다. 행여 불신자 흉내를 낸다면 그리스도의 십자가 사역을 부인하는 행위가 된다. 출애굽한 이스라엘의 경우, 홍해를 건넜으면 부지런히 가나안으로 가야 한다. 애굽을 그리워할 이유가 없다. 홍해를 건넜으면서도 애굽을 그리워하면 하나님은 왜 홍해를 가르셨을까?

율법과 복음으로 좁혀서 얘기하면 어떻게 될까? "우리한테는 자유가 있다. 자유가 있는 사람처럼 살아야 한다."가 될 것이다. 그 얘기를 "그리스도께서 우리를 자유롭게 하려고 자유를 주셨으니 그러므로 굳건하게 서서 다시는 종의 멍에를 메지 말라"라고 한다. 이제 와서 율법을 기웃거리는 것은 그리스도께서 주신 자유를 무시하는 처사가 된다.

신자가 불신자 흉내를 내는 것은 죄의 정욕 때문이다. 우리한테는 거룩보다 죄가 더 익숙한 것이 사실이다. 하나님께로 가까이 가는 것보다 세상 재미를 탐하는 것이 더 즐겁다. 한 시간 동안 스마트폰을 보는 것은 아무렇지 않은데 한 시간 동안 성경을 읽는 것은 대단한 일 같다.

홍해를 건넌 이스라엘이 걸핏하면 애굽 타령을 한 것은 가나안에 대한 체험이 없기 때문이다. 애굽과 가나안을 비교하면 당연히 가나안이 좋은데 가나안에 대해서 아는 것이 없었다. 그들이 체험한 것은 애굽과 광야뿐이다. 애굽과 광야를 비교하면 광야보다 애굽이 나은 것을 어떻게 할까?

그리스도께서 우리한테 자유를 주셨는데 율법을 기웃거리는 것이 무슨 까닭일까? 어쨌든 "…그러므로 굳건하게 서서 다시는 종의 멍에를 메지 말라"라고 했다. "굳건하게 선다"라는 말은 군사 용어다. 군인들이 다가오는 적에 맞서서 어깨와 어깨를 맞대고 방패를 들고 서 있는 자세를 연상하게 하는 말이다. 그리스도께서 주신 자유를 누리는 일은 저절로 되지 않는다. 전투에 임한 군인들처럼 정신을 바짝 차려야 비로소 가능하다.

5:2-4) 보라 나 바울은 너희에게 말하노니 너희가 만일 할례를 받으면 그리스도께서 너희에게 아무 유익이 없으리라 내가 할례를 받는 각 사람에게 다시 증언하노니 그는 율법 전체를 행할 의무를 가진 자라 율법 안에서 의롭다 함을 얻으려 하는 너희는 그리스도에게서 끊어지고 은혜에서 떨어진 자로다

자라던 시절, 어머니께서 "엄마가 얘기하잖아"라는 말씀을 종종 하시곤 했다. 어머니가 하는 얘기니까 꼭 귀담아 들으라는 뜻이다. 설령 나한테 다른 생각이 있어도 어머니께서 따로 하신 말씀이 있으면 그 사실을 기준으로 처신해야 한다. "보라 나 바울은 너희에게 말하노니…"도 마찬가지다. 편지를 쓰는 사람이 바울인 것을 누가 모를까? 그런데도 이렇게 말해서 주의를 환기한다.

이어지는 말이 그만큼 충격적이다. "너희가 만일 할례를 받으면 그리스도께서 너희에게 아무 유익이 없으리라"라고 했다. 이때의 할례는 율법 전체를 가리키는 대유법이지만 갈라디아교회 교인 중에 누군가 할례를 받았다고 상상해 보자. 그가 어떤 속셈으로 할례를 받았을까? 설마 그리스도와 결별할 작정으로 그랬을까?

사도행전에 고넬료가 성령을 받는 얘기가 나온다. 성경은 "백부장 고넬료는 의인이요 하나님을 경외하는 사람이라"라고 소개한다. 유대인도 아닌데 하나님을 경외했다는 것이다.

당시에는 정식 유대인으로 인정받지는 못하지만 율법도 지키고 안식일마다 회당에 모이는 사람들이 있었다. 단지 할례가 문제였을 뿐이다. 하나님을 경외하는 사람은 그들을 가리킨다.

마취제도 없고 소독약도 없던 시절이니 할례가 상당한 진입 장벽이었다. 갈라디아교회 교인 중에 누군가 그런 할례에 관심을 가진다면 정말로 하나님을 제대로 섬길 마음이 있는 사람일 것이다. "하나님을 섬기려면 예수만 믿어서는 안 되고 율법도 지켜야 한다"라는 말에 동의해서 그렇게 하기로 작정한 사람이다. 그런데 바울이 "너희가 만일 할례를 받으면 그리스도께서 너희에게 아무 유익이 없으리라"라고 단언한다.

나는 한자 획수를 따져서 이름을 지을 줄 안다. 어떤 이름을 지으면 부(富)하게 되고, 어떤 이름을 지으면 귀(貴)하게 되는지 원칙이 있다. 실제로 그렇게 되는 것이 아니라 말을 그렇게 하는 것이지만 어쨌든 돌팔이 작명가 수준은 된다.

아버지 여생이 얼마 남지 않았을 적에 내가 시중을 들었다. 하루는 아버지께서 필기도구를 가져오라고 하셨다. 아버지는 갑상샘을 수술하셨기 때문에 말하는 것을 굉장히 힘들어 하셨다. 말 한마디 하시고는 기침을 하시고 또 한마디 하시고는 기침을 하셨는데, 이름 짓는 법을 가르쳐주신다는 것이었다. 우리 집안에서 이름 짓는 일은 아버지 소관이었다. 우리 형제나 사촌

들 이름을 다 아버지께서 지으셨다.

아버지는 평생 예수를 모르고 사시다가 내가 목사 안수를 받은 다음에야 예수를 영접하셨다. 예수 믿는 사람은 작명 같은 것을 하는 것이 아니라는 사실을 모르셨다. 당신이 없으면 앞으로 집안에서 이름 지어줄 사람이 없다면서 나한테 그 일을 인계한 것이었다. 그런 상황에서 생명이 얼마 남지도 않은 아버지께 "예수 믿는 사람은 이러는 게 아닙니다. 성경적으로 옳지 않습니다." 하고 말씀드릴 수도 없는 노릇이었다.

그래서 나는 목사인데도 작명을 할 줄 아는, 이상한 목사가 되었다. 부하게 되는 이름, 귀하게 되는 이름, 장수할 이름 등 얼마든지 주문대로 지을 수 있다. 그렇다고 해서 내가 정말로 그런 원칙에 따라 이름을 지으면 어떻게 될까? 하나님께 기도도 하고 작명 원칙도 지켜서 이름을 지으면 하늘의 복도 받고 땅의 복도 받고, 양쪽 복을 다 받게 될까?

작명을 한다는 얘기는 하나님과 관계없이 복을 받고 싶다는 뜻이다. 하나님의 백성 된 지위를 누리면서 거기에 더하여 이름을 잘 지은 덕을 보는 것이 아니라 하나님과 남남이 된다. 할례도 마찬가지다. 예수님이 오신 이유는 우리 능력으로 구원을 얻을 수 없기 때문이다. 그런데 할례를 받는 것은 자기 능력으로 하나님 보시기에 의롭게 되겠다는 뜻이다. 둘이 상충할 수밖에 없다. 그리스도를 믿는 것을 기정사실로 하고 거기에 더하여 할례를 받는 것이 아니라 그리스도와 결별하는 것이다.

누군가 할례를 받는다고 하자. 할례를 받는 것으로 끝나지 않는다. 다른 율법 조항도 다 지켜야 한다. 야고보 사도가 "누구든지 온 율법을 지키다가 그 하나를 범하면 모두 범한 자가 되나니 간음하지 말라 하신 이가 또한 살인하지 말라 하셨은즉 네가 비록 간음하지 아니하여도 살인하면 율법을 범한 자가 되느니라"라고 한 그대로다.

어떤 사람이 간음을 하지 않았어도 살인을 하면 율법을 범한 것이 된다. "내가 비록 살인은 했지만 간음을 하지 않았으니 율법을 지킨 것으로 인정해 달라"라는 말은 통하지 않는다. 설령 할례를 받았어도 안식일을 어기면 할례를 받은 이유가 무색하게 된다. 할례를 받고 안식일을 지켜도 이웃의 소유를 탐내면 그것으로 끝이다. 율법의 모든 조항을 다 지키지 않는다면 할례는 아무 의미가 없다.

율법을 지킨다는 얘기는 자기 능력으로 하나님 앞에 의롭게 되겠다는 뜻이다. 그것이 가능하면 예수님이 오실 이유가 없다. 예수님께서 십자가에 달리신 이유가 우리 능력으로 하나님 보시기에 합당한 의를 이룰 수 없기 때문이다. 그런데도 한사코 율법을 지키려 들면 예수님께서 십자가에 달리신 이유가 없어진다.

다른 종교에는 없고 오직 기독교에만 있는 교리를 꼽으라면 단연 은혜다. 다른 종교에서도 구원을 말한다. 천국과 지옥을 말하기도 하고, 신이 인간이 되었다는 얘기도 한다. 하지만 은혜를 말하는 종교는 없다.

예전에 종교다원주의가 한창 기승을 부렸던 적이 있다. "산 정상에 올라가는 길이 왜 꼭 하나라야 하느냐? A코스로 가든지, B코스로 가든지, C코스로 가든지 정상에 가면 다 만나는 것 아니냐?"라는 말을 한두 번 들은 것이 아니다. 신이 산 정상에서 사람들이 찾아오기를 기다린다면 그럴 수 있다. 그런데 신이 산 정상에 가만히 계신 것이 아니라 마중을 나오면 어떻게 될까? 그길이 아니면 만날 수 없게 된다. 예수님이 그렇게 우리를 찾아오셨다. 그것을 은혜라고 하고 복음이라고 한다.

그런데도 한사코 자기 능력으로 신을 만나겠다고 고집부리면 어떻게 될까? 그런 사람은 예수님과 남남일 수밖에 없다. "율법 안에서 의롭다 함을 얻으려 하는 너희는 그리스도에게서 끊어지고 은혜에서 떨어진 자로다"라고 한 그대로다.

5:5-6〉 우리가 성령으로 믿음을 따라 의의 소망을 기다리노니 그리스도 예수 안에서는 할례나 무할례나 효력이 없으되 사랑으로써 역사하는 믿음뿐이니라

갑자기 대명사가 바뀐다. 지금까지 '너희'라고 했는데 본문에서는 '우리'가 나온다. 바울의 논리는 명쾌하다. 성령으로 믿음을 따라 의의 소망을 기다리면 '우리'가 되고 그렇지 않으면 '너희'가 된다. 혹시 이 얘기를 4절에 적용할 수도 있지 않을까? 율법 안에서 의롭다 함을 얻으려 하면 '너희'가 되고 그렇지 않으면 '우리'가 된다고 하는 것은 어떨까?

율법을 지켜서 하나님께 의롭다 함을 받으려는 사람은 모든 면에서 다르게 마련이다. 할례를 받은 것은 물론이고 안식일도 지키고 음식 규례도 지킨다. 그럼 율법에 딱히 관심이 없는 사람들은 어떻게 될까? 가만히 있으면 저절로 합격일까? '너희'와 '우리'의 기준을 따져 보자. 율법을 지키면 '너희', 지키지 않으면 '우리'일까?

기독교의 기본 교리가 이신칭의다. 우리는 전부 믿음으로 의롭게 된 사람들이다. "우리가 성령으로 믿음을 따라 의의 소망을 기다리노니"라고 한 5절 역시 이신칭의를 말한다. 그런데 다분히 역동적이다.

믿음으로 구원을 얻는다는 말은 행함으로 구원을 얻는 것이 아니라는 사실에 초점이 있다. 하나님의 은혜를 강조하는 말이니 사람은 자연히 수동적이 된다. 은혜를 받는 것 말고는 달리 할 것이 없다. 뭔가를 해서 은혜를 받는다고 하면 이신칭의에 어긋난다.

그런데 "우리가 성령으로 믿음을 따라 의의 소망을 기다리노니"라고 했다. 성령을 말하는 이유는 앞에서 확인했다. 하나님의 약속을 따라 출생한 이삭이 아브라함의 상속자가 된 것처럼 성령을 받은 우리가 하나님의 기업을 이을 상속자이기 때문이다. 그런 우리가 믿음으로 의의 소망을 기다린다. 가만히 있는 채 의롭다 칭함받는 것이 아니라 그런 소망을 기다린다.

국어사전에서 '기다리다'를 찾으면 "어떤 사람이나 때가 오기를 바라다"라고 설명되어 있다. 군 복무 시절에는 주로 휴가 날짜를 기다렸다. 나중에는 제대 날짜를 기다리기도 했다. 기다리는 동안 딱히 할 일이 없다. 데이트 약속이 있으면 다방에서 애인을 기다리기도 했는데 그때도 마찬가지였다.

한때 내가 가장 선호한 약속 장소가 서점이었다. 어쩌다 상대방이 늦어도 지루하지 않기 때문이다. 기다리는 행위가 수동적이기 때문에 지루하지 않게 기다리는 것이 중요했다.

마라나타는 어떻게 될까? 우리는 주님을 기다리는 사람들이다. 적어도 주님을 기다리는 것은 다방에서 애인을 기다리며 하릴없이 성냥개비를 분지르는 것이나 서점에서 친구를 기다리며 책을 뒤적이는 것과 달라야 한다. 한때 "작은 예수가 되자"라는 표어가 유행했던 적이 있다. 그것이야말로 주님을 기다리는 가장 바람직한 자세다. 주님 오실 때까지 수동적으로 가만히 있는 것이 아니라 우리 역시 적극적으로 주님께로 가야 한다. 작은 예수가 되어 주님을 나타내는 삶을 사는 것이 바로 그렇다. 그리고 본문은 주님을 기다리는 것을 의의 소망을 기다리는 것으로 말한다.

바울이 그렇게 하는 사람을 '우리'라고 한다. 그렇게 하지 않는 사람은 '너희'가 된다. 율법에 힘을 쓰는 사람도 '너희'이고, 율법에 관심이 없는 사람도 '너희'이다. 그래서 "그리스도 예수 안에서는 할례나 무할례나 효력이 없으되 사랑으로써 역사하는 믿음뿐이니라"라고 한다.

초등학생 시절, 모든 학생이 검정 고무신을 신고 다녔다. 복도의 신발장에는 전부 검정 고무신이었다. 운동회 때 달리기를 하면 고무신을 벗어서 양손에 쥐고 달리는 학생들이 있었다. 혹은 자리에 두고 달린 다음 나중에 와서 찾아 신기도 했다. 신발을 신고 달렸는지 벗고 달렸는지는 아무도 따지지 않았다. 누가 1등이고 누가 2등이고 누가 3등인지에 따라 공책을 나눠 줬다.

바로 그런 말을 하고 있다. 할례만 효력이 없는 것이 아니라 무할례도 효력이 없다. 할례를 받았다는 사실이 아무 의미가 없는 것처럼 할례를 받지 않았다는 사실도 의미가 없다. 그리스도 예수 안에서는 사랑으로써 역사하는 믿음만 의미를 갖는다.

'역사하다'로 번역된 말이 헬라어 '에네르게오(ενεργεω)'인데, 에네르게오의 명사형인 '에네르곤(ενεργων)'이 에너지(energy)의 어원이다. '에네르게오'는 '에너지를 공급한다'라는 뜻이다. 믿음에 에너지를 공급하는 것이 사랑이다.

뒤에 나오는 13, 14절에서도 사랑을 말한다. 자기 혼자 속으로 믿는 것은 믿음이 아니기 때문이다. 세상에서는 어떤 사실이나 사람을 믿는 마음을 믿음이라고 한다. 믿음을 성경에 나오는 단어로 설명하면 "하나님을 사랑하고 이웃을 사랑하는 마음"이 될 것이다. 고개를 끄덕이는 사람이 믿음 있는 사람이 아니다. 하나님을 사랑하고 이웃을 사랑하는 사람이 믿음 있는 사람이다. 하비 콕스가 하나님은 명사가 아니라 동사로 이해해야 한다고 했는데 믿음 역시 그렇다. 명사가 아닌 동사로 이해해야 한다.

지금까지 나온 내용을 정리해 보자. 그리스도께서 우리를 자유롭게 하려고 자유를 주셨다. 우리는 굳게 서서 종의 멍에를 메지 말아야 한다. 종의 멍에는 율법에 대한 비유다. 우리는 더 이상 율법의 압제 아래 있지 않다. 그렇다고 해서 "율법을 왜 지키느냐? 나는 율법 안 지킨다."라고 하면 백 점이 아니다. 율법을 지키는지 여부를 따질 이유가 없다. 의의 소망을 기다려야 한다. 그런 사람이 종의 멍에를 메지 않은 사람이고, 그리스도께서 주신 자유를 누리는 사람이다. 의의 소망을 기다리는 사람은 어떤 사람일까? 사랑으로써 역사하는 믿음이 있는 사람이 의의 소망을 기다리는 사람이다.

이제 우리 차례. 우리한테 사랑으로써 역사하는 믿음이 있을까? 율법이 왜 멍에가 되었는가 하면, 하나님을 사랑하는 마음은 없는 채 하나님을 사랑하는 행위를 하려고 했기 때문이다. 정말로 하나님을 사랑한다면 그것으로 충분하다. 그리스도께서 그 일을 위해서 오셨다. 사랑으로써 역사하는 믿음을 따라 행하는 것이 우리가 누리는 자유다.

5:7-9) 너희가 달음질을 잘하더니 누가 너희를 막아 진리를 순종하지 못하게 하더냐 그 권면은 너희를 부르신 이에게서 난 것이 아니니라 적은 누룩이 온 덩이에 퍼지느니라

성경 여러 곳에서 신앙생활을 달리기에 비유한다. 히브리어로 '가다'를 '할라크'라고 하는데 '걷다'나 '달리다'라는 뜻으로도 쓰인다. 걸어서 가는 것이나 달려서 가는 것이나 가는 것은 마찬가지다. 또 자기가 살아야 할 본연의 삶을 살거나 행동하는 것도 '할라크'라고 했다. 선생이 가르치는 것, 학생이 배우는 것, 군인이 싸우는 것이 전부 '할라크'다. 신자가 신자의 삶을 사는 것도 당연히 '할라크'에 포함된다. 우리말에도 비슷한 표현이 있다. 야구 선수를 소개하면서 "타율 1위를 달리고 있다"라고 할 수 있다. 신앙생활을 달리기에 비유하는 것은 참으로 적절하다.

갈라디아교회 교인들이 한동안 달리기를 잘했는데 그것을 막는 사람들이 있었다. 그러면 "너희가 달음질을 잘하더니 누가 너희를 막아 달리기를 못하게 하더냐"라고 해야 한다. 그런데 "누가 너희를 막아 진리를 순종하지 못하게 하더냐"라고 한다. 진리에 순종하는 것이 곧 달리기다. 우리가 하는 신앙생활이 진리에 순종하는 일련의 과정이다.

어쩌면 독자들은 그들이 누구인지, 또 어떤 말로 갈라디아교회 교인들을 미혹했는지 궁금하게 여길 것도 같다. 그런데 바울은 "그 권면은 너희를 부르신 이에게서 난 것이 아니니라"라고 한다. 그들이 누구이고 어떤 논리를 전개했는지가 문제가 아니다. 그들이 하는 말이 하나님으로 말미암지 않았다는 사실이 중요할 뿐이다.

"너희가 달음질을 잘하더니 누가 너희를 막아 진리를 순종하지 못하게 하더냐"라고 할 때의 '막아'는 본래 군사 용어다. 적을 막기 위해서 장애물을 세우거나 길을 파괴하는 것을 뜻한다. 달리기를 방해하는 상황을 그런 단어로 설명한다. 그렇다고 해서 달리는 사람의 발을 걸어 넘어뜨리거나 앞길을 가로막아서 달리지 못하게 하는 것이 아니다. "그 권면은 너희를 부르신 이에게서 난 것이 아니니라"라고 했다. 물리적인 수단으로 강제하는 것이 아니라 말로 미혹했다. 갈라디아교회 교인들의 책임은 그들로 하여금 쓸데없는 말을 못하게 막는 것이 아니라 거기에 미혹되지 않는 것이다.

아담, 하와가 선악과를 먹었다. 뱀이 아담, 하와의 손목을 비틀고 입을 벌리게 해서 강제로 먹인 것이 아니다. 아담, 하와가 선택했다. 아담, 하와의 책임은 뱀으로 하여금 미혹하지 못하게 하는 것이 아니라 뱀이 무슨 말을 하든지 거기에 넘어가지 않는 것이었다. "뱀이 그렇게 말했다"라는 말은 "내가 거기에 동의했다"와 같은 뜻이다.

죄는 미워하되 사람은 미워하지 말라는 말이 있다. 영화 〈넘버3〉에서 이 말을 비꾼 대사가 나온다. "죄가 무슨 잘못이 있어? 죄 지은 놈이 잘못이지." 일리 있는 말이다. 죄한테는 아무 힘이 없다. 우리가 협조해주지 않으면 죄는 자기 스스로 아무것도 못한다.

갈라디아교회 교인들로 얘기하면, 진리에 순종하지 못하게 막는 잘못된 권면이 문제가 아니다. 그런 권면에 넘어가지 말아야 한다. 어떤 권면이든지 그 권면이 어디에서 나왔는지 분별할 수 있어야 한다. 그 권면이 우리를 하나님께로 인도하는지, 세상으로 인도하는지가 중요하다.

한 가지 원칙이 있다. 아무리 사소한 것이라도 대충 넘어가면 안 된다. "적은 누룩이 온 덩이에 퍼지느니라"라는 말이 괜히 있는 것이 아니다.

잠깐 성경에 없는 상상을 해보자. 거짓 교사들이 어떤 말을 했을까? 우선 바울을 헐뜯는 말을 했을 것이다. 자기들은 예루살렘 정통 복음인 반면 바울은 '듣보잡'이라고 했을 것이다.

그렇다고 해서 처음부터 끝까지 헐뜯기만 했을까? 갈라디아교회 교인들 중에는 바울이 전한 이신칭의 교리에 애착을 느끼는 사람도 있었을 것이다. 그들을 미혹하려면 자기들의 가르침도 바울의 가르침과 별반 차이가 없다는 말을 해야 한다. "바울은 너무 외골수다. 우리가 바울과 조금 다르게 말할 수도 있다. 그것이 뭐 그리 대수로운가? 설령 사소한 차이가 있다고 해도 그런 것을 일일이 문제 삼으면 교회가 어떻게 연합을 이룬단 말인가? 모든 열방으로 주의 제자를 삼기 위해서라도 사소한 차이는 인정해야 한다."라고 했을 수 있다.

그래서 바울이 적은 누룩이 온 덩이에 퍼진다고 못을 박는다. 누룩은 요즘으로 치면 베이킹파우더다. 반죽을 할 때 가루와 누룩을 1대1의 비율로 섞는 법은 없다. 가루에 누룩이 있는지 없는지도 모른다. 그렇게 미미한 누룩이 가루 전부를 부풀게 만든다. 사소하게 보인다고 해서 정말로 사소한 것이 아니다. 우리나라 속담으로 바꾸면 "개미구멍이 둑을 무너뜨린다"가 될 것이다.

악마는 디테일에 있다는 서양 속담이 있다. 악마가 처음부터 정체를 드러내면 누가 속겠는가? 악마에게 속지 않으려면 사소한 차이에 예민할 수 있어야 한다. 이 말을 뒤집어도 마찬가지다. 악마만 디테일에 있는 것이 아니라 하나님도 디테일에 있다. 하나님을 바로 섬기려고 해도 사소한 차이에 예민할 수 있어야 한다. 하나님을 바로 섬기는 일은 아무나 할 수 있는 일이 아니다. 악마에게 넘어가지 않는 일이 저절로 되지 않는 것처럼 하나님을 바로 섬기는 일도 저절로 되지 않는다.

5:10〉 나는 너희가 아무 다른 마음을 품지 아니할 줄을 주 안에서 확신하노라 그러나 너희를 요동하게 하는 자는 누구든지 심판을 받으리라

방금 "적은 누룩이 온 덩이에 퍼지느니라"라고 했다. 그러면 "그러니까 정신 바짝 차려라"라는 내용으로 이어져야 하는 것 아닐까? 엉뚱하게도 "나는 너희가 아무 다른 마음을 품지 아니할 줄을 주 안에서 확신하노라"라고 한다. 적은 누룩이 온 덩이에 퍼진다는 말을 왜 했을까?

'주 안에서'에 답이 있다. 바울이 무조건 "나는 여러분이 다른 마음을 품지 않을 줄 확신합니다"라고 한 것이 아니다. 그런 말은 막연한 요망 사항밖에 되지 않는다. 바울이 그렇게 확신한다고 해서 갈라디아교회 교인들이 그 확신대로 움직여야 하는 것도 아니다.

요컨대 바울의 얘기는 "주님이 너희 안에 있고 너희가 주님 안에 있는 한, 즉 너희가 진리 안에 있는 한 나는 너희를 신뢰한다. (그러나 너희가 진리에서 떨어져 나간다면 나는 더 이상 너희를 신뢰할 수 없다.)"라는 뜻이다. 갈라디아교회 교인들이 다른 마음을 품을 개연성이 있다. 만일 그렇다면 바울로부터 말미암은 것이 아니다. 결국 "내가 너희에게 가르친 교훈 외에 다른 어떤 교훈도 나한테 배우지 않았다. 내가 가르친 교훈과 반대되는 교훈은 받아들이지 않기를 바란다."를 말하는 셈이다.

이런 말을 하면서 "그러나 너희를 요동하게 하는 자는 누구든지 심판을 받으리라"라고 한다. 누구든지 예수를 믿으면 구원 얻는다는 말로 바꿔 볼까? 예수는 믿지만 다른 문제에 걸려서 구원을 얻지 못하는 일은 일어나지 않는다. 모두에게 똑같이 적용되는 말이 '누구든지'다. 예외가 없다.

앞에서 바울이 다른 복음은 없다고 하면서 "우리나 혹은 하늘로부터 온 천사라도 우리가 너희에게 전한 복음 외에 다른 복음을 전하면 저주를 받을지어다"라고 했다. "우리나 혹은 하늘로부터 온 천사"를 '누구든지'로 바꿔 쓸 수 있다. 다른 복음을 전하면 저주를 받는다는 사실에는 예외가 없다. 설령 천사라고 해도 예외가 아니고 자기 자신이라고 해도 마찬가지다. '누구든지'가 그처럼 강력한 말이다.

10절도 그렇다. 갈라디아교회 교인들을 요동하게 하는 자는 누구든지 심판을 받는다고 선언한다. 어쩌면 거짓 교사 중에는 상당한 지명도가 있는 사람이 있었을 수 있다. 사도로부터 직접 배웠다는 사실을 내세웠을 수도 있다.

그런 사람이라도 예외가 아니라는 것이다.

5:11-12〉형제들아 내가 지금까지 할례를 전한다면 어찌하여 지금까지 박해를 받으리요 그리하였으면 십자가의 걸림돌이 제거되었으리니 너희를 어지럽게 하는 자들은 스스로 베어 버리기를 원하노라

바울은 유대인을 만나면 유대인처럼 처신하고, 이방인을 만나면 이방인처럼 처신한 사람이다. 복음을 전할 수만 있으면 다른 것은 다 부수적인 문제다. 하지만 복음이 변질되는 것만큼은 용납이 안 된다.

거짓 교사들은 어떨까? 바울이 복음에 철저한 것처럼 그들의 모든 관심은 갈라디아교회 교인들의 달음질을 막는 일에 집중되어 있다. 그 일을 위해서라면 못할 것이 없다. 바울이 복음을 위해서 모든 것을 동원한다면 거짓 교사들은 율법을 위해서 모든 것을 동원한다.

심지어 바울도 할례에 부정적이 아니라는 말까지 했다. "형제들아 내가 지금까지 할례를 전한다면 어찌하여 지금까지 박해를 받으리요"라고 한 것으로 알 수 있다. (내가 그들의 말처럼) 할례를 전했으면 박해를 받지 않았을 텐데, 할례를 전하지 않아서 박해를 받았다는 것이다.

바울이 할례를 전하지 않은 것은 우리가 다 알고 있다. 그런데도 이런 말을 하는 것이 어떻게 가능할까? 짚이는 사실이 있다. 바울이 디모데에게 할례를 받게 했기 때문이다.

바울이 2차 전도 여행 중에 디모데를 제자로 삼았다. 디모데는 유대인 어머니와 헬라인 아버지 사이에서 태어났다. 유대인 혈통은 모계가 기준이니 디모데는 유대인이다. 그런데 할례를 받지 않은 상태였다. 당시 바울은 회당 중심으로 복음을 전했다. 회당에 모이는 사람들한테 복음을 전하려니 디모데한테 할례를 받게 하는 것이 편했다. 바울의 관심은 어떻게 해서든지 한 사람에게라도 더 복음을 전하는 것에 있었다.

이런 사실을 놓고 "바울도 디모데에게 할례를 받게 하지 않았느냐? 따지고 보면 우리가 전하는 얘기나 바울이 전하는 얘기나 별 차이가 없다."라고 했을 수 있다. 오죽하면 마귀도 예수님을 시험하면서 성경 구절을 인용했다. 하나님을 대적하는 자들이 하나님을 대적하기 위해서 이용하지 못할 것은 없다.

하지만 바울이 박해를 받은 것이 그렇지 않다는 증거다. 만일 바울이 할례를 전했으면 십자가의 걸림돌이 제거되었을 것이다. 할례를 전하지 않았다는 얘기는 "율법을 지켰다고 해서 하나님께 합격 판정을 받을 수 있는 것이 아니다. 사람의 노력으로 의롭다 함을 얻을 수는 없다."라고 했다는 뜻이다. 그러면 남은 것은 십자가뿐이다. "구원은 하나님의 은혜로 말미암는다. 자기의 의로 하나님께 합격 판정을 받을 수 있는 사람은 아무도 없다. 그래서 예수님이 오셨다."라는 뜻이다. 그런 얘기는 당연히 사람들의 지지를 받지 못한다.

남의 염병이 자기 고뿔만 못한 법이다. 사람은 다 자기편이다. 자기 자신이 제일 중요하다. 간혹 물에 빠진 사람을 구하고 대신 죽었다는 기사를 보게 되는데, 애초부터 대신 죽으려고 한 것이 아니라 그 사람도 살리고 자기도 살리고 했는데 힘이 부친 것이다. 자기가 다른 사람을 대신해서 죽는 것은 말이 안 된다. 혹시 우리가 사는 세상에서 그런 사례가 있다면, 자식을 위해서 대신 죽을 수는 있을 것이다. 자식은 자기보다 소중하다. 그러면 누구를 대신해서 자식을 죽게 할 수 있을까? 그런 일은 절대 있을 수 없다.

십자가 사건이 바로 그렇다. 도저히 있을 수 없는 일을 하나님이 하셨다. 그런 십자가를 누가 믿을까? 그보다는 할례가 훨씬 설득력이 있다. 자기가 노력해서 구원 얻는다는 것이 이치에 맞다. 할례에는 걸림돌이 없다. 그런데 십자가에는 걸림돌이 있다.

기독교는 유대교에서 나왔다. 우리가 보는 구약성경은 유대교 경전이기도 하다. 그런데 우리는 유대교를 인정하지 않는다. 예수님이 메시야인 것을 부인하기 때문이다. 예수님을 통하지 않고는 하나님을 알 수 없다. 그러면 유대교에서 말하는 하나님은 어떤 분일까?

또 있다. 예수님을 인정하지 않으면 죄 문제는 어떻게 될까? 유대교에는 사람이 본래 죄인이라는 개념이 없다. 아담이 선악과를 먹은 것은 단순한 불순종일 뿐이다. 그러면 구원은 어떻게 될까? 유대인들은 자기들한테 구원이 필요하다는 생각을 안 한다. 자기들은 이미 하나님의 백성이기 때문이다.

할례(율법)와 십자가가 여기서 갈린다. 사람이 본래 죄인인 것을 인정하느냐, 인정하지 않느냐의 문제다. 사람이 죄인인 것을 인정하지 않으면 "사람은 스스로의 능력으로 하나님 보시기에 의로울 수 없습니다"라는 메시지도 수긍하지 못한다. "열심히 노력하면 하나님 보시기에 의로울 수 있습니다"라는 메시지가 더 설득력 있다. 바울이 할례를 전했으면 십자가의 걸림돌이 제거되었을 것이다.

그렇다고 해서 걸림돌을 제거할 수는 없다. 외려 한 술 더 떠서 "너희를 어지럽게 하는 자들은 스스로 베어 버리기를 원하노라"라고 한다. "그렇게 자르고 싶으냐? 그럼 아예 다 잘라라."라는 뜻이다. 이왕 자르는 것이니 포피만 자르지 말고 생식기 전부를 자르면 더 좋지 않겠느냐는 조롱이다.

영화 〈암살〉에서 독립운동가였다가 친일파로 변절한 염석진이 자기의 변절을 이렇게 변명한다. "물지 못할 거면 짖지도 말아야죠!" 윤치호가 3·1 운동을 비난하면서 한 말인데 영화에서 인용했다. 차마 듣기 역겹지만 그 말을 빌려올 수 있다. 본격적으로 불신자로 살 요량이 아니면 애초에 불신자 흉내를 내지도 말아야 한다.

불신자로 살라는 말에 흔쾌히 그렇게 하겠다고 할 사람은 없다. 그러면서 이따금씩 불신자 흉내를 내는 것은 무슨 까닭일까? 스스로 신자라고 하면서 불신자 흉내를 내면 그 사람의 진짜 관심은 어디에 있을까? 본문이 그 말을 하고 있다. 다 자르라면 질겁할 거면서 포피는 왜 자른단 말인가? 갈라디아 교회 교인들로 얘기하면, 십자가를 부인하지 않는다고 하면서 틈틈이 율법을 지키면 십자가는 무슨 의미가 있는 것일까?

이 말을 뒤집어 볼까? 목숨 걸고 믿지도 않을 거면서 예수는 왜 주로 고백한 것일까? 우리가 정말로 예수를 주로 고백한 사람이라면 우리한테는 주인이 따로 있다. 마땅히 주인 있는 삶을 살아야 한다. 우리 인생은 우리 것이 아니다. 돈이나 시간, 자존심은 물론이고 목숨까지도 그렇다. 우리는 인생 전부를 봉헌한 사람들이다. 그렇게 사는 사람을 신자라고 한다.

5:13〉 형제들아 너희가 자유를 위하여 부르심을 입었으나 그러나 그 자유로 육체의 기회를 삼지 말고 오직 사랑으로 서로 종노릇하라

수메르 신화에 따르면 신이 인간을 만든 목적이 종으로 부리기 위해서라고 한다. 19세기까지만 해도 노예 제도가 있었다. 노예가 있으면 여러 모로 편리할 것이다. 그렇다고 해서 신한테도 그런 이유가 통할까? 신이 인간을 종으로 부리려고 만들었으면 그 신은 전능하지 않다는 뜻이다.

하나님이 우리를 만든 것은 그렇지 않다. 하나님은 홀로 충만하신 분이다. 우리가 하나님을 도와드릴 수 있는 것은 아무것도 없다. 물론 성경에는 하나님의 종이라는 표현이 나온다. 우리가 다 하나님의 종이다. 그것은 우리의 신분에 대한 얘기이지, 하나님이 우리를 필요로 한다는 얘기가 아니다.

언젠가 한 청년이 기타를 챙기며 "같이 찬양하자. 우리가 만들어진 목적이 하나님을 찬양하는 거잖아."라고 하는 말을 들은 적이 있다. "이 백성은 내가 나를 위하여 지었나니 나를 찬송하게 하려 함이니라(사 43:21)"라는 말씀을 인용한 것이다. 그렇다고 해서 찬송가를 부르는 것이 우리가 지음받은 목적이라는 뜻이 아니다. 우리 인생이 곧 하나님을 향한 찬양이어야 한다.

하나님이 사람을 지으신 이유는 하나님의 백성으로 살게 하려는 것이다. 하나님의 백성은 삶 자체가 하나님을 향한 찬양이게 마련이다. 그런데 아담, 하와의 범죄로 하나님의 백성 된 지위를 잃어버렸다. 하나님이 예수님을 보내신 이유가 그 때문이다. 하나님의 백성 된 지위를 회복해서 다시 하나님의 백성으로 살게 하려는 것이다.

하나님이 이스라엘을 구원하신 다음에 "나는 너희의 하나님이 되려고 너희를 애굽 땅에서 인도하여 낸 여호와라"라고 하셨다. 하나님과 이스라엘이 정상적인 관계가 되게 하는 것이 이스라엘을 구원하신 목적이다.

그런 내용을 1절에서는 그리스도께서 우리를 자유롭게 하려고 자유를 주셨다고 했다. 갈라디아서의 관심이 율법과 복음의 차이를 설명하는 것이기 때문이다. 그리스도께서 우리를 자유롭게 하려고 자유를 주셨으니 우리는 굳건하게 서서 다시는 종의 멍에를 메지 말아야 한다.

하나님이 계시다면 그 하나님은 세상의 심판주일 수밖에 없다. 누구나 하나님의 심판대 앞에 서야 한다. 그때 의롭다는 판정을 받으려면 어떻게 해야 할까? 유대인들이 율법을 지킨 이유가 그런 때문이다. 그것을 종의 멍에를 메는 것으로 얘기한다.

사람은 스스로 노력해서 하나님 앞에 의로울 수 없다. 그래서 예수님이 오셨다. 우리는 종의 멍에를 멜 이유가 없다. 그러면 무엇을 해야 할까? 종의 멍에만 안 메면 되는 것이 아니다. 본문은 사랑으로 서로 종노릇하라고 한다.

내가 교회에서 제일 처음 들은 말이 "착하게 산 사람이 구원 얻는 게 아니라 예수를 믿는 사람이 구원 얻는다"라는 말이었다. 그런 말을 하면 으레 "그럼 착하게 살 필요 없이 맘대로 살아도 되는 거네요?"라는 질문이 나온다. 우리한테 주어진 자유로 육체의 기회를 삼지 말라는 얘기가 왜 있겠는가? 하나님의 은혜를 방탕으로 바꾸려는 것이 우리에게 있는 죄의 속성이기 때문이다.

어떤 고등학생이 선생님께 상담을 요청한다. 요즘 이상하게 공부가 하기 싫고 책만 펴면 마음이 답답하다는 것이다. 선생님이 뭐라고 할까? 쓸데없는 소리 하지 말고 가서 공부하라고 할 것이다. 이런 내용을 교회 안으로 옮겨 볼까? 누군가 얘기한다. "요즘 이상하게 예배를 드리기가 싫습니다. 교회에만 오면 마음이 답답합니다." 아마 주변에서 전부 기도하자고 할 것이다. 학교에서는 말도 안 되는 핑계인데 교회에서는 심각한 고민이 되는 이유가 무엇일까?

교회학교 교사나 찬양대로 봉사를 하는 사람이 있다. 언젠가부터 고민이 생겼다. "봉사를 하려면 자원하는 마음으로 해야 한다. 지금 나한테는 자원하는 마음이 없다. 이렇게 억지로 하는 것은 하나님 보시기에 옳지 않다. 당분간 쉬어야겠다." 이런 논리가 다른 상황에서도 통할까? 어떤 학생이 생각한다. "내가 지금 공부를 하고 있기는 하지만 자원해서 하는 것이 아니다. 순전히 억지로 하고 있다. 이건 위선이다. 공부할 마음이 생길 때까지 노는 것이 옳다."

어떤 집 딸이 가출했다. 부모가 백방으로 수소문을 했다. 얼마나 지났는지 모른다. 딸이 사창가에 팔려서 아무런 소망 없는 삶을 살고 있었다. 부모가 몸값을 치르고 데려왔다. 딸이 생각한다. "내가 사창가에서 밑바닥 인생을 살고 있었는데 어머니, 아버지가 나를 딸로 맞아주셨다. 내가 성실히 살 이유가 있을까? 어차피 다시 가출하면 또 맞아 주실 텐데…" 이런 얘기가 말이 안 되는 것은 다 알면서 "구원은 율법을 지켜서 얻는 것이 아니다. 하나님의 은혜로 주어진다."라는 말을 들으면 "그럼 맘대로 살아도 되는 거네요?"라는 생각을 하는 것이 무슨 영문일까?

우리 정서가 그만큼 하나님 반대쪽이다. 그렇지 않으면 본문을 말할 이유가 없다. "형제들아 너희가 자유를 위하여 부르심을 입었나니 그 사실을 명심할지니라"라고 하면 된다. 그런데 우리한테 자유가 있다는 말을 하고는 이어서 그 자유로 육체의 기회를 삼지 말라고 당부한다. 행여 육체의 기회를 삼으면 자유를 상실하게 되고, 다시 종의 멍에를 메게 된다.

'기회'로 번역된 헬라어 '아포르메(αφορμη)'는 군사 작전을 위한 베이스캠프를 뜻한다. 영을 따르느냐, 육을 따르느냐 하는 문제를 전시 상황으로 설명하는 것이다. 본래 우리가 육체에 속해 있었는데 그리스도께서 보혈로 값 주고 탈환했다. 그것을 다시 육체의 욕망에 빼앗기면 안 된다. 그것이 전부가 아니다. 적극적으로 해야 하는 일도 있다. 사랑으로 서로 종노릇하는 일이다. 사랑으로 서로 종노릇하면 우리한테 주어진 자유를 육체의 기회로 삼는 일도 없을 것이다.

이스라엘이 홍해를 건넜다. 더 이상 애굽의 노예가 아니다. 애굽의 눈치를 보면서 벽돌을 만들 이유가 없다. 그렇다고 해서 "와! 꼴 보기 싫은 애굽 사람들을 안 보니 살맛난다." 하고, 매일 먹고 마시는 것으로 파티를 하며 세월을 탕진해도 되는 것이 아니다. 홍해를 건넜으면 부지런히 가나안에 가야 한다. 그런 내용을 "그리스도께서 우리를 자유롭게 하려고 자유를 주셨으니 그러므로 굳건하게 서서 다시는 종의 멍에를 메지 말라", "형제들아 너희가 자유를 위하여 부르심을 입었으나 그러나 그 자유로 육체의 기회를 삼지 말고 오직 사랑으로 서로 종노릇하라"라고 하는 것이다.

방금 종의 멍에를 메지 말라고 했는데 그새 종노릇하라는 것이 무슨 영문일까? 종의 멍에를 메지 말라는 얘기는 우리가 더 이상 율법의 압제 아래 있지 않다는 뜻이다. 그렇다고 해서 방종해도 되는 것이 아니다. 사랑으로 서로 종노릇해야 한다.

흔히 신자는 신자답게 살아야 한다고 한다. 당연한 말이다. 신자가 불신자 흉내를 낼 이유는 없다. 출애굽한 이스라엘로 얘기하면 부지런히 가나안에 가는 것이 신자다운 것이다. 무조건 홍해 건너편에서 살면 되는 것이 아니라 가나안에 가야 한다. 하나님이 홍해를 가르신 이유가 이스라엘을 가나안으로 인도하기 위한 것이었다. 갈라디아교회 교인들로 얘기하면, 사랑으로 서로 종노릇하는 것이 신자다운 것이다.

5:14-15〉 온 율법은 네 이웃 사랑하기를 네 자신같이 하라 하신 한 말씀에서 이루어졌나니 만일 서로 물고 먹으면 피차 멸망할까 조심하라

온 율법은 네 이웃 사랑하기를 네 자신같이 하라 하신 한 말씀에서 이루어졌다고 한다. "그렇게 율법을 지키고 싶으냐? 그럼 제대로 지켜라. 네 이웃 사랑하기를 네 자신같이 하는 것이야말로 율법의 완성이다."라는 뜻이다. 할례를 받고 날이나 달, 절기를 지키는 것이 문제가 아니다. 사랑으로 서로 종노릇을 하면 그것으로 모든 것이 충분하다.

어떤 율법사가 예수님께 가장 큰 계명이 어떤 계명인지 물었다. 세상 법에는 중요한 순서가 있다. 헌법이 가장 상위에 있고 법률, 명령(대통령령), 규칙(총리령), 조례 순서다. 계명에는 그런 것이 없다. 그때 예수님이 "네 마음을 다하고 목숨을 다하고 뜻을 다하여 주 너의 하나님을 사랑하라 하셨으니 이것이 크고 첫째 되는 계명이요 둘째도 그와 같으니 네 이웃을 네 자신같이 사랑하라 하셨으니 이 두 계명이 온 율법과 선지자의 강령이니라"라고 했다.

하나님 사랑이 가장 중요하고 그다음에는 이웃 사랑이 중요하다는 뜻이 아니다. '둘째도 그와 같으니'라고 했다. 둘째도 크고 첫째 되는 계명이기는 마찬가지다. 하나님 사랑과 이웃 사랑 사이에 아무런 차이가 없다.

"이 두 계명이 온 율법과 선지자의 강령이니라"라고 했는데 강령은 "일의 근본이 되는 큰 줄거리"라는 뜻이다. 또 율법과 선지자는 성경을 말한다. 우리한테는 구약과 신약이 있지만 당시는 구약뿐이었다. 율법은 율법서 즉 창세기, 출애굽기, 레위기, 민수기, 신명기를 말하고 선지자는 선지자들의 글, 선지서를 말한다. 이사야, 예레미야, 예레미야애가, 에스겔, 다니엘, 호세아, 요엘, 아모스, 오바댜, 요나, 미가, 나훔, 하박국, 스바냐, 학개, 스가랴, 말라기가 다 선지서다. "이 두 계명이 온 율법과 선지자의 강령이니라"를 다른 말로 하면 "이 두 계명이 성경의 핵심이니라"가 될 것이다. 이를테면 "공부 열심히 하라"와 같다. "공부 열심히 하라"에는 "늦잠 자지 마라", "TV 보지 마라", "컴퓨터 게임 하지 마라", "놀러 다니지 마라"가 다 포함된다.

성경에는 "…하라"라는 긍정적인 계명이 248가지, "…하지 말라"라는 부정적인 계명이 365가지, 모두 613가지의 계명이 나온다. 이중에서 하나님 사랑, 이웃 사랑이 이 모든 계명의 원리다. 다른 계명은 이 계명에 대한 일종의 세부 시행 규칙이다.

예수님이 "새 계명을 너희에게 주노니 서로 사랑하라 내가 너희를 사랑한 것같이 너희도 서로 사랑하라"라고 하셨다. 새 계명이 있으면 옛 계명도 있을 것이다. 구약에 있는 모든 계명이 옛 계명인 셈이다. 그러면 계명에 유통기한이라도 있어서 용도 폐기된 것일까? 그럴 수는 없다. 서로 사랑하면 그것으로 모든 계명이 충분하다는 뜻이다. 공부를 열심히 하면 이런저런 다른 잔소리를 들을 이유가 없는 것과 같다. "하나님 사랑, 이웃 사랑"이 모든 계명의 원칙인데 하나님을 사랑하는 사람이라면 이웃을 사랑하기 마련이다. 이웃을 사랑하면 율법을 다 이룬 셈이다.

우리는 자유를 위해서 부르심을 입은 사람들이다. 우리한테는 자유가 있다. 다시 종의 멍에를 멜 이유가 없다. 그 자유로 무엇을 해야 하는가 하면, 사랑으로 서로 종노릇해야 한다. 이웃을 사랑하는 것이 곧 율법의 완성이다.

이스라엘이 홍해를 건너서 바로 가나안으로 직행한 것이 아니다. 먼저 시내산에서 율법을 받았다. 율법을 지켜서 합격 판정을 받아야 애굽에서 나올 수 있는 것은 아니지만 가나안 땅에 들어가서 살려면 율법을 지켜야 하기 때문이다. 물론 우리가 다 아는 것처럼 이스라엘은 그 일에 실패했다. 나라는 망하고 백성들은 포로 신세가 되어 바벨론에 끌려갔다. 거듭된 경고에도 불구하고 율법을 떠나 살더니 가나안 땅에서 살 자격을 박탈당한 것이다.

우리가 율법을 지켜서 하나님께 합격 판정을 받은 것이 아니다. 우리가 하나님의 백성이 된 것은 전적인 은혜다. 그런 은혜를 입었으면 하나님 백성다

워져야 한다. 유치하게 비유하면, 착한 사람이 구원 얻는 것은 아니지만 구원을 얻었으면 착한 사람이 되어야 한다. 이스라엘은 실패했지만 우리는 실패하면 안 된다.

만일 실패한다면 그 실패가 어떻게 나타날까? 옛날 이스라엘은 우상 숭배로 나타났다. 갈라디아교회 교인들은 서로 물고 먹는 것으로 나타날 우려가 다분히 있다. 15절에서 "만일 서로 물고 먹으면 피차 멸망할까 조심하라"라고 했다. 우리는 사랑으로 서로 종노릇해야 하는 사람들인데 자칫 서로 물고 먹을 수 있다는 것이다. 결국 바울의 얘기는 "할례에 대해서, 혹은 거룩한 날이나 다른 의식을 지키는 것에 대해서 서로 비난하지 말라. 대신 사랑으로 서로 섬기고 돕는 일에 전념해라. 만일 너희가 서로 물어뜯고 잡아먹는다면 모두 멸망할 것이다."라는 뜻이다. 하라는 공부는 안 하고 매일 늦잠 자고 밤늦게까지 TV 보고 틈만 나면 컴퓨터 게임하고 늘 놀러 다니면 성적 떨어질 것이 뻔한 것과 같다.

"만일 서로 물고 먹으면…"이라고 할 때의 '물고'는 뱀을 연상하게 한다. 출애굽한 이스라엘이 하나님을 원망하자 하나님이 불뱀을 보내어 물게 한 적이 있다. 그때 이 단어가 쓰였다. "단은 길섶의 뱀이요 샛길의 독사로다 말굽을 물어서 그 탄 자를 뒤로 떨어지게 하리로다(창 49:17)", "함정을 파는 자는 거기에 빠질 것이요 담을 허는 자는 뱀에게 물리리라(전 10:8)", "마치 사람이 사자를 피하다가 곰을 만나거나 혹은 집에 들어가서 손을 벽에 대었다가 뱀에게 물림 같도다(암 5:19)"라고 할 때도 이 단어가 쓰였다.

사랑으로 서로 종노릇하는 것이 성령 안에서의 삶이라면 서로 물고 먹는 것은 마귀의 삶인 셈이다. 우리한테는 자유가 있다. 그 자유로 무엇을 할지 스스로 선택할 수 있다. 성령 안에서의 삶을 선택할 수도 있고 마귀의 삶을 선택할 수도 있다. 우리한테 주어진 자유를 육체의 기회로 삼을 수도 있고 사랑으로 서로 종노릇할 수도 있다.

하나님이 왜 선악과를 만들었느냐는 질문을 지금까지 몇 번이나 들었는지 모른다. 분명한 사실은 하나님이 그만큼 우리의 선택을 존중하신다는 사실이다. 우리가 죄를 짓기로 고집부리면 하나님은 그것마저도 허락하신다. 순종이 순종일 수 있으려면 불순종의 여지가 있어야 하기 때문이다. 불순종의 여지가 없는 순종은 순종이 아니다.

빌 하이벨스 목사가 쓴 〈아무도 보는 이 없을 때 당신은 누구인가?〉에 '사전 의사 결정'이라는 말이 나온다. 어떤 일을 하려면 그 일이 임박한 다음에 의사를 결정할 것이 아니라 사전에 의사를 결정해야 한다는 것이다.

매일 아침에 운동을 하기로 한 사람이 있다. 하루가 지나자 괜히 딴 생각이 든다. 몸이 피곤하기도 하고 그날따라 할 일이 많기도 하고 비도 온다. 하지만 운동을 하기로 사전에 의사를 결정했으면 그대로 해야 한다는 것이다. 아침에 일어나는 것도 마찬가지다. 핸드폰 알람이 울리면 누구나 꼼지락거리며 "조금만 더 자고 일어나야지"라는 생각을 한다. 이때 조금 더 자고 일어나는 것은 임박한 의사 결정이고, 알람이 울리는 시간에 일어나는 것은 사전 의사 결정이다. 그럼 사전에 결정한 의사를 따르면 된다.

당연한 말이다. 방금 우리가 죄를 짓기로 고집부리면 하나님은 그것마저 허락하신다고 했다. 사전에 죄를 짓기로 의사를 결정하는 사람은 없다. 전부 임박한 의사 결정에 따라 죄를 짓는다.

출애굽한 이스라엘의 사례를 보자. 그들은 걸핏하면 애굽으로 돌아가자는 망발을 했다. 설마 홍해를 건널 때부터 그런 마음이었을까? 그때는 전부 한 목소리로 하나님을 찬양했다. 그런데 목이 마르거나 먹을 것이 없을 때, 혹은 길이 험할 때마다 딴소리를 했다. 전부 임박한 의사 결정이다.

바울이 갈라디아교회 교인들한테 당부한다. "형제들아 너희가 자유를 위하여 부르심을 입었으나 그러나 그 자유로 육체의 기회를 삼지 말고 오직 사랑으로 서로 종노릇하라." 이 말을 알아듣지 못한 사람이 있었을까? 온 율법은 네 이웃 사랑하기를 네 자신같이 하라 하신 한 말씀에서 이루어졌다는 말씀도 했다. 만일 서로 물고 먹으면 피차 멸망할까 조심하라는 당부도 했다. 다 알아들었으면 그대로 행하기로 작정해서 그렇게 하면 된다. 괜히 이런저런 핑계를 댈 이유가 없다.

우리한테 옮겨 볼까? 우리 중에 "내가 비록 신자이기는 하지만 기회 있을 때마다 불신자 흉내를 내야지"라고 하는 사람은 없다. 그러면 신자로 살면 된다. 비가 오면 비가 오는 대로 신자로 살면 되고, 바람이 불면 바람이 부는 대로 신자로 살면 된다. 그렇게 사는 것이 자기한테 유리한지 불리한지 따질 이유가 없다. 신자로 살기로 했으면 신자로 살면 그만이다. 우리한테는 그런 선택을 할 자유가 있다.

5:16-18〉 내가 이르노니 너희는 성령을 따라 행하라 그리하면 육체의 욕심을 이루지 아니하리라 육체의 소욕은 성령을 거스르고 성령은 육체를 거스르나니 이 둘이 서로 대적함으로 너희가 원하는 것을 하지 못하게 하려 함이니라 너희가 만일 성령의 인도하시는 바가 되면 율법 아래에 있지 아니하리라

우리는 자유를 위해서 부르심을 입었다. 그 자유로 육체의 기회를 삼을 것이 아니라 오직 사랑으로 서로 종노릇해야 한다. 온 율법은 네 이웃 사랑하기를 네 자신같이 하라 하신 한 말씀에서 이루어졌기 때문이다.

그러면 얘기가 어떻게 될까? 서로 사랑하기로 작정해서 그 사랑을 실천하면 되는 것일까? 우리는 종의 멍에를 멜 필요가 없다고 했는데, 그것이 새로운 멍에가 되는 것은 아닐까?

복음과 율법의 차이가 어디에 있을까? 우리는 자유를 위하여 부르심을 입었다. 분명히 복음이다. 그런데 사랑으로 서로 종노릇하라고 한다. 그러면 도로 율법이지 않은가?

어떤 교회에서 서로 사랑하라는 설교를 했다. 그다음에 어떻게 되었을까? "목사님이 서로 사랑하라고 설교했다. 교인들은 한목소리로 '아멘'했다. 그렇게 해서 사랑이 넘치는 교회가 되었다."라는 말은 들어본 적이 없다. 오히려 "사랑하라고 했는데 왜 사랑하지 않느냐?"라는 불협화음이 들릴 가능성이 훨씬 높다.

바울이 이런 사실을 모를까? 그래서 "내가 이르노니 너희는 성령을 따라 행하라 그리하면 육체의 욕심을 이루지 아니하리라"라고 한다. 우리는 사랑하라는 율법을 감당해야 하는 사람이 아니라 성령을 따라 행해야 하는 사람이다. 성령을 따라 행하는지 여부를 어떻게 알 수 있는가 하면, 육체의 욕심을 이루는지 여부로 알 수 있다.

복음의 은혜를 입었다고 해서 육체의 욕구가 사라지지는 않는다. 복음은 곧 자유를 말하는데 그 자유로 육체의 기회를 삼을 개연성이 얼마든지 있다. 단, 그렇게 하지 말아야 한다. 물론 쉽지 않다. 육체의 소욕은 성령을 거스르고 성령은 육체를 거스르기 때문이다. 이 둘이 서로 대적한다. 결론적으로 선택을 해야 한다. 양쪽의 욕구를 다 이룰 수는 없다.

산상수훈에 "한 사람이 두 주인을 섬기지 못할 것이니 혹 이를 미워하고 저를 사랑하거나 혹 이를 중히 여기고 저를 경히 여김이라 너희가 하나님과 재물을 겸하여 섬기지 못하느니라"라는 말씀이 있다. 예수님이 왜 이런 말씀을 하셨을까? 우리한테 하나님과 재물을 겸하여 섬기려는 경향이 있기 때문이다. 노골적으로 "난 돈만 있으면 된다. 하나님은 필요 없다."라고 하는 사람은 없다. 전부 하나님이 인생의 주인이라고 한다. 그러면서 한편으로는 돈을 구한다. 그것이 하나님과 돈을 겸하여 섬기는 것인 줄 자기 자신도 모른다.

"누구든지 나를 따라오려거든 자기를 부인하고 자기 십자가를 지고 나를 따를 것이니라"라는 말씀도 마찬가지다. 사람들은 자기를 부인하지 않은 채 예수님을 따르려고 한다. 그런 사람이 하는 착각이 있다. 자기 욕구를 이루는 것이 예수님을 따른 보람인 줄 안다. 그래서 예수님이 "나를 따르려면 너는 없어져야 한다"라고 못을 박으신 것이다. 양다리는 안 된다.

천생 양자택일을 해야 한다. 하나님도 섬기고 재물도 섬기려는 사람은 실상 재물을 섬기는 사람인 것처럼 자기가 아무리 성령을 따라 행한다고 우겨도 자기 안에서 육체의 소욕이 이루어지고 있으면 육체를 따르는 사람이다.

인조 때 병자호란이 있었다. 삼전도의 굴욕으로 강화를 맺었고 소현세자와 봉림대군이 볼모로 끌려갔다. 그때 항복 조건에 "내외의 여러 신하들과 혼인하여 화친을 공고히 한다"라는 조항도 있었다. 조선 처녀들을 바치라는 요구다.

효종 때 청나라 칙사가 와서 혼인 문제를 제기했다. 청나라 황제가 열세 살의 순치제였는데 숙부인 도르곤(청 태종의 이복동생)이 섭정을 하고 있었다. 그 도르곤의 배우자를 조선에서 구한다는 것이다.

당시는 숭명배청사상이 있을 때였다. 2품 이상 관료 200명이 모였는데 딸이 있다는 사람이 고작 한 명뿐이었다. 모두 딸을 숨기기에 급급했다. 청의 요구를 거절할 수 없다는 사실은 인정하지만 자기 딸을 보낼 마음은 없었다.

누군가 총대를 메지 않으면 그 부담은 고스란히 국왕인 효종에게 돌아간다.

금림군 이개윤이 자기한테 딸이 있는데 제법 자색이 있다고 자청했다. 그 한마디에 조정 분위기가 확 바뀌었다. 위기를 무사히 넘길 수 있게 된 것이다. 효종은 금림군의 딸을 자신의 양녀로 삼고 의순공주라고 했다. 도르곤의 배우자로 보내기 위한 '신분 세탁'이다.

효종에게는 금림군 이개윤이 다시없는 충신이다. "금림군 대감 고맙소이다"라는 말을 수없이 반복했을 것이다. 하지만 전부 같은 마음은 아니었다. 금림군이 돈과 권력에 눈이 멀어 딸을 팔아먹었다고 흉보는 사람들도 있었다. 물론 딸을 숨긴 사람들이다. 금림군이 어떤 마음이었을까? 나라를 위한 우국충정으로 혈육의 정을 끊었을까, 돈과 권세를 탐해서 혈육의 정을 외면했을까? 사람들은 이런 경우에 "진실은 금림군 대감 혼자만 안다"라고 할 것이다.

하지만 우리가 사는 세상에서는 본인도 모르는 경우가 있을 수 있다. 프로 야구 선수들이 연봉 계약을 할 때마다 자존심을 세워달라고 한다. 연봉이 적으면 실력을 인정받지 못한다는 뜻이다. 그래서 "돈이 아니라 자존심이 문제다"라는 말을 한다. 그런데 그 자존심을 충족하려면 돈을 더 받아야 한다. 그 선수가 진짜 원하는 것이 돈인지 자존심인지 누가 알까? 선수 본인은 극구 자존심이라고 주장하겠지만 어쩌면 돈인 것을 자신도 모를 수 있다.

이 세상에서는 자기 마음을 자기가 모르는 경우가 얼마든지 있다. 그러면 자기가 성령을 따르는지 육체를 따르는지도 모를 수 있지 않을까?

열매로 나무를 아는 법이다. 가시나무에서 포도를 딸 수 없고, 엉겅퀴에서 무화과를 딸 수 없다. 좋은 나무가 나쁜 열매를 맺을 수 없고, 못된 나무가 아름다운 열매를 맺을 수 없다. 성령을 따르는 것과 육체를 따르는 것 사이에도 그런 차이가 있다. 성령이 인도하는 사람은 육체의 욕심을 이루지 않는 다. 어떤 사람이 육체의 욕심을 이루면 그 사람은 육체를 따르는 사람이다.

5:19-21〉 육체의 일은 분명하니 곧 음행과 더러운 것과 호색과 우상 숭배와 주술과 원수 맺는 것과 분쟁과 시기와 분 냄과 당 짓는 것과 분열함과 이단과 투기와 술 취함과 방탕함과 또 그와 같은 것들이라 전에 너희에게 경계한 것 같이 경계하노니 이런 일을 하는 자들은 하나님의 나라를 유업으로 받지 못 할 것이요

학교 다닐 적에 체육 시간이 참 싫었던 기억이 있다. 나는 운동 신경이 거 의 없다. 중학생 때 100m 달리기가 18초였다. 체육 시간마다 축구를 했는데 전, 후반 내내 뛰어다녀도 공을 한 번도 못 찬 적이 수두룩하다. 그 시절에 가끔 들었던 질문이 있다. "너, 어느 편이냐?"라는 질문이다. 내가 축구하는 모습으로는 어느 팀인지 분간이 안 되었다는 뜻이다.

하지만 어떤 사람이 성령을 따라 사는지, 육체를 따라 사는지는 모를 수 없 다. 삶에서 드러나기 때문이다. 내가 축구하는 모습으로는 어느 팀인지 분간 이 안 되어도 어느 한 팀이 골을 넣으면 내 표정에서 그것이 드러날 것이다. 아무리 뜨뜻미지근하게 보여도 성령을 따라 사는 사람과 육체를 따라 사는 사람은 구별될 수밖에 없다.

그래서 "육체의 일은 분명하니 곧 음행과 더러운 것과 호색과 우상 숭배와 주술과 원수 맺는 것과 분쟁과 시기와 분 냄과 당 짓는 것과 분열함과 이단 과 투기와 술 취함과 방탕함과 또 그와 같은 것들이라"라고 한다. 누군가의 삶 속에서 이런 것이 나타나면 그 사람은 육체를 따르는 사람이다. "…또 그와 같은 것들이라"라고 한 것을 보면 육체를 따르는 사람한테서 나타나는 특성을 다 열거한 것이 아니다. 이것 말고도 얼마든지 더 있다.

죄형법정주의라는 말이 있다. 법률이 없으면 범죄도 없고 형벌도 없다는 원칙이다. 어떤 행위를 범죄로 처벌하려면 범죄와 형벌이 법률로 정해져 있어야 한다.

우리 중에 여리고성이 무너진 얘기를 모르는 사람은 없다. 그런 일이 지금 벌어지면 어떻게 될까? 어떤 사람이 누군가한테 앙심을 품고는 그 사람의 집을 일주일 동안 맴돌아서 집이 무너졌다고 하자. 집주인은 법에 호소해서라도 피해를 보상받으려고 할 것이다. 하지만 죄형법정주의 원칙에 따르면 집 주위를 맴돌아서 집이 무너지게 한 행위는 무죄다. 법률이 범죄로 규정하지 않기 때문이다.

육체를 따르는 사람들한테서 나타나는 일은 어떨까? 어떤 사람이 음행을 하면 육체를 따르는 사람이다. 우상을 숭배해도 그렇고 분쟁이나 시기, 분냄, 당 짓는 것도 그렇다. 다른 항목도 얼마든지 더 있다. "또 그와 같은 것들이라"를 〈메시지성경〉에서는 "더 열거할 수도 있지만 그만하겠습니다"로 번역했다. 흔히 쓰는 표현대로 하면 '기타 등등'이다.

세상에서는 어떤 것이 죄인지 일일이 법률로 규정한다. 법률로 규정되지 않은 것은 죄가 아니다. 그런데 육체를 따를 때 나타나는 것이 어떤 것인지는 일일이 열거하지 않는다. 따로 열거하지 않아도 다 안다는 뜻이다.

가인이 아벨을 죽였다. 하나님이 가인에게 아벨이 어디 있느냐고 묻자, "내가 알지 못하나이다. 내가 내 아우를 지키는 자니이까?"라고 발뺌했다. 그때는 십계명이 주어지기 전이었는데도 자기 행위가 잘못인 것을 알았다는 뜻이다. 만일 몰랐으면 "제가 방금 죽였는데 왜 그러십니까?"라고 했을 것이다.

본문에는 열다섯 가지 항목이 열거되어 있지만 여기에 없는 것을 얼마든지 떠올릴 수 있다. 게으름, 탐심, 거짓말, 사기, 험담, 상해, 폭리, 교만, 자기 유익, 불의 등이 다 그렇다. 어떤 것이 육체를 따르는 것인지 분별하는 것은 어려운 일이 아니다. 누구나 안다. 알면서도 따르는 것이 문제다.

언젠가 우리나라 외식 문화에 문제가 많다는 푸념을 들은 적이 있다. 맛있다는 얘기만 들으면 어디든지 찾아가는 사람이 한둘이 아니다. TV에 출연한 적이 있다는 광고 문구가 안 붙은 음식점이 드물다. 그런데 그때 들은 푸념은 좀 이상했다. 음식을 맛있게 하는 음식점이 너무 많아서 도무지 다이어트를 할 수가 없다는 것이었다. 음식점에서 맛없는 음식만 팔면 자기가 왜 몸무게 때문에 고민하느냐고 하면 뭐라고 해야 할까?

권투 선수들 사이에 "승리를 나이트클럽에 두고 온다"라는 말이 있다고 한다. 무명 시절에는 열심히 땀 흘려 연습에 매진한다. 권투 이외의 것을 생각할 겨를이 없다. 그런데 인기가 올라가고 주머니에 돈이 들어오면 게을러진다. 나이트클럽을 드나들며 밤새 술을 마시고 낮에는 빈둥거린다. 그리는 중에 시합 날짜가 잡힌다. 부랴부랴 연습을 하는데 몸이 말을 듣지 않는다. 억지로 몸을 만들어서 링에 올라가지만 도전자의 주먹에 맥없이 무너지고 만다.

관객들은 그런 모습을 보면서 의아해한다. "저 훌륭한 선수가 왜 힘 한 번 못 써보고 주저앉는단 말인가?" 답은 간단하다. 링에 올라가기 전에 이미 진 경기였다. 상대방의 주먹에 맞고 나가떨어진 그를 보면서 심판이 카운트를 해서 진 것이 아니다. 밤새 술을 마실 때 이미 졌다. 승리를 나이트클럽에 두고 왔기 때문이다.

"전에 너희에게 경계한 것같이 경계하노니 이런 일을 하는 자들은 하나님의 나라를 유업으로 받지 못할 것이요"라고 말한 그대로다. 걸핏하면 나이트클럽에 드나드는 사람은 권투 선수 자격이 없다. 승리의 영광을 유업으로 받지 못한다. "한 달에 한 번 정도는 괜찮지 않습니까?", "금년 들어서 처음인데도 안 됩니까?" 하고 물을 이유가 없다.

맥스 루케이도 목사의 책에서 읽은 내용을 소개한다. 어떤 사람이 3개월 동안 외국에 나갈 일이 있어서 다른 사람한테 집을 맡겼는데 돌아와 보니 엉망이었다. 카펫과 커튼은 찢어졌고 벽은 낙서투성이였다. 가구도 부서져 있었다. 집도 가관이었지만 변명은 더 가관이었다. 대학 동아리에서 집을 빌려 달라고 해서 빌려줬다는 것이다. 축구부원들도 입단식 장소가 필요하다고 했다고 한다. 또 어떤 사람들이 단체로 몰려와서 파티 장소를 원하기도 했다. 그런 변명을 들은 집주인이 할 얘기는 한마디뿐이다. "당신은 거절할 줄도 모릅니까?"

누가복음 15장에 나오는 탕자가 왜 탕자일까? 자기 몫의 재산을 미리 받아서 멀리 타국에 가서 허랑방탕했으니 탕자라고 할 만하다. 그러면 따져보자. 그가 무엇을 낭비했을까? 당연히 돈을 낭비하지 않았나 싶지만 그보다 먼저 생각해야 할 사실이 있다. 그는 시간을 낭비했다. 아버지의 아들로 살아야 할 소중한 시간들을 무의미하게 흘려보냈다.

그가 집을 나가서 보낸 기간이 얼마나 되는지 모른다. 자기 몫의 재산을 받아서 먼 나라에 가서 그것을 다 탕진하고, 흉년이 들고 돼지를 치며 지냈으니 3년이나 5년 혹 10년일 수도 있다. 그 기간 동안 이룬 것이 아무것도 없다. 재산을 낭비한 것이 문제가 아니라 시간을 낭비한 것이 문제다.

도널드 밀러가 〈재즈처럼 하나님은〉에서 한 말이 있다. "마귀의 최대 계략은 우리를 악에 빠뜨리는 것이 아니라 시간을 낭비하게 하는 것이다." 적극적으로 악을 행하는 것이 문제가 아니다. 선을 이루어야 할 시간을 낭비하면 그것으로 이미 악을 이룬 셈이다. C. S. 루이스가 "지옥으로 가는 길은 벼랑이 아니라 밋밋한 내리막길이다. 사람들은 그 길을 아주 기분 좋게 걸어간다."라고 했다. 지옥을 택하는 사람은 없다. 단지 지옥에 이르는 길을 택할 뿐이다.

하나님 나라를 유업으로 받으라는데 싫다고 할 사람은 없다. 그러면 육체의 욕구를 따라 사는 대신 성령의 인도를 따라 살면 된다. 육체의 욕구를 따라 사는 사람과 성령의 인도를 받는 사람은 가는 길이 다르다. 우리한테 육체의 욕구가 있다는 사실이 곧 우리의 정체성일 수는 없다. 우리한테 주어진 자유로 그 욕구를 거부하는 것이 우리의 정체성이다. 사람은 자기가 진정으로 원하는 것을 선택하는 법이다. 그 선택이 그 사람이 어떤 사람인지 말해준다.

5:22-26〉 오직 성령의 열매는 사랑과 희락과 화평과 오래 참음과 자비와 양선과 충성과 온유와 절제니 이 같은 것을 금지할 법이 없느니라 그리스도 예수의 사람들은 육체와 함께 그 정욕과 탐심을 십자가에 못 박았느니라 만일 우리가 성령으로 살면 또한 성령으로 행할지니 헛된 영광을 구하여 서로 노엽게 하거나 서로 투기하지 말지니라

어떤 청년이 하나님이 왜 우리를 불순종할 수 있게 만들었느냐고 했다. 우리가 항상 말씀대로 순종하게 만들었으면 얼마나 좋았겠느냐는 것이다. 내가 물었다.

"혹시 로봇하고 연애해 볼래?"

"왜요?"

"로봇하고 연애하면 얼마나 좋아? 속 썩을 일도 없고, 프로그래밍만 해두면 모든 기념일 다 챙겨줄 테고, 한눈팔 일도 없이 일편단심 민들레 할 테고…"

"그런 연애를 무슨 재미로 해요?"

"그럼 하나님은 무슨 재미로 하나님 하냐?"

그리스도께서 우리를 자유롭게 하려고 자유를 주셨다. 우리는 자유를 위하여 부르심을 입은 사람들이다. 그 자유로 육체의 욕심을 따를 수도 있고, 성령을 따를 수도 있다.

우리한테 주어진 자유로 육체의 욕심을 이루는 것은 하나님께도 아픔이다. 그런 아픔을 기꺼이 감수하신다. 우리가 성령을 따라 행하는 것이 그만큼 귀한 일이기 때문이다. 연애를 하면 때로 속을 썩을 일이 생기기도 하지만 연애가 주는 기쁨은 그런 것과 비교가 안 되는 것과 같다.

자기한테 주어진 자유로 육체의 기회를 삼으면 나타나는 것은 죄다 육신의 일이라는 사실을 앞에서 확인했다. 음행, 더러운 것, 호색, 우상 숭배, 주술, 원수 맺는 것, 분쟁, 시기, 분 냄, 당 짓는 것, 분열함, 이단, 투기, 술 취함, 방탕함 같은 것들이 다 육체의 일이다. 반면 성령을 따라 행하면 사랑, 희락, 화평, 오래 참음, 자비, 양선, 충성, 온유, 절제 같은 성령의 열매를 맺게 된다.

육체와 성령만 대조되는 것이 아니다. 일과 열매도 대조된다. 성령을 따라 행하면 열매가 맺히지만 육체의 욕심을 따라 행하면 남는 것이 없다. 공연히 몸만 고달프다.

나무에 열매가 맺힐 때는 온 양분이 열매에 집중되기 때문에 잎과 줄기는 시들게 된다. 그런 일이 사람에게도 나타난다. 여자가 아이를 가졌을 때 입덧을 하는 것이 그렇다. 몸이 아이를 위해 적극적으로 반응하기 때문에 입맛이 바뀐다. 그런 입덧으로 헛구역질이라도 몇 번 하면 시어머니 앞에서도 당당히 누울 수 있게 된다. 그런 입덧만 있는 것이 아니다. 암 환자도 식성이 달라진다. 모든 신체 기관이 암세포와 싸우느라 몸의 기능이 거기에 맞춰 변하기 때문이다. 참 기가 막힌 노릇이다. 암세포 때문에도 입덧을 하고, 태아 때문에도 입덧을 한다. 같은 입덧인데 이유가 다르다. 물론 결과도 다르다.

육체의 욕심을 따르는 것과 성령을 따르는 것도 그렇다. 세상 욕심을 이루는 일은 힘들고 어렵지만 주님의 뜻을 행하는 일은 저절로 되는 것이 아니다. 둘 다 힘들고 어렵다. 고생은 똑같이 하는데 결과가 판이하게 다르다.

육체의 욕심을 따라 살면 이룬 것이 아무것도 없게 된다. 나름대로 계획을 세워서 성실하게 산다고 했는데도 그 결과는 음행, 더러운 것, 호색, 우상 숭배, 주술, 원수 맺는 것, 분쟁, 시기, 분 냄, 당 짓는 것, 분열함, 이단, 투기, 술 취함, 방탕함 같은 것들뿐이다. 대체 인생을 통해서 남긴 것이 무엇일까?

성령을 따라 행하면 그렇지 않다. 사랑, 희락, 화평, 오래 참음, 자비, 양선, 충성, 온유, 절제 같은 성령의 열매를 맺게 된다. 모두 몇 가지일까? 당연히 아홉 가지 아니냐 싶을 수 있는데 그렇지 않다. 열매가 복수가 아닌 단수이기 때문이다. 영어 성경에 보면 fruits가 아니고 fruit이 쓰였다.

산상수훈에 팔복이 나온다. 그렇다고 해서 복의 여덟 단계나 여덟 가지의 서로 다른 복을 말하는 것이 아니다. 팔복이 서로 다른 여덟 가지 복이면 얘기가 이상하게 된다. 어떤 사람이 심령이 가난하기는 하지만 애통하는 마음이 없다거나, 심령이 가난하기도 하고 애통하는 마음도 있는데 온유하지 않을 수 있기 때문이다. 천국을 소유하기는 했는데 위로를 받지는 못한다거나,

천국을 소유하기도 하고 위로를 받기도 하는데 땅을 기업으로 받지는 못한다고 하면 뭔가 이상하다. 팔복은 서로 다른 여덟 가지 복이 아니라 우리가 누리는 복을 다른 측면에서 얘기한 것이다. 심령이 가난한 사람은 애통하게 마련이고, 애통하는 사람은 온유하게 마련이고, 온유한 사람은 의에 주리고 목마르게 마련이다.

성령의 열매도 그렇다. 어떤 사람이 사랑의 열매는 맺었는데 희락의 열매는 맺지 못했다거나, 사랑의 열매와 희락의 열매는 맺었는데 화평의 열매는 맺지 못했다는 식의 일은 일어나지 않는다. 성령을 따라 행하는 사람에게는 사랑, 희락, 화평, 오래 참음, 자비, 양선, 충성, 온유, 절제가 다 나타나게 마련이다.

그런데 "…이 같은 것을 금지할 법이 없느니라"가 무슨 영문일까? 어떤 것은 금지할 법이 있을까?

흔히 선량한 사람을 가리켜서 법 없이도 산다고 한다. 그런 사람에게는 법이 있으나 없으나 상관이 없다. 육법전서를 달달 외워서 늘 조심하기 때문이 아니다. 평소 행실이 법에 저촉되지 않기 때문이다. 그 사람의 행위를 제어할 법이 없다.

어떤 사람이 성령을 따라 행하면 사랑, 희락, 화평, 오래 참음, 자비, 양선, 충성, 온유, 절제 같은 성령의 열매를 맺게 된다. 그런 사람에게는 율법이 필요 없다. 율법에 위배되는 일을 하지 않기 때문이다. 율법의 모든 조항을 세심하게 지키기 때문이 아니라 그의 모든 행위가 율법의 요구를 이룬 토대 위에서 행해지기 때문이다.

어떤 사람이 육체의 욕심을 따라 행한다고 하자. 그 사람의 행위를 금지할 법이 한두 가지가 아닐 것이다. 성령을 따라 행하는 사람은 그렇지 않다. 육체와 함께 그 정욕과 탐심을 십자가에 못 박았으니 무엇을 하든지 거리낄 것이 없다.

성령을 따라 행하는 사람을 그리스도 예수의 사람으로 바꿔서 말하는 것은 십자가에 못 박았다는 표현 때문이다. 예수님이 십자가에 못 박히신 것처럼 예수님을 그리스도로 고백하는 사람들 역시 자신을 십자가에 못 박았다.

앞에서 바울은 자기가 그리스도와 함께 십자가에 못 박혔다고 했다. 그리스도와 함께 죽었다는 뜻이다. 그런데 정욕과 탐심은 어지간해서는 죽지 않는 모양이다. "그리스도 예수의 사람들은 그 육체를 십자가에 못 박았느니라"라고 하면 될 텐데, 굳이 "그리스도 예수의 사람들은 육체와 함께 그 정욕과 탐심을 십자가에 못 박았느니라"라고 한다.

수년 전에 어떤 식당 메뉴판에서 전복해물뚝배기를 본 기억이 있다. 전복도 해물이니 해물뚝배기라고 해도 될 텐데 굳이 전복해물뚝배기라고 한 이유는 전복이 다른 해물보다 비싸기 때문이다. 육체와 함께 그 정욕과 탐심을 십자가에 못 박았다는 얘기도 그렇다. 우리가 특히 신경 써서 죽여야 할 대상이 정욕과 탐심이라는 사실을 강조하는 것이다. 사람들이 율법을 범하는 가장 큰 이유가 정욕과 탐심 때문임을 짐작할 수 있다.

언젠가 남편이 불신인 분이 하는 말을 얼핏 들은 기억이 있다. "제가 할 수 있는 일이 아니잖아요. 하나님께서 해주셔야죠." 남편을 전도해야 하지 않겠느냐는 말을 듣고 그렇게 대답한 것이다.

그런 말은 참 조심해야 한다. 일찍이 파스칼이 한 말이 있다. "모든 격언은 다 옳다. 사람들이 잘못 적용할 뿐이다." 맞는 말을 한다고 해서 무조건 맞는 말이 되는 것이 아니다.

어떤 사람이 담배를 끊었다고 하자. 옆에서 칭찬한다. "참 대단하십니다.

담배를 끊는 것은 상당히 어렵다던데 용케 끊으셨네요." 그런 경우에 "제가 끊었나요? 하나님이 끊게 해주셨죠."라고 할 수 있다. 그런데 담배를 피우는 사람한테 "신앙을 생각해서라도 담배를 끊어야 하지 않겠습니까?"라고 했을 때 "제가 어떻게 끊나요? 하나님이 끊게 해주셔야죠."라고 할 수는 없다.

그리스도 예수의 사람들은 육체와 함께 그 정욕과 탐심을 십자가에 못 박았다. 육체와 함께 그 정욕과 탐심을 십자가에 못 박는 일이 그리스도 예수의 사람들에게 행해지는 일이 아니다. 직접 행해야 하는 일이다. 정욕과 탐심을 억제하는 일을 하나님이 대신해주시지 않는다. 자기가 해야 한다.

언젠가 이런 말을 했더니 "하나님께 맡기면 되지 않습니까?"라는 사람이 있었다. 당연한 말이다. 하나님께 맡기면 된다. 그러면 어떻게 하는 것이 하나님께 맡기는 것일까? 하나님께 맡기면 된다는 말이 일을 성취하는 방법으로 동원된 말일까, 그만큼 견고하게 하나님을 신뢰한다는 뜻으로 한 말일까?

어떤 사업가가 아들한테 사업체를 물려주었다. 아들이 아버지를 대신해서 사업을 열심히 꾸려보려고 했지만 생각처럼 쉽지 않았다. 적자가 계속 늘어만 갔다. 보다 못한 아버지가 말한다. "생각보다 어렵지? 나한테 맡겨봐."

그다음부터 아들 일과가 어떻게 바뀔까? 아버지에게 운영권을 맡겼으니까 1년 동안 골프나 치며 놀다가 연말에 와서 영업 이익만 챙겨 가면 되는 것이 아니다. 아버지의 운영 방침에 따라야 한다. 아버지 도장 들고 은행에도 갔다 와야 하고, 이해가 안 되는 계약도 체결해야 하고, 만나기 싫은 사람도 만나야 한다.

하나님께 맡기는 것이 그렇다. 팔짱 끼고 앉아 있다가 하나님께서 이루신 결과를 누린다는 뜻이 아니다. 하나님의 주권을 인정한다는 뜻이고, 하나님께 온전히 순종한다는 뜻이다. 어떤 사람이 육체와 함께 그 정욕과 탐심을 십자가에 못 박는 일을 하나님께 맡겼으면 철저히 하나님께 순종해서 그 일을 감당해야 한다. 하나님은 절대 우리가 할 일을 대신해주시지 않는다.

"꼭 그렇게 해야 합니까?"라고 물으면 뭐라고 하면 될까? 혹시 우리가 육체를 따라 행한다면 관계없다. 육체를 따라 사는 삶을 통해서는 어차피 아무런 결실도 없다. 하지만 성령으로 살면 성령으로 행해야 한다.

24절이 왜 있을까? 22-23절에서 성령의 열매를 얘기했다. 25-26절에서 "만일 우리가 성령으로 살면 또한 성령으로 행할지니 헛된 영광을 구하여 서로 노엽게 하거나 서로 투기하지 말지니라"라고 했다. 24절이 없는 것이 오히려 자연스럽다. "성령의 인도를 받는 사람은 성령의 열매를 맺는다. 성령의 열매는 사랑, 희락, 화평, 오래 참음, 자비, 양선, 충성, 온유, 절제다. 우리가 성령으로 살면 성령으로 행해야 한다."라는 말을 하면서 중간에 "그리스도 예수의 사람들은 육체와 함께 그 정욕과 탐심을 십자가에 못 박았느니라"라고 할 이유가 있을까?

포도나무에서 포도가 열린다. 무화과나무에서 무화과가 열린다. 나무는 하는 일이 없다. 포도나무이기 때문에 포도가 열리고, 무화과나무이기 때문에 무화과가 열린다. 다분히 수동적으로 보일 수 있다.

성령의 열매를 맺는 것은 그렇지 않다. 자기는 가만히 있는 채로 저절로 이루어지지 않는다. 자기 육체와 함께 정욕과 탐심을 적극적으로 십자가에 못 박아야 한다. 성령님이 대신해주시지 않는다. 그렇게 해야 한다는 감동을 줄 뿐이다. 그 감동에 순종하는 것은 오롯이 우리 몫이다. 그래서 "만일 우리가 성령으로 살면 성령으로 행할지니"라고 하는 것이다.

〈표준새번역성경〉은 "우리가 성령으로 삶을 얻었으니, 우리는 성령이 인도해 주심을 따라 살아갑시다."라고 번역했다. "우리가 예수님을 구세주로 고백한다면 예수님을 주인으로 모시고 살아야 합니다"라고 해도 달라지는 것이 없다. 흔히 하는 말로 바꾸면 "신자는 신자답게 살아야 한다"가 될 것이다. 우리가 적극적으로 감당해야 할 우리 책임이다.

예수님을 주인으로 모시지 않으면 자기가 주인이 되어 살아갈 것이다. 신자답게 살지 않으면 불신자답게 살 것이다. 성령으로 행하지 않으면 어떻게 될까? 이어지는 26절이 "헛된 영광을 구하여 서로 노엽게 하거나 서로 투기하지 말지니라"이다. 성령으로 행하지 않으면 헛된 영광을 구하게 되고, 헛된 영광을 구하면 서로 노엽게 하거나 서로 투기하게 된다.

난데없이 헛된 영광을 구한다는 말이 왜 나올까? 헛된 영광은 참된 영광에 대조되는 표현이다. 성령으로 행하는 사람이 참된 영광을 구하는 사람이다. 그런 사람은 사랑, 희락, 화평, 오래 참음, 자비, 양선, 충성, 온유, 절제의 열매를 맺는다. 전부 하나님의 영광을 지향한다. 즉 헛된 영광을 구한다는 얘기는 자기 유익, 자기 영광을 구한다는 뜻이다.

두 사람이 기도하러 성전에 갔다. 한 사람은 바리새인이고 한 사람은 세리다. 바리새인이 "하나님이여 나는 다른 사람들 곧 토색, 불의, 간음을 하는 자들과 같지 아니하고 이 세리와도 같지 아니함을 감사하나이다. 나는 이레에 두 번씩 금식하고 또 소득의 십일조를 드리나이다."라고 기도했다. 바리새인은 분리된 사람들이라는 뜻이다. 이왕 율법을 지키는 것, 세상과 분리되어서 제대로 지키려고 작정한 사람들이다. 철저하게 율법의 테두리 안에서 지낸다. 그런데도 자기 영광을 구했다. 율법의 속박마저 없으면 어떻게 된다는 얘기일까?

우리는 자유를 위하여 부르심을 입었다. 그 자유로 사랑으로 서로 종노릇해야 한다. 그런데 육체의 기회를 삼을 수도 있다. 성령을 따라 행하는 것이 아니라 육체의 소욕을 따라 행하는 것이다. 그러면 구하는 것이 무엇일까?

사람은 애초에 하나님의 영광을 위하여 지어졌다. 하나님의 영광을 위해서 살지 않으면 어떻게 될까? 답은 뻔하다. 제자리에 가만히 있는 것이 아니라 자기 영광을 위해서 살게 된다. 자기가 인정받아야 하고, 자기가 주목받아야 한다. 자기가 남보다 잘나야 한다. 그런 헛된 영광을 구하면 서로 노엽게 하고, 서로 투기하게 마련이다. 사랑으로 서로 종노릇해야 하는데 오히려 서로를 경쟁 상대로 여긴다.

야고보와 요한이 예수님께 청탁을 한 적이 있다. "주의 영광 중에서 우리를 하나는 주의 우편에, 하나는 좌편에 앉게 하여 주옵소서."가 청탁 내용이었다. 그때 예수님은 예루살렘으로 가는 중이었다. 예루살렘에 가면 십자가에 달릴 것이다. 그때까지도 그런 생각을 했다. 야고보와 요한만 그랬던 것이 아니다. 그것이 제자들의 수준이었다.

그런 생각이 언제 치유되었을까? 제자들한테 국한하는 문제가 아니다. 우리한테는 그런 생각이 없을까? 우리의 관심이 어디에 있을까? 하나님께 있을까, 우리한테 있을까? 우리는 헛된 영광을 구하는 것으로 인생을 낭비해도 되는 사람들이 아니다.

사람들은 시간이 빨리 지나간다고 한다. 하지만 시간은 지나가서 없어지는 것이 아니다. 우리가 보내는 모든 날이 하나님 앞에 차곡차곡 쌓이게 된다. 우리는 그 하루하루를 성령을 따라 행하는 사람들이다.

6장 짐 진 자의 흔적

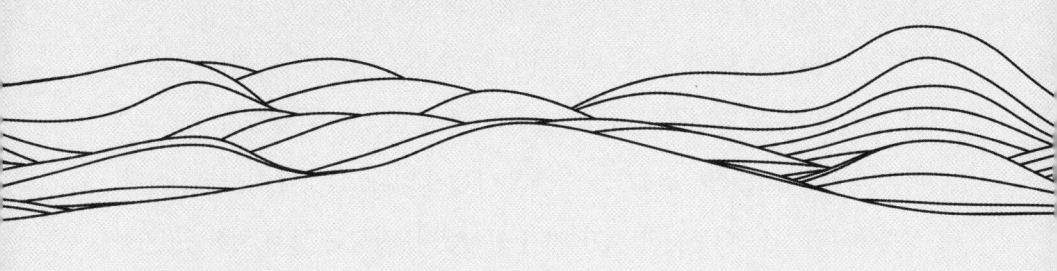

6:1〉 형제들아 사람이 만일 무슨 범죄한 일이 드러나거든 신령한 너희는 온유한 심령으로 그러한 자를 바로잡고 너 자신을 살펴보아 너도 시험을 받을까 두려워하라

우리가 보는 성경에는 장, 절 구분이 있지만 애초부터 그런 구분이 있었던 것이 아니다. 장, 절 구분은 후대에 생겼다. 5장과 6장은 분리된 내용이 아니라 이어진 내용이다.

5장에서 우리가 자유를 위하여 부르심을 입었다고 했다. 그 자유로 육체를 따라 행할 수도 있고, 성령을 따라 행할 수도 있다. 육체를 따라 행하면 육체의 일밖에 나타나지 않지만 성령을 따라 행하면 성령의 열매를 맺는다. 만일 우리가 성령으로 삶을 얻었으면 성령의 인도를 따라 행해야 한다. 헛된 영광을 구하여 서로 노엽게 하거나 서로 투기할 이유가 없다. 이런 내용이 본문으로 이어진다.

우리말로는 사랑이 한 가지인데 헬라어에서는 어떤 사랑인지에 따라서 다르게 말한다. 신적인 사랑은 아가페, 남녀 간의 사랑은 에로스, 친구 사이의 우정은 필리아, 부모와 자식 간의 사랑은 스톨게라고 한다.

죄도 그렇다. 죄로 번역되는 단어가 다섯 가지다. 하마르티아라는 죄가 있다. 과녁을 명중시키지 못했을 때 쓰인다. 활을 쏠 때마다 명중시키고 싶은 마음이 굴뚝같겠지만 빗나가는 수가 얼마든지 있다. 그것이 하마르티아다. 성경에서 말하는 대부분의 죄가 여기에 속한다. 사람은 당최 죄를 안 지을 재간이 없다. 파라바시스라는 죄도 있다. 줄을 따라가지 못했다는 뜻이다. 따라가야 할 선이 있는데 자칫 왼쪽이나 오른쪽으로 발이 빠지면 그것이 파라바시스다. 아노미아라는 죄도 있다. 법이 없는 행위, 법을 외면하는 행위를 말한다. 준행해야 할 법이 있는데 그것을 모른 척하면 그것이 아노미아다. 오페일레마라는 죄도 있다. 갚아야 할 빚이 남아 있는 상태를 말한다. 빚을 졌으면 갚아야 한다. 다 갚기 전에는 절대 빚에서 자유롭게 될 수 없다. 주기도문에서 "우리 죄를 용서하여 주시고"라고 할 때 오페일레마가 쓰였다. 마지막으로 파라푸토마라는 죄가 있다. 본문에서 이 말이 쓰였다. 미끄러져서 넘어졌다는 뜻이다. 빙판길에서 미끄러지는 일은 얼마든지 있을 수 있다. 그래도 넘어지면 망신이다.

범죄한 일이 드러났다고 해서 심각한 범법 행위를 말하는 것이 아니다. 사소한 부주의로 말미암은 잘못을 말한다. 누구나 그런 잘못을 범할 수 있다. 그런 사람이 있을 때 어떻게 해야 할까?

제주도 사투리에 "식겟집(제삿집) 아이 같다"라는 말이 있다. 내가 어릴 때만 해도 먹을 것이 귀했다. 제삿날은 모처럼 맛있는 음식을 먹을 수 있는 날이었다. 그 시절의 아이들은 방과 후면 어두워질 때까지 골목에서 노는 것이 일과였다. 누군가 "오늘 우리 집 식게다"라고 하면, 그것이 상당한 위세였다.

제사를 매일 지내지는 않는다. 이번 제사가 끝나면 다음 제사가 언제인지 모른다. 자랑할 수 있을 때 얼른 자랑해야 한다.

주변에 잘못한 사람이 있을 때는 어떨까? 헛된 영광을 구하는 사람한테는 다시없는 기회다. 그 사실을 퍼뜨리면 자기가 저절로 돋보이게 된다.

다른 사람을 흉보는 심리가 그럴 것이다. 누군가의 잘못을 지적하면 자기는 그 사람보다 나은 사람이 된다. 그것도 말을 참 고약하게 한다. 주로 "이런 말은 안 하려고 했는데…"로 시작한다. 말을 안 하려고 했으면 안 하면 된다. 안 하려고 했다는 사실을 굳이 얘기하는 이유가 무엇일까? 남의 흉을 보면서도 자기가 그런 사람이 아니라고 방패막이를 하는 것이다. 차라리 "내가 원래 이런 말을 즐기는데…"로 바꾸는 게 어떨까 싶다.

본문은 "신령한 너희는 온유한 심령으로 그러한 자를 바로잡고…"라고 한다. 예수님이 세베대의 두 아들 야고보와 요한을 부르셨을 적에 그들은 배에서 그물을 깁고 있었는데, 그물을 깁는다고 할 때 쓰인 단어가 본문의 바로잡는다는 단어다. 틀린 것을 고치라고 지적하는 것이 바로잡는 것이 아니다. 다시 제 기능을 할 수 있게 도와주는 것이 바로잡는 것이다. 영어로 얘기하면 correct가 아니라 restore다.

다리가 부러지면 깁스를 해서 목발을 짚고 다닌다. "넌 왜 부러졌어? 네 책임이니까 네가 알아서 해!"라고 하지 않는다. 뼈가 붙을 때까지 기꺼이 불편을 감수한다. 평소에 그 다리가 하던 일을 성한 다리와 양팔이 나눠서 감당하는 것이다.

그런 일을 누구한테 하라는 것일까? "신령한 너희는 온유한 심령으로 그러한 자를 바로잡고…"라고 했으니까 신령한 사람이 그렇게 해야 한다. 신령한 사람이 어떤 사람일까? 일단 헛된 영광을 구하는 사람은 신령한 사람이 아니다.

신학생 시절, 어떤 목사의 설교 테이프를 들은 적이 있다. 설교 중에 외부 강사로 갔을 때의 아쉬움을 얘기했다. 강사 목사를 소개하는 말이 너무 장황하더라는 것이다. 이런 말, 저런 말 다 빼고 "강사로 모신 분은 아주 신령한 목사입니다"라고 한마디만 해주면 좋겠는데 은퇴 전에 그런 말을 들을 수 있을지 모르겠다고 했다.

특정 목사를 신령한 목사라고 하면 대부분의 목사는 신령하지 않은 목사가 된다. 아마 이것이 신령한 것에 대한 일반적인 생각일 것이다. 아무나 신령할 수 없다. 남다른 사람이어야 하고, 특별한 사람이어야 한다. 그러면 "신령한 너희는 온유한 심령으로 그러한 자를 바로잡고…"라는 말이 무색하게 된다. "난 신령하지 않으니까 해당 사항 없네"라고 하면 그만이다.

갈라디아서에서 가장 유명한 말씀은 "내가 그리스도와 함께 십자가에 못 박혔나니 그런즉 이제는 내가 사는 것이 아니요 오직 내 안에 그리스도께서 사시는 것이라 이제 내가 육체 가운데 사는 것은 나를 사랑하사 나를 위하여 자기 자신을 버리신 하나님의 아들을 믿는 믿음 안에서 사는 것이라(갈 2:20)"일 것이다.

바울같이 특별한 사람한테만 해당되는 말씀이 아니다. 예수를 믿는 사람 모두한테 해당되는 말씀이다. 복음으로 구원 얻은 사람은 누구나 그리스도와 함께 십자가에 못 박힌 사람이다. 순댓국에는 보통도 있고 특도 있지만 신자한테는 그런 구별이 없다.

앞에서 성령으로 살면 성령으로 행해야 한다는 내용을 확인했다. 성령으로 행하는 사람은 남다른 수준으로 예수를 믿는 사람이 아니라 정상적으로 믿는 사람이다. 그런 사람이 신령한 사람이다.

성경의 요구는 언제나 보편적이다. 예수를 믿는 사람 모두에게 해당된다. 그런데 우리가 그것을 거부하는 경향이 있다. 성경의 요구가 특별한 사람한테만 해당된다고 우기는 격이다.

야고보서에 "의인의 간구는 역사하는 힘이 큼이니라"라는 구절이 있다. 그럼 의인이 아니면 어떻게 될까? 의인이 아닌 신자는 구원만 얻고, 의인인 신자는 구원도 얻고 기도 응답도 잘 받는 것일까?

의인이 아니면 죄인이다. 죄인이면 구원을 받을 수 없다. 구원을 받으려면 의인이어야 한다. 즉 의인은 신자의 다른 말이다. 신자 중에는 의인인 엘리트 신자도 있고, 의인이 아닌 보통 신자도 있는 것이 아니다.

"누구든지 나를 따라오려거든 자기를 부인하고 자기 십자가를 지고 나를 따를 것이니라"라는 말씀은 어떤가? 예전에 누군가 물었다. "꼭 그렇게까지 해야 해요? 그런 건 안 하고 그냥 믿기만 해도 되는 것 아닌가요?" 자기를 부인하지 않고 자기 십자가도 지지 않은 채 예수를 믿을 수 있을까? 예수를 믿는다는 말을 다른 말로 하면 예수를 따른다는 말이다. 예수를 따르지는 않고 믿기만 하겠다는 말은 어불성설이다.

그런데 믿는 것과 따르는 것을 한사코 구별하려는 사람이 있다. "꼭 예수님을 따르기까지 해야 하느냐? 그냥 부담 없이 믿을 수도 있는 것 아니냐?"라고 하면 뭐라고 해야 할까? 성경에 그런 말씀이 없다는 사실은 알 것이다. 하지만 관계없다. 애초에 성경 말씀대로 살 마음이 없으니 성경 말씀에 구애받지도 않는다. 그러면 그 사람이 신자인 근거는 무엇일까?

우리가 성령을 따라 행한다면 무슨 범죄한 일이 드러날 때마다 온유한 심령으로 그러한 자를 바로잡아야 한다. 무조건 바로잡기만 하면 되는 것이 아니다. 온유한 심령으로 바로잡아야 한다.

유대인들은 어떤 말을 하기 전에 세 단계의 황금 문을 지나야 한다고 한다. "옳은 말인가? 꼭 필요한 말인가? 친절한 말인가?"이다. 옳은 말이라고 해도 필요하지 않은 말이 있고, 옳기도 하고 필요하기도 한 말이라도 친절하게 전달하지 않으면 의미가 없기 때문이다.

고등학생 때로 기억한다. 아침에 동네 가게에 갔는데 시끄러운 소리가 들렸다. 구걸하러 온 사람을 야단치는 소리였다. "아침부터 오면 어떡해요?"라는 소리가 상당히 짜증스럽게 들렸다. 걸인은 땅바닥에 내동댕이쳐진 동전 한 닢을 주워 들고는 연신 고맙다고 인사하며 나갔다. 보기에 참 안 좋았다. 어르신을 너무 함부로 대하는 것 같았다.

그분은 당장 아쉬우니까 바닥에 던진 동전이라도 주워 갈 수밖에 없었을 것이다. 웃는 낯으로 주는 동전이나 욕지거리를 하면서 주는 동전이나 화폐 가치는 같다. 하지만 그분한테 갚을 능력이 생기면 얘기가 달라진다. 그분이 로또복권에라도 당첨되었다고 가정해보자. 자기한테 부드럽게 말하면서 동전 한 닢을 준 사람과 거칠게 대하면서 동전 한 닢을 준 사람은 절대 같은 사람이 아니다.

그다음에 또 할 일이 있다. "…너 자신을 살펴보아 너도 시험을 받을까 두려워하라"라고 했다. 옆 사람이 넘어졌는데 자기는 안 넘어진다는 보장이 있을까? 당연히 자기를 살펴야 한다.

중고등부를 지도하던 시절, 수련회를 가면 학생들이 늘 하던 장난이 있었다. 자는 학생 얼굴에 낙서하는 것이다. 수련회에 가면서 미리 수성 사인펜을 준비하기도 했다.

누군가 자다 일어났는데 옆 친구 얼굴이 엉망이었다고 하자. 그 친구 얼굴을 보면서 웃을 겨를이 없다. 얼른 화장실에 가서 자기 얼굴을 확인해야 한다. 같이 잔 친구 얼굴이 엉망인데 자기 얼굴은 멀쩡할 것이라는 보장이 없다. 자기 얼굴이 엉망인 것은 모르고 친구 얼굴을 보면서 웃다가는 진짜 웃음거리가 된다.

6:2-3) 너희가 짐을 서로 지라 그리하여 그리스도의 법을 성취하라 만일 누가 아무것도 되지 못하고 된 줄로 생각하면 스스로 속임이라

우리는 헛된 영광을 구하여 서로 노엽게 하거나 서로 투기해도 되는 사람들이 아니다. 서로 짐을 져서 그리스도의 법을 성취해야 하는 사람들이다. 옆 사람은 자기의 경쟁 상대가 아니라 그리스도의 법을 성취하기 위한 동지다. 혼자 잘난 것은 무효다. 큰방이 큰방인 이유는 작은방이 있기 때문이다. 큰방이 아무리 커도 작은방이 없으면 단칸방이다.

이 세상 사람을 남자와 여자로 나눌 수 있다. 군인과 민간인으로 나눌 수도 있고, 주식 투자를 하는 사람과 주식 투자를 하지 않는 사람으로 나눌 수도 있다. 중간은 없다.

서로 노엽게 하거나 서로 투기하는 사람과 서로 짐을 지는 사람은 어떨까? 이 세상 사람을 그렇게 둘로 나누는 것도 가능할까? 서로 노엽게 하거나 투기하지도 않고 서로 짐을 지지도 않는 사람은 없을까?

서로 짐을 지는 것은 그리스도의 법을 성취하기 위한 것이다. 즉 사랑으로 서로 종노릇하기 위한 것이다. 그런 일에 관심 없는 사람이라면 뻔하다. 성령을 따라 행하지 않으면 육체의 욕심을 이루게 마련이다. 서로 노엽게 하거나 투기하지도 않고 서로 짐을 지지도 않겠다는 사람은 예수님을 따르지는 않고 믿기만 하겠다는 사람이다.

당시에도 그런 사람이 있었던 모양이다. "만일 누가 아무것도 되지 못하고 된 줄로 생각하면 스스로 속임이라"라고 했다. 잘한 것도 없으면서 잘한 줄 알려면 어떻게 하면 될까? 간단하다. 주변에 자기보다 못한 사람이 있으면 된다. 누군가 넘어졌을 때 얼른 그 사실을 지적하면 된다. 적어도 자기는 흠이 없다.

선데이 크리스천이라는 말이 있다. 일주일 중의 하루, 주일에만 예수를 믿는 사람을 지적하는 말이다. 선데이 크리스천은 몇 가지 특징이 있다. 우선 주일예배는 빠지지 않는다. 선데이에는 크리스천이니 당연하다. 찬양대나 교회학교 교사로 봉사도 한다. 십일조도 하고 성경도 제법 안다. 그러면 모범생일까, 낙제생일까?

"만일 누가 아무것도 되지 못하고 된 줄로 생각하면 스스로 속임이라"에 해당하는 사람은 교회 밖에 있는 사람이 아니다. 교회 안에 있는 사람이다. 자기 스스로 자기는 괜찮다고 생각하는 사람이다.

문제는 그것이 전부라는 사실이다. 성경의 요구가 자기한테 이루어져야 한다는 생각이 전혀 없다. 넘어진 사람을 바로잡을 줄도 모르고, 짐을 서로 질 줄도 모른다. 아니, 그런 쪽으로는 아예 개념이 없다. 성령을 따라 행해야 한다는 생각도 없고, 사랑으로 서로 종노릇해야 한다는 생각도 없다. 자기는 이미 할 만큼 하고 있는데 뭘 더 하란 말인가?

일제강점기에 〈성서조선〉을 간행해서 민족혼을 깨운 김교신 선생이 신앙을 택하려면 극상품 신앙을 택하라고 했다. 기왕 믿으려면 제대로 믿으라는 것이다. 많은 사람들이 그렇게 하지 않는데, 그것은 마치 특실을 버리고 삼

등 열차를 타는 것과 같다고 꼬집었다. "주일마다 달마다 정해진 액수의 연보를 바치고, 술 담배 끊고 이 서방과 비겨도 못한 것이 없고 최 서방과 견주어도 부끄러울 것이 없다고 자족하는 신앙은 보통실의 신앙, 즉 삼등 열차적 믿음이다"라는 것이 그의 얘기였다.

주일마다 달마다 정해진 헌금을 하고, 술 담배 끊고, 옆 사람과 비교해서 못한 것이 없으면 양호한 신자 아닐까? 대체 무엇이 문제일까? 감리교의 창시자인 웨슬리는 한 술 더 뜬다. 그런 사람을 '거의 크리스천(almost christian)'이라고 했다. 거의 크리스천이면 크리스천이라는 얘기일까, 크리스천이 아니라는 얘기일까?

조기 축구를 하는 동기한테서 재미있는 말을 들은 기억이 있다. 같이 축구를 하는 사람이 자기한테 말했다는 것이다. "목사님은 키가 크니 공중 볼에도 능하고, 힘이 좋으니 몸싸움에도 능하고, 게다가 주력도 좋으니 모든 조건이 완벽합니다. 이제 축구만 잘하면 되겠습니다." 혹시 웨슬리가 요즘의 선데이 크리스천을 보면 비슷한 말을 할 것도 같다. "다른 것은 다 되었고 이제 예수만 믿으면 되겠습니다."

6:4-5〉 각각 자기의 일을 살펴라 그리하면 자랑할 것이 자기에게는 있어도 남에게는 있지 아니하리니 각각 자기의 짐을 질 것이라

교세(敎勢)라는 말이 있다. 흔히 "교세가 얼마나 되느냐?"처럼 쓰인다. 출석교인이 얼마나 되느냐는 뜻이다. 국어사전에는 종교의 형세, 또는 그 세력이라고 설명되어 있다. 참 안 좋은 말이다. 세속적인 가치관이 교회에 스며들어서 만들어진 말이기 때문이다. 교회에서 왜 세력을 따질까?

교회의 목표가 무엇일까? 개교회의 비대화일까, 하나님 나라 확장일까? 이렇게 물으면 누구나 하나님 나라 확장이라고 대답한다. 하지만 실제로 나타나는 모습은 그렇지 않다. 이 얘기를 교인 한 사람, 한 사람한테 적용해보자. 어떤 사람에게 신앙이 있으면 그다음에 어떻게 되어야 할까? 자기가 돋보여야 할까, 예수님의 성품이 나타나야 할까?

"각각 자기의 일을 살피라 그리하면 자랑할 것이 자기에게는 있어도 남에게는 있지 아니하리니"라는 말씀이 왜 있을까? 정월 첫 용날(辰日) 첫닭이 울 때 부녀자들이 앞다투어 물을 긷던 세시풍속을 '용알뜨기'라고 한다. 하늘에서 내려온 용이 알을 낳은 우물에서 남보다 먼저 물을 길어 밥을 지어 먹으면 그해 농사가 잘된다는 것이다. 그런 풍속이 왜 생겼을까? 세상에 있는 모든 것이 유한하기 때문이다. 원하는 것을 얻으려면 경쟁을 해야 한다. 자기가 남보다 잘나든지, 남을 자기보다 못나게 하든지 해야 한다.

신앙은 상대평가가 아니라 절대평가다. 남과 비교할 이유가 없다. 주변에 자기보다 못한 사람이 있다고 해서 그것으로 자기가 인정받는 것이 아니다. 반대의 경우도 성립한다. 세상을 살던 버릇을 공연히 교회 안에 들고 들어올 이유가 없다. 신앙은 철저하게 자기의 문제다. 자기가 하나님 보시기에 온전해야 한다. 그래서 "각각 자기의 짐을 질 것이라"라고 한다.

2절에서는 "너희가 짐을 서로 지라"라고 했다. 그런데 각각 자기의 짐을 지라는 것이 무슨 영문일까? 우리말로는 둘 다 짐이지만 원어에는 다른 단어가 쓰였다. 2절의 짐은 '바로스(βαρος)'를 번역한 말인데 혼자 감당하기 힘든 무거운 짐을 말한다. 또 5절의 짐은 '포르티온(φορτιον)'을 번역한 말인데 한 사람이 감당할 수 있는 짐을 말한다. portable의 어원이 포르티온이다. 관주 성경에 보면 2절의 '짐을'에 1)이 있고, 관주에 '또는 무거운 짐을'이라고 설명되어 있다.

누군가 넘어질 수 있다. 그러면 바로잡아줘야 한다. 우리는 서로 경쟁 상대가 아니라 합력해서 그리스도의 법을 성취해야 하는 사람들이다. 그렇게 했다고 해서 자기가 그 사람보다 우월하다고 생각하면 안 된다. 우리가 할 일은 하나님 앞에 바로 서는 일이다. 자기가 과연 그러한지 늘 살펴야 한다.

그런 사람이 성령을 따라 행하는 사람이다. 육체를 따라 행하는 사람은 엄두도 못 낸다. 은혜를 은혜로 아는 사람만 가능하다. 우리가 성령을 따라 행한다면 그 사실이 더불어 완성되는 것으로 나타나야 한다. 우리는 사랑으로 서로 종노릇하는 사람들이다.

6:6) 가르침을 받는 자는 말씀을 가르치는 자와 모든 좋은 것을 함께하라

집에 선물이 들어오면 늘 담임목사 사택을 찾던 분을 알고 있다. 소고기가 들어오면 소고기를 들고 찾아가고, 과일이 들어오면 과일을 들고 찾아간다. 성경에 그렇게 되어 있다는 것이다. 본문을 염두에 둔 것이다.

설마 바울이 그렇게 하라고 본문을 기록했을까? 소고기나 과일을 나누는 정도가 아니라 그보다 훨씬 더 중요한 메시지가 있어야 한다.

가르침을 받는 자는 당연히 갈라디아교회 교인이다. 말씀을 가르치는 자는 누구일까? 당시는 지금 같은 목회자가 있기 전이다. 전도자들이 순회 사역을 하곤 했다. 그들과 모든 좋은 것을 함께하라는 것이다. 맛있는 것이 있으면 나눠 먹으라는 얘기가 아니라 생활을 책임지라는 뜻이다.

팔복이 우리말 성경에는 "심령이 가난한 자는 복이 있나니 천국이 그들의 것임이요…"라고 되어 있다. 원문에는 복이 제일 앞에 나온다. 헬라어나 히브리어는 강조하고 싶은 말을 앞에 쓴다. 그런 의미를 살리면 "복 있도다! 심령이 가난한 자여!"나 "오! 복이로다! 심령이 가난한 자여!"라고 번역해야 한다. '복'을 큰 글자로 인쇄하는 것도 한 방법이다.

본문은 '함께하라'가 제일 앞에 나온다. 함께해야 한다는 사실을 강조하는 것이다. 그런 의미를 살리면 "함께해야 한다. 무엇을 함께해야 하는가 하면, 가르침을 받는 자는 말씀을 가르치는 자와 모든 좋은 것을 함께해야 한다. 이 사실을 명심해라."가 될 것이다.

이때 쓰인 말이 '코이노네오($\kappa o\iota\omega\nu\epsilon\omega$)'인데 '코이노니아($\kappa o\iota\omega\nu\iota\alpha$)'와 어원이 같다. 코이노니아는 주로 '교제'나 '친교', '사귐'으로 번역한다. 말씀을 가르치고, 가르침을 받는다면 스승과 제자의 관계가 성립한다. 세상에서는 스승이 제자보다 높게 마련이다. 반대일 수도 있다. 한쪽은 생활비를 지원하고, 한쪽은 생활비를 지원받는다. 고용, 피고용의 관계가 성립한다. 하지만 '코이노네오'에는 그런 개념이 없다. 생활비를 매개로 양쪽이 친교를 나눈다.

생활비를 어느 만큼 지원하면 될까? 모든 좋은 것을 함께하라고 했으니까 당연히 후하게 지원해야 한다. 루터가 한동안 이 구절을 이해하지 못했다고 한다. 교회마다 부가 넘쳐나는데 왜 이런 말씀이 있나 싶었다. 많이 주라고 권장할 것이 아니라 적게 주라고 권장해야 할 것 같았다.

나중에 이유를 깨달았다. 당시는 교회가 부패했을 때였다. 정당한 복음이 선포되지 않았다. 그런데 정당한 복음이 선포되자, 교회가 다시 사도 시대처럼 가난해졌다. 참 씁쓸한 일이다. 정당한 가르침에 순종해서 헌금하는 것이 거짓된 가르침에 미혹되어 헌금하는 것보다 훨씬 어렵다. 헌금을 하게 하려면 순수하게 복음을 전하는 것보다 적당히 뻥을 치는 것이 더 효과적이라는 뜻이 된다.

1960-1970년대에 우리나라 기독교가 폭발적으로 성장했다. 천막 치고 십자가만 세우면 교인이 몰려왔다고 할 정도였다. 당장 예배 공간이 문제가 되었고, 예배당을 지어야 했다. 그러면 부흥회를 하는데, 그때마다 "어느 교회 아무개 집사가 집 팔아서 헌금했더니 3년 만에 빌딩을 올렸다" 같은 레퍼토리가 빠지지 않았다. 헌금을 하는 것이 마치 재테크라도 되는 양 떠들었다.

바울은 그런 식으로 말하지 않는다. 대부분의 바울 서신에서 헌금을 얘기하는데 헌금을 많이 하게 하려는 시도는 전혀 보이지 않는다. 그냥 담담하게 얘기한다. 성경에는 헌금 얘기가 상당히 자주 나온다. 그것이 신앙의 한 지표이기 때문이다. 돈 있는 사람이 헌금을 하는 것이 아니라 신앙 있는 사람이 헌금을 한다.

가나안에 들어간 이스라엘이 지파별로 땅을 나누었다. 그런데 성막 섬기는 일을 맡은 레위 지파는 분배받은 땅이 없었다. 이스라엘 열두 지파가 십일조를 하면 그것이 레위 지파의 수입이었다.

그런 십일조를 꼭 해야 할까? 안 하고 넘어가도 상관없지 않을까? 이때의 십일조는 레위 지파를 통해서 얻는 것을 어떻게 생각하는지에 따라 달라진다. 레위 지파를 통해서 얻는 것을 하찮게 여기면 십일조는 쓸데없는 지출이 된다. 군이 할 이유가 없다. 하지만 레위 지파를 통해서 얻는 것을 귀하게 여기면 십일조가 오히려 특권일 수 있다.

돈을 아무 데나 쓰는 사람은 없다. 전부 가치 있는 일에 쓴다. 그 가치를 결정하는 주체가 자기 자신이다. 자기가 가치 있다고 생각하는 일에 돈을 쓴다. 등산 장비에 수백만 원을 쓰는 사람도 있고 카메라 렌즈에 수천만 원을 쓰는 사람도 있다. 전부 그 사람의 관심을 보여준다. 우리는 신앙을 위해서 얼마나 쓰고 있을까?

가르침을 받는 자가 말씀을 가르치는 자와 모든 좋은 것을 함께하는 것은 선택 사항이 아니다. 본문은 성령을 따라 행하라는 말을 하는 중이다. 목회자를 어떻게 대접하느냐, 헌금을 어떻게 하느냐 정도의 얘기가 아니라 교회를 교회로 유지하기 위해서 적극적으로 노력하느냐에 대한 얘기다. 이것이 제대로 안 되면 복음 전파의 통로가 막힌다. 교회를 세우는 쪽으로 역할을 하는 것이 아니라 오히려 교회를 허무는 쪽으로 역할을 하는 격이다.

6:7-8) 스스로 속이지 말라 하나님은 업신여김을 받지 아니하시나니 사람이 무엇으로 심든지 그대로 거두리라 자기의 육체를 위하여 심는 자는 육체로부터 썩어질 것을 거두고 성령을 위하여 심는 자는 성령으로부터 영생을 거두리라

바울은 말을 에둘러하지 않는다. 상당히 직설적이다. 스스로 속이는 사람이 어떤 사람일까? 말씀을 가르치는 자와 모든 좋은 것을 함께하지도 않으면서 함께한다고 착각하는 사람, 성령을 따라 행하지도 않으면서 성령을 따라 행한다고 착각하는 사람이다.

예배당을 건축하면 교인이 줄어든다고 한다. 50%까지 줄었다는 얘기를 들은 적도 있다. 그중 대부분은 건축이 끝나면 다시 돌아온다. 그러고는 계속 교회에 다녔던 것처럼 다닌다. 누군가 새로 교회에 오면 "우리가 건축했다"라는 말도 할 것이다.

부교역자 시절, 헌금에 상당히 인색한 장로가 있었다. 기도 순서를 맡으면 헌금을 하지 않았다. 다른 장로들은 강단에 앉아 있다가도 헌금 바구니가 회중석 앞쪽을 지날 때 일어나서 헌금을 했는데 그 장로는 늘 딴전을 피웠다.

주일헌금에 인색하니 십일조나 선교헌금은 말할 것도 없었다.

교회에서 시골에 있는 미자립 교회 세 군데를 후원했는데, 그 교회 목사들을 초청한 적이 있다. 교회 입구에서 그 장로가 물었다. "우리가 돕는 교회 목사님들 오셨나요?" 그 얘기에 "장로님은 안 돕잖아요? 왜 우리가 돕는다고 하세요?"라고 할 수도 없고 속으로만 웃었던 기억이 있다.

스스로 속이는 것이 이런 것이다. 아무것도 한 것이 없으면서 뭔가 했다고 생각한다. 어쩌면 자기는 속을 수 있다. 하지만 하나님은 속지 않으신다. 심은 것이 없으면 거둘 것도 없다. 심은 것도 없으면서 뭔가 거두기를 기대한다면 하나님을 업신여기는 것이다.

특히 바울은 성령을 따라 행하는 것을 농사짓는 것에 비유한다. 농사에는 대박이 없다. 심은 대로 거두는 것이 순리이고, 그런 순리를 만드신 분이 하나님이다. 자기의 육체를 위하여 심는 자는 육체로부터 썩어질 것을 거두고, 성령을 위하여 심는 자는 성령으로부터 영생을 거둔다.

오래전에 이런 말을 들은 적이 있다. 육체를 위하여 심는 것은 세상일을 위하여 열심 내는 것이라고 하면서, 그렇게 해봐야 돌아오는 것이 아무것도 없다고 했다. 반면 성령을 위하여 심으면 하나님의 은혜로 만사가 형통할 것이라고 했다. 육체를 위하여 심으면 아무것도 거두는 것이 없지만 성령을 위하여 심으면 육체도 거두고 성령도 거두는 것처럼 말한 것이다.

그런 얘기가 아니다. 육체를 위하여 심는 자는 육체로부터 썩어질 것을 거둔다. 썩은 것을 거두는 것이 아니라 장차 썩어 없어질 것을 거둔다. 이 세상에 속한 것이 다 여기에 포함된다. 세상을 열심히 살면 세상에서 잘나가는 사람이 된다. 하나님과 관계가 없을 뿐이다. 반면, 성령을 위하여 심는 자는 성령으로부터 영생을 거둔다. 돈에 관심 있는 사람이 돈을 버는 것처럼 거룩에 관심이 있으면 거룩하게 된다. 열심히 기도하면 거룩하게 되기도 하고 돈도 버는 것이 아니다.

어떤 사람이 타국에 가면서 종들한테 소유를 맡겼다. 한 사람한테는 다섯 달란트, 한 사람한테는 두 달란트, 한 사람한테는 한 달란트를 맡기고 떠났다. 그다음 얘기는 우리가 다 안다. 다섯 달란트를 맡은 종은 그것으로 장사해서 다섯 달란트를 남겼고, 두 달란트를 맡은 종은 두 달란트를 남겼다. 그런데 한 달란트를 맡은 종은 그것을 땅에 파서 감추어두었다.

잠깐 성경에 없는 상상을 해보자. 다섯 달란트, 두 달란트 맡은 종이 장사를 하는 동안, 한 달란트를 땅에 묻은 종은 무엇을 했을까? 주인이 올 때까지 낮잠만 자지는 않았을 것이다. 아마 열심히 자기 일을 했을 것이다. 양도 돌보고 밀도 재배했을 것이다. 곡식을 쌓아 둘 곳이 없어서 곳간을 크게 지었을 수도 있다. 주인이 준 한 달란트로 장사해서 이익을 남겨봐야 다 주인 몫이지만 그것은 자기 몫이다. 급기야 주인한테 "이 무익한 종을 바깥 어두운 데로 내쫓으라 거기서 슬피 울며 이를 갈리라"라는 말을 들어야 했다.

가르침을 받는 자는 말씀을 가르치는 자와 모든 좋은 것을 함께하라는 말씀으로 생각해 볼까? 가르침을 받는 자가 말씀을 가르치는 자와 모든 좋은 것을 함께하는 것이 옳은 줄이야 누가 모를까? 문제는 그렇게 하려면 돈이 든다는 사실이다. 갈라디아교회에 살림이 넉넉한 사람이 얼마나 있었겠는가? 전부 힘들고 어렵다. 말씀을 가르치는 자와 모든 좋은 것을 함께하는 대신 그 돈을 자기를 위해서 얼마든지 요긴하게 쓸 수 있다. 그렇게 하는 것이 육체를 위하여 심는 것이다.

학교에서는 "내가 비록 우등생은 아니지만 낙제생도 아니다"라는 말이 통한다. 신앙 영역에서는 다르다. "내가 비록 하나님 나라를 위해서 보탬 된 것은 없지만 내 육체의 소욕을 이루지도 않았다"라는 말이 통하지 않는다. 누구나 다 양자택일을 한다.

예전에 〈야인시대〉라는 드라마가 있었다. 김종원이라는 사람이 나온다. 이승만 정권에서 치안국장을 지낸 사람이다. 이승만은 국회의 간접선거로 우리나라 초대 대통령이 되었다. 1950년 총선에서 이승만에 반대하는 무소속 의원이 대거 배출되었다. 간접선거로는 재선이 불가능한 정치 지형이 되었다. 그래서 직선제 개헌을 추진한다. 흔히 발췌개헌이라고 한다. 김종원이 김두한을 만나서 직선제 개헌을 지지하는 관제데모를 해달라고 종용한다. 김두한이 김종원에게 세상 똑바로 살라고 하자, 김종원도 김두한에게 세상 똑바로 살라고 한다. 김두한이 보기에는 김종원이 세상을 똑바로 살아야 하는 사람이었고, 김종원이 보기에는 김두한이 세상을 똑바로 살아야 하는 사람이었다.

어떻게 사는 것이 세상을 똑바로 사는 것일까? 어쨌든 관제데모를 하거나, 안 하거나 둘 중 하나다. 마찬가지다. 성령을 위해서 심지 않으면 육체를 위해서 심게 마련이다. 그리고 무엇을 심든지 그대로 거둔다. 자기가 거둔 것이 곧 자기가 심은 것이다.

6:9-10〉 우리가 선을 행하되 낙심하지 말지니 포기하지 아니하면 때가 이르매 거두리라 그러므로 우리는 기회 있는 대로 모든 이에게 착한 일을 하되 더욱 믿음의 가정들에게 할지니라

선을 행하되 낙심하지 말라는 말이 왜 있을까? 선을 행할 때 가장 조심해야 할 것이 낙심이라는 뜻이다. 낙심은 아무나 하는 것이 아니다. 선을 행하는 사람이라야 낙심할 자격이 있다. 괴테가 그의 책 〈파우스트〉에서 인간은 노력하는 한 방황한다고 했다. 방황이 노력의 증거인 셈이다. 노력하지 않는 사람은 방황할 자격도 없다. 마찬가지다. 낙심된다는 얘기는 자기가 선을 행하고 있다는 방증이다. 그 일을 포기할 게 아니라 오히려 마음을 다잡아야 한다.

"가르침을 받는 자는 말씀을 가르치는 자와 모든 좋은 것을 함께하라"라는 말씀에 빗대볼까? 힘들고 어렵지만 그 말씀대로 했는데 나타나는 효과가 없으면 그런 일을 계속 해야 할까? 그래서 낙심하지 말라고 하는 것이다. 애초에 "난 관심 없어. 내 코가 석 자야."라고 한 사람은 낙심할 것도 없다. 때로는 말씀을 가르치는 자한테서 안 좋은 모습이 보일 수도 있다. 그런 경우에라도 낙심하지 말아야 한다. 자기가 하는 일이 어쨌든 성령을 따라 행하는 일이다.

언제까지 그렇게 해야 할까? 포기하지 않으면 때가 이르매 거둔다고 했으니 추수 때까지다. 즉 우리가 주님 앞에 설 때까지다. 그때까지 낙심하지 말아야 한다.

성경에 좁은 문으로 들어가라는 말씀이 있다. 좁은 문으로 들어가면 그다음에 어떻게 될까? 좁은 문 다음에 넓은 길이 어울릴까, 좁은 길이 어울릴까? 신앙은 일회적인 선택이 아니다. 좁은 문을 선택해서 거기에 이어지는 좁은 길을 걷는 일련의 과정이다. 좁은 문을 선택하면 그에 대한 보상으로 탄탄대로가 나타난다는 말은 성경에 없다. 좁은 문을 선택했으면 그다음에는 좁은 길을 걸어야 한다. 물론 낙심될 수 있다. 그러면 그것이 자기가 옳은 길로 행하고 있다는 명백한 증거다.

그래서 우리는 기회 있는 대로 모든 이에게 착한 일을 하되 더욱 믿음의 가

정들에게 그렇게 해야 한다. 처음에는 순회 전도자에 대한 부양 의무를 얘기했다. 사람이 무엇으로 심든지 그대로 거두기 때문이다. 할 수만 있으면 모든 사람을 그런 원칙으로 대해야 한다. 특히 믿음의 가정에 대해서는 더욱 그렇다.

팔이 안으로 굽는 법이니까 우리끼리는 더 챙겨야 한다는 뜻이 아니다. 우리가 선을 행하면서 낙심하지 말아야 하는 이유는 포기하지 않으면 거둘 때가 있기 때문이라고 했다. 일단 자기가 낙심하지 말아야 하지만 주변에서 낙심할 우려가 있는 사람을 세워주기도 해야 한다. 앞에서 누군가 넘어진 사람이 있으면 그런 사람을 바로잡고 자신을 돌아보아서 자기가 시험을 받을까 두려워하라고 했다. 믿음의 가정이 낙심할 우려가 있으면 당연히 바로잡아야 한다. 그리고 자신을 살펴서 자기 역시 낙심하는 일이 없어야 한다. 우리는 짐을 서로 져서 그리스도의 법을 성취해야 하는 사람들이다.

어떤 책에서 재미있는 글을 읽은 기억이 있다. 하루 종일 토란대 껍질을 벗기는 할머니가 주인공이다. 할머니가 얘기한다. "토란 한 관이 말리믄 한 근이여. 일할 때는 산더미여도 말려노믄 째까여." 할머니의 노동이 참으로 힘겨워 보인다. 해도 해도 끝이 없어 보이는데 막상 해놓으면 결과는 보잘것없다. 그래도 할머니는 멈출 생각이 없다. 그것이 할머니의 인생이기 때문이다. 책에서 할머니의 그런 노동의 의미를 한 줄로 요약했다. "산더미 앞에서도 굴하지 않고 '째까'에도 허망해 하지 않는다." 그럴 줄 알고 하는 일이기 때문이다.

말씀을 가르치는 자와 모든 좋은 것을 함께하는 일은 분명히 힘거운 일이다. 기회 있는 대로 모든 이에게 착한 일을 하는 것은 더욱 그렇다. 해봐야 별 보람이 있는 것 같지도 않다. 해도 표가 안 나고 안 해도 표가 안 난다. 낙심하기 딱 좋은 여건이다.

우리는 그런 일을 묵묵히 하는 사람들이다. 포기하지 않으면 때가 이르러 거둘 것을 알기 때문이다. 그 할머니한테는 '째까'였지만 우리한테는 '째까' 가 아니다. 우리 소망이 그날에 있다. 우리는 그저 성령을 따라 행할 뿐이다.

6:11) 내 손으로 너희에게 이렇게 큰 글자로 쓴 것을 보라

일설에 따르면 바울은 시력이 상당히 안 좋았다고 한다. 편지를 직접 쓴 게 아니고 대필을 했다. amanuensis라는 단어가 있다. 필사생, 필기자라는 뜻이 다. 당시에는 지금과 같이 편리한 필기도구가 없었으니 대필을 전문으로 하 는 사람한테 맡기는 수가 많았다. 갈라디아서 역시 바울이 구술하는 내용을 누군가 받아쓴 것이다.

이런 경우, 마지막에 서명은 자필로 하게 된다. 그런데 편지 말미에서 바울 이 직접 몇 마디를 더 한다. 편지를 마치려니 꼭 당부하고 싶은 내용이 있었 던 모양이다. 그래서 "내 손으로 너희에게 이렇게 큰 글자로 쓴 것을 보라"라 고 한다. 지금까지는 대필이었는데 본문부터는 자필이다.

큰 글자로 썼다는 것이 정확히 무슨 뜻인지는 모른다. 시력이 나빠서 크게 썼을 수도 있고, 대문자로 썼을 수도 있다. 헬라어도 영어처럼 대문자와 소 문자가 있다. 〈메시지성경〉에는 "마지막으로, 나는 내가 여러분에게 말씀드 린 것이 얼마나 중요한 것인지 강조하기 위해 이렇게 굵은 글씨로 손수 씁니 다."라고 번역되어 있다. 본문에 이어진 내용은 바울의 친필이기도 하고, 그 만큼 강조하는 내용이기도 하다.

6:12-13〉 무릇 육체의 모양을 내려 하는 자들이 억지로 너희에게 할례를 받게 함은 그들이 그리스도의 십자가로 말미암아 박해를 면하려 함뿐이라 할례를 받은 그들이라도 스스로 율법은 지키지 아니하고 너희에게 할례를 받게 하려 하는 것은 그들이 너희의 육체로 자랑하려 함이라

바울이 갈라디아교회에 편지를 쓴 이유는 율법과 복음의 갈등 때문이다. 마지막으로 강조하는 내용도 당연히 율법과 복음의 차이다.

유대인들한테 율법은 생명과 같다. 모세 이후 무려 1,500년 동안 지켰다. 그런데 예수님이 십자가에 달려 돌아가시는 것으로 율법을 완성했다. 우리는 율법에 애착이 없으니 그런 말에 금방 고개를 끄덕이지만 유대인들은 다르다. 지금까지처럼 율법도 지키고 거기에 더해서 예수를 믿어야 하는 것 아니냐는 생각을 할 수 있다. 그런 생각을 하는 유대인을 매도할 수는 없다. 몰라서 그런 것을 어떻게 하겠는가? 그 문제로 예루살렘에서 종교회의가 열린다는 내용이 사도행전 15장에 기록되어 있다.

갈라디아교회에 잘못된 가르침을 전하는 사람들은 그런 유대인과 다르다. "무릇 육체의 모양을 내려 하는 자들이 억지로 너희에게 할례를 받게 함은 그들이 그리스도의 십자가로 말미암아 박해를 면하려 함뿐이라"라고 했다. "아무리 복음도 좋지만 율법을 지키면서 예수를 믿어야 한다"라고 한 것이 아니다. 그들이 율법을 주장하는 이유는 율법에 대한 애착 때문이 아니라 그리스도의 고난과 죽음에 참여할 마음이 없었기 때문이다.

바울이 그들을 "육체의 모양을 내려 하는 자들"이라고 꼬집는다. 할례는 하나님의 백성 된 표지를 몸에 새기는 의식이다. 그런데 자기들의 종교성을 과시하는 것에만 마음이 있었다. 자기를 부인하고 자기 십자가를 지고 예수님을 따라야 한다는 등의 골치 아픈 얘기는 알 바 아니다.

"할례를 받은 그들이라도 스스로 율법은 지키지 아니하고 너희에게 할례를 받게 하려 하는 것은 그들이 너희의 육체로 자랑하려 함이라"라고 한 그대로 다. 할례는 받았는데 율법은 지키지 않는다. 그러면서 다른 사람한테 할례를 받으라고 한다.

율법을 자랑한다면 차라리 낫다고 할 수 있다. 그나마 율법에는 자기 노력이 들어간다. 할례는 다르다. 난 지 팔 일만에 받는다. 자기 의사와 관계가 없다. 그것이 어떻게 자랑거리가 될까? "우리는 태어날 때부터 하나님의 선민이었다. 예수님이 우리를 위해서 십자가에 달렸다느니, 우리도 예수님과 같이 십자가에 못 박혀야 한다느니 하는 얘기는 모른다. 너도 얼른 할례를 받아서 우리처럼 되어라."라는 것이 그들의 얘기였다. 그렇게 해서 할례를 받으면 자기들 뒤에 줄을 세울 수 있다. 할례받은 몸으로 하나님을 높이는 것이 아니라 할례받은 자기를 높인다.

6:14) 그러나 내게는 우리 주 예수 그리스도의 십자가 외에 결코 자랑할 것이 없으니 그리스도로 말미암아 세상이 나를 대하여 십자가에 못 박히고 내가 또한 세상을 대하여 그러하니라

"나는 생각한다. 그러므로 존재한다."라는 데카르트의 유명한 명제가 있다. 김기석 목사가 그의 책 〈버릴수록 우리를 자유롭게 하는 것들〉에서 그 말을 패러디한 교수의 일화를 소개한다. 어떤 교수가 칠판에 "나는 (   ). 그러므로 존재한다."라고 쓰고는 (   )를 채워보라고 한 것이다.

잠시 조용한가 싶더니 이내 재기 발랄한 답이 쏟아져 나왔다. 한 학생이

"나는 취업한다. 그러므로 존재한다."라고 했다. 그 말과 함께 사방에서 격려의 박수가 나왔다. 다른 학생이 "나는 연애한다. 그러므로 존재한다."라고 하자, 사방에서 야유가 터져 나왔다. 힙합풍으로 입은 폭주족 남학생이 "나는 폭주한다. 그러므로 존재한다."라고 했다. 강의실이 환호의 도가니가 되었다.

이런저런 답이 나왔는데 가장 많은 지지를 받은 명제가 "나는 쇼핑한다. 그러므로 존재한다."였다고 한다. 뭔가를 소유하고 싶은 인간의 욕망을 잘 드러낸 명제다. 요즘은 구매력이 곧 그 사람의 가치로 평가되기도 한다. 마치 사방에서 "구매하라. 그리하면 너와 네 집이 구원을 얻으리라."라고 말하는 것 같다. 이런 일화를 소개하면서 김기석 목사가 "나는 하나님의 뜻을 행한다. 그러므로 존재한다."라고 하면 얼마나 좋겠느냐고 결론을 맺는다.

사실 두말하면 입 아픈 얘기다. 사람의 제일 된 목적이 하나님의 영광이다. 하나님의 뜻을 행하는 것이 우리의 존재 이유다. 다른 이유가 있을 수 없다.

고등학생 때 미술부로 활동한 적이 있다. 미술실에 가면 사방에 그림이 붙어 있었다. 누가 그렸는지 써 붙이지 않았지만 그림만 보면 다 알 수 있었다. 작품을 보면 작가가 보이는 법이다.

사람은 본래 하나님의 형상대로 지어졌다. 사람을 보면 하나님이 보여야 정상이다. 그런데 이것이 왜곡되었다. 선악과를 먹으면 하나님처럼 된다는 말에 속은 것이다. 하나님이 보이는 대신 하나님처럼 되고 싶은 욕구가 보이게 되었다.

이것을 바로잡는 것이 구원이다. 사람이 하나님처럼 되려고 한 것에서 죄가 시작되었으니 구원은 하나님이 사람처럼 되는 것으로 시작해야 한다. 그래서 예수님이 오셨고, 십자가에 달리는 것으로 우리 구원을 이루셨다. 우리가 다시금 하나님의 영광을 드러낼 수 있게 되었다. 하나님의 뜻을 행하는 것이 곧 우리의 존재 이유다.

민주 정치는 고대 그리스에서 시작되었다. 오죽하면 아리스토텔레스가 인간은 정치적인 동물이라고 했다. 자기가 살아갈 세상을 만드는 일에 관심을 갖는 것이 시민의 덕성이기 때문이다.

'이디오테스(ἰδιώτης)'라는 헬라어가 있다. 공공의 문제에는 관심이 없고 자기 개인 문제에만 관심이 있는 사람을 뜻한다. 영어로 바보를 idiot라고 하는데 이디오테스에서 유래했다. 바보가 어떤 사람인가 하면, 공공의 문제에는 관심이 없고 자기 문제에만 관심이 있는 사람이다. 자기가 살아가는 세상에 관심이 없으면 바보일 수밖에 없다. 자기가 살아가는 세상이 어떤 세상인지 알아야 자기가 어떤 사람인지가 의미를 갖는다.

이 내용을 빌려볼까? 불신자가 어떤 사람인가 하면, 주님을 높이는 일에는 관심이 없는 채 자기를 높이는 일에 몰두하는 사람이다. 그리스도께서 이루신 사역에는 관심이 없고 세상일에만 마음이 팔린 사람이다. 하나님과 관계를 맺지 않으면 자기가 하는 어떤 일도 의미가 없는 것을 모른다. 반대의 경우도 성립한다. 신자는 자기를 높이는 일에 관심이 없다. 주님을 높이면 그것으로 만족한다. 그리스도의 십자가가 유일한 자랑이다. 우리가 사는 세상이 어떤 세상이고 그 세상을 어떻게 살아야 하는지 알기 때문이다.

십자가를 자랑한다는 말이 무슨 뜻일까? "그리스도로 말미암아 세상이 나를 대하여 십자가에 못 박히고 내가 또한 세상을 대하여 그러하니라"라고 했다. 이 세상은 우리를 십자가에 못 박고 우리는 세상을 십자가에 못 박았다. 서로가 서로에게 아무런 분깃이 없다. 그 사실을 자랑한다. 요컨대 신자는 세상에 속하지 않은 사람이다. 그러면 무슨 낙으로 살까? 대체 신자의 관심은 무엇일까?

그래서 15절을 말한다.

6:15) 할례나 무할례가 아무것도 아니로되 오직 새로 지으심을 받는 것만이 중요하니라

거짓 교사들처럼 할례를 자랑하는 것은 옳지 않다. 그러면 할례를 받지 않는 것이 정답이냐 하면, 그렇지도 않다. 할례를 받아야 한다는 말도 틀린 말이고, 할례를 받지 말아야 한다는 말도 틀린 말이다. 과연 새로 지으심을 받았는지가 문제다. 설마 예수님이 다시 오셔서 누가 할례를 받고, 누가 할례를 안 받았는지 검사하실까? 할례를 받았으면 할례를 받은 대로, 할례를 안 받았으면 할례를 안 받은 대로 새로운 피조물로 살아야 한다.

기도를 어떻게 하는 것이 옳을까? 소리 내서 하는 것이 옳을까, 조용히 속으로 하는 것이 옳을까? 소리 내서 기도하는 사람이 조용히 기도하는 사람을 가리켜서 "기도를 하려면 뜨겁게 해야지. 냉랭하게 저게 뭐야?"라고 할 수 있다. 반면 조용히 기도하는 사람은 "하나님이 귀가 먹었나? 가슴이 뜨거워야 하는데 혹시 머리가 뜨거운 건가?"라고 할 수 있다.

〈소요리문답〉 98번이 "기도란 무엇입니까?"이다. 그 답이 이렇다. "기도는 하나님의 뜻에 일치되는 우리의 소원을 그리스도의 이름으로 하나님께 올려 드리는 것으로, 우리의 죄를 고백하며 하나님의 자비를 깨달아 감사하는 것입니다."

기도에 목소리의 크기가 무슨 상관일까? 소리 내서 기도하고 싶으면 소리 내서 기도하고, 조용히 기도하고 싶으면 조용히 기도하면 된다. 하나님 보시기에 합당하게 기도하면 그것으로 충분하다.

어떤 사람이 할례를 받았는데 예수를 믿게 되었다. 그러면 거듭난 피조물로 살면 된다. 누가 할례를 받고, 누가 할례를 안 받았는지 검사할 이유가 없다. 그런 사람만 있는 것이 아니다. 할례를 받지 않고 예수를 믿는 사람도 있다. 그러면 괜히 이신칭의가 어떻고, 율법이 어떻고 하면서 아는 척할 것 없다. 새로 지음받은 사람답게 살면 그것으로 족하다.

병아리한테서 달걀의 모습을 볼 수는 없다. 달걀과 병아리는 전혀 별개의 존재처럼 보인다. 새로 지음받았다는 말이 그런 뜻이다. 흔히 거듭났다고 한다. 우리가 그런 사람이다. 거듭났으면 거듭나기 이전 것은 의미가 없다. 우리는 새로운 사람으로 살아야 한다. 설마 양계장 주인이 병아리를 키우면서 원래 흰색 달걀이었는지 갈색 달걀이었는지 따질까?

그러면 우리는 무엇을 따져야 할까?

6:16) 무릇 이 규례를 행하는 자에게와 하나님의 이스라엘에게 평강과 긍휼이 있을지어다

성경에서는 같은 내용을 다른 표현으로 반복하는 예를 흔히 볼 수 있다. "하늘이여 들으라 땅이여 귀를 기울이라", "야곱아 너를 창조하신 여호와께서 지금 말씀하시느니라 이스라엘아 너를 지으신 이가 말씀하시느니라", "네 양 떼의 형편을 부지런히 살피며 네 소 떼에게 마음을 두라"가 다 그렇다. "이 규례를 행하는 자"와 "하나님의 이스라엘"도 같은 뜻이다.

'이 규례'는 바울이 지금까지 말한 규례다. 요컨대 성령을 따라 사는 것을 말한다. 성령을 따라 사는 사람을 다른 말로 하면 하나님의 이스라엘이다.

하나님의 이스라엘이 아닌 다른 이스라엘도 있을까? 할례를 주장하는 사람들이 바로 그렇다. 자기들은 이스라엘이라고 하겠지만 하나님과 관계가 없다. 그러면 누구와 관계있을까?

분명한 것은 바울이 아무에게나 평강과 긍휼을 기원하지 않는다는 사실이다. 성령을 따라 행하는 자에게 평강과 긍휼을 기원한다. 성령을 따라 행하지 않으면 평강이나 긍휼을 기대할 수 없다는 뜻이다.

유다 베들레헴에 엘리멜렉이라는 사람이 있었다. 아내 나오미와의 사이에 말론과 기룐 두 아들을 뒀다. 흉년이 들자, 모압으로 이주했다. 거기서 두 아들이 모압 여자와 결혼한다. 룻과 오르바다.

십 년쯤 지났다. 무슨 영문인지 엘리멜렉이 죽고 말론, 기룐도 죽었다. 시어머니와 두 며느리가 전부 과부가 된 것이다. 나오미가 두 며느리를 데리고 고향으로 돌아갈 마음을 먹는다. 유다 땅으로 향하다가 중간에 말한다. "너희는 각기 너희 어머니의 집으로 돌아가라 너희가 죽은 자들과 나를 선대한 것같이 여호와께서 너희를 선대하시기를 원하며 여호와께서 너희에게 허락하사 각기 남편의 집에서 위로를 받게 하시기를 원하노라"

유다 베들레헴이 자기한테는 고향이지만 두 며느리한테는 이방이다. 며느리들의 인생을 생각한다면 같이 갈 이유가 없다. 며느리들은 모압 땅에서 새 출발을 하게 하는 것이 낫다. 참으로 인정미 있는 결단이다.

하지만 뭔가 이상하다. "아무리 힘들고 어려워도 유다 땅으로 가자. 거기서 하나님의 은혜를 기다리자."라고 하는 것은 말이 된다. "모압 땅으로 돌아가라. 거기는 하나님이 안 계신 곳이다. 그곳에서 하나님께서 너희에게 은혜 주시기를 원한다."라고 하는 것이 말이 될까? 하나님이 안 계신 곳에 가서 살라고 하면서 하나님의 은혜를 구하면 하나님이 무슨 수로 은혜를 베풀까? 은혜를 받지 못하는 사람만 답답한 것이 아니라 은혜를 주시지 못하는 하나님도 답답할 것이다.

모든 사람이 복 받기를 원한다. 그런데 성경에는 복 받는 비결에 대한 얘기가 없다. 그 대신 "복 있는 사람은 이런 사람이다"라는 얘기가 있다. 복을 따라다닐 것 없다. 복 있는 사람이 되면 무슨 일을 하든지 복이 따라온다.

평강과 긍휼이라고 해서 다를까? 자기한테 평강과 긍휼이 임하기를 바랄 것 없다. 성령을 따라 행하면 된다. 성령을 따라 행하는 사람에게는 저절로 평강과 긍휼이 임한다.

6:17-18〉 이후로는 누구든지 나를 괴롭게 하지 말라 내가 내 몸에 예수의 흔적을 지니고 있노라 형제들아 우리 주 예수 그리스도의 은혜가 너희 심령에 있을지어다 아멘

예전에는 가축의 주인을 표시하기 위해서 낙인을 찍곤 했다. 쇠를 불에 달구어서 찍기 때문에 불도장이라고도 한다. 예수의 흔적을 지니고 있다는 말이 그런 뜻이다. 소나 말의 엉덩이에 낙인을 찍어서 주인을 표시하는 것처럼 자기한테 그런 표시가 있다는 것이다.

바울은 복음을 전하는 과정에서 숱한 박해를 받았다. 사십에서 하나 감한 매를 맞은 것도 다섯 차례다. 언제 맞았는지 일일이 알지는 못하지만 갈라디아서를 쓰기 전에 맞은 적도 있을 것이다. 루스드라에서는 유대인들한테 돌에 맞았는데, 사람들이 죽은 줄 알았을 정도였다. 루스드라가 갈라디아에 있는 도시다. 바울의 몸에는 여기저기에 흉터가 있었을 것이다.

그것을 예수의 흔적으로 말하는 것은 너무 심한 것처럼 생각할 수도 있는데 그렇지 않다. 거짓 교사들은 할례를 하나님의 백성 된 표지로 얘기했을 것이다. 결국 바울이 "기독교의 징표는 할례가 아니라 핍박이다"라고 말하는 셈이다.

문제는 우리다. 우리가 할례를 기독교의 표징으로 여긴 적은 없다. 그러면 예수 때문에 생긴 상처는 있을까? 이것도 저것도 없으면 우리는 누구일까? 우리가 과연 성령을 따르고 있을까? 건성으로 대답하면 안 된다. 진지하게 고민하고 대답해야 한다.

개척 초기의 일이다. 토요일이면 청년들이 사거리에서 기타를 치고 찬양하면서 전도지를 나눠주곤 했다. 하루는 이상 한파가 닥쳐서 몹시 추웠다. 평소에는 청년들만 나가고 나는 교회에서 기도를 했는데 그날은 청년들만 가게 하는 것이 미안해서 같이 나갈 차비를 차렸다. 그런데 청년들이 만류했다. 한사코 자기들끼리 나간다는 것이었다. 청년들한테 얘기했다. "무척 추운 날이다. 너희들, 오늘 나갔다 오면 감기 걸릴지 모른다. 그럼 걸려라. 이런 날이 아니면 평생 예수 믿으면서 언제 감기 한 번 걸려보겠느냐? 오늘 감기 걸리면 예수님 때문에 최소한 감기는 걸려본 사람이 되는 것이니까 나중에 두고두고 자랑해라." 그날 이후 청년들끼리 "다른 건 못해도 감기라도 걸려보자"라는 말로 인사를 주고받곤 했다.

이제 갈라디아서가 끝난다. 갈라디아서는 그리스도의 십자가와 함께 있는 책이고, 성령을 따르는 사람들을 위한 책이다. 우리 주 예수 그리스도의 은혜가 우리 모두의 심령에 있기를 소망한다. 그 은혜가 십자가 위에서 부어질 것이다. 십자가가 우리 삶의 출발점이고 기준이고 종착점이다. 우리는 그 십자가만 자랑하는 사람들이다. 십자가가 우리의 존재 근거다.

LET'S GO 갈라디아서

초판 1쇄 발행 2025. 10. 22.

지은이   강학종
펴낸이   방주석
펴낸곳   베드로서원
주 소   10252 경기도 고양시 일산동구 고봉로 776-92
전 화   031-976-8970
팩 스   031-976-8971
이메일   peterhouse@daum.net
등 록   2010년 1월 18일
창립일   1988년 6월 3일
ISBN   979-11-91921-39-7 03230
책값은 뒤표지에 있습니다.

베드로서원은 문서라는 도구로 한국교회가 복음의 본질을 회복하고

마을 목회와 선교적 교회로 나아가는 데 기여하고자 최선을 다합니다.

나의 힘이신 여호와여 내가 주를 사랑하나이다(시 18:1)